企业战略管理案例解析

李艳双　于树江　著

机 械 工 业 出 版 社

本书分为企业战略选择案例解析和企业战略转型案例解析两大部分。企业战略选择案例解析部分选取了老乡鸡、牧原、湘佳牧业、九如城和通威集团五家企业，这些企业分属家禽养殖、中式快餐、家畜养殖、养老服务、水产养殖和光伏发电等行业，运用 PEST 分析、五力模型分析、SWOT 分析和企业价值链分析等战略管理分析工具，逐一分析了每家企业所选择的战略。企业战略转型案例解析部分选取了恒瑞医药、汉帛集团、煌上煌、九州通和以岭药业五家企业，这些企业分属医药制造、服装制造、卤味食品和医药流通等行业，主要结合战略转型理论分析了这些企业是如何实现数字化、国际化和自主创新等战略转型的，从而实现了产业升级和微笑曲线上的附加价值提升。

本书主要适用于高校 EMBA、MBA、MPAcc、学术型硕士，以及工商管理、会计学、经济学、金融学等专业的本科生。

图书在版编目（CIP）数据

企业战略管理案例解析/李艳双，于树江著 . —北京：机械工业出版社，2024.4（2025.7 重印）

ISBN 978-7-111-75257-8

Ⅰ．①企… Ⅱ．①李… ②于… Ⅲ．①企业管理-企业发展战略-案例 Ⅳ．①F272.1

中国国家版本馆 CIP 数据核字（2024）第 049085 号

机械工业出版社（北京市百万庄大街 22 号　邮政编码 100037）

策划编辑：曹俊玲　　　　　　责任编辑：曹俊玲　单元花
责任校对：杜丹丹　王　延　　封面设计：张　静
责任印制：常天培

河北虎彩印刷有限公司印刷

2025 年 7 月第 1 版第 2 次印刷

184mm×260mm · 13 印张 · 279 千字

标准书号：ISBN 978-7-111-75257-8

定价：49.00 元

电话服务　　　　　　　　　　网络服务

客服电话：010-88361066　　机 工 官 网：www.cmpbook.com
　　　　　010-88379833　　机 工 官 博：weibo.com/cmp1952
　　　　　010-68326294　　金 书 网：www.golden-book.com
封底无防伪标均为盗版　　机工教育服务网：www.cmpedu.com

前　言

近年来，随着国民经济水平的快速提升和营商环境的不断优化，我国各个行业的企业都取得了长足的进步与发展。本书以企业战略管理的基本理论为基础，采用文献研究法和案例分析法，选取了十家在企业战略管理方面具有典型意义的企业，从战略选择和战略转型两个方面整理撰写了企业发展案例，并结合理论逐一进行了解析。

企业战略选择案例解析部分选取了老乡鸡、牧原、湘佳牧业、九如城、通威集团五家企业，这些企业分属家禽养殖、中式快餐、家畜养殖、养老服务、水产养殖和光伏发电行业，选择的公司层面和业务层面的战略涉及全产业链战略、横向一体化战略、纵向一体化战略、产业融合战略、蓝海战略、连锁经营战略、差异化战略等，在进行案例解析时用到了 PEST 分析、五力模型分析、SWOT 分析和企业价值链分析等内外部环境分析工具，基本上涵盖了常用的战略管理分析工具。

企业战略转型案例解析部分选取了恒瑞医药、汉帛集团、煌上煌、九州通和以岭药业五家企业，这些企业分属医药制造、服装制造、卤味食品和医药流通行业。这些企业在各自的发展历程中都成功实现了战略转型。结合新时代发展的需要，这些企业的战略转型主要涉及数字化战略转型、创新战略转型和国际化战略转型。通过实施战略转型，这些企业实现了产业升级和微笑曲线上的附加价值提升。本书结合具体案例，详细分析了企业进行战略转型的原因、类型、方式和作用等，并展望了这些企业的未来发展趋势。

本书的主要内容及结构如下图所示。

作　者

目　　录

第 2 篇　企业战略转型案例解析

第1篇 ▶
企业战略选择案例解析

老乡鸡：荆棘里开花的逆势战略布局

摘要：老乡鸡是集育种养殖、食品加工、配送及快餐连锁为一体的集团企业。本案例描述了老乡鸡如何从创业之初的育种养殖企业逐步转变成为具有全产业链的集团企业，结合对企业独创的养殖模式和优势产品的阐述，诠释了企业实施差异化战略的重要意义。本案例还描述了老乡鸡在面临突发情况时，如何在损失惨重的情况下转危为机，如何在餐饮行业受挫时逆势布局，与现有产品、产业链及制度基础建立起更加深层次的联系，逐步走出安徽省，布局全国，为中式快餐第一品牌的扩张奠定了坚实的基础。

关键词：战略布局　全产业链

1.0　引言

老乡鸡作为我国最大的中式快餐品牌，在全国拥有 800 多家直营餐厅，年销售额超 30 亿元。2020 年春节前夕，餐饮业迎来暗淡时刻，老乡鸡损失至少 5 亿元。然而，老乡鸡及创始人束从轩通过品牌营销逆势崛起，不仅赚足了消费者的流量，还在匠心产品、制度管控和全产业链的基础上绝处逢生，获得银行授信及战略投资总计 10 亿元，为全国市场的战略布局拉开序幕。

1.1　"危"与"机"

1.1.1　最好的一顿饭

2020 年 1 月 26 日，老乡鸡面向全国一线医护人员发布餐饮征集热线。次日，餐厅专为一线医护人员免费供应一日三餐。据老乡鸡武汉区总经理介绍，当武汉第四医院的医生接过爱心餐时感动地说，这是最好的一顿饭，随后在微博上为老乡鸡"打卡"。自 2020 年 1 月 27 日，老乡鸡为所在地十余家医院的医护人员及驰援专家组和各省医疗队免费提供上千份鸡汤，至 2 月 6 日累计送出上万份爱心餐。

1.1.2　手撕联名信

2020 年 2 月 8 日，老乡鸡在微信公众号上发布"手撕员工联名信"的视频。视频中老乡鸡集团董事长束从轩把"特殊时期不领工资，无偿为公司工作"的员工请愿书撕了，他向员工表示，即使卖房卖车也要确保他们有饭吃、有班上。老乡鸡陆续关停店面达 400 多家，在营收下跌 90% 且歇业期间各项支出不断发生的情况下，企业 16328 名员工每月合计工资超过 8000 万元，让现金流问题初显的老乡鸡雪上加霜。

该视频从抖音发酵并引得其他视频社交平台，以及全国上百家主流媒体争相报道，在社会上引发裂变效应。2 月 10 日起，多家金融机构为老乡鸡提供银行授信和战略投资金额达 10 亿元，使其现金流危机得以解决。

1.1.3 土味战略"小"会

老乡鸡通过官方自媒体于 2020 年 3 月 18 日上线"2020 老乡鸡战略发布会"，在发布会中束从轩重点传递出以下信息：一是老乡鸡已获得银行授信及战略投资总计 10 亿元；二是老乡鸡将加速全国布局；三是老乡鸡干净卫生战略全面升级。与大众熟知的发布会不同，其战略发布会的选址在农村，现场布置"土味"十足，成本只有 200 元，而效果却比动辄百万元的发布会更出彩。发布会上线短短 5min，点击量就突破 10 万。图 1-1 为"2020 老乡鸡战略发布会"现场。

图 1-1 2020 老乡鸡战略发布会

1.2 匠心筑造产品

2004 年，束从轩自创一套"两段式"养殖方式，即"公司+农户+公司"模式，确保上游农牧公司提供的原材料优质安全。第一阶段是农户与公司签订双方协议，由公司提供鸡苗，农户将其散养至 120 天。为保障安全监控，老乡鸡启动了包括农户筛选、合同签订、合同担保、技术支持、风险金及年终奖罚在内的六道监控程序。第二阶段为净化阶段。国家规定养鸡场可用药物有 15 种，鸡可通过 6~14 天的代谢将体内药物排出，对人体不造成伤害，而老乡鸡将净化周期延长至 60 天。在这期间，老乡鸡不断检测疾病、药残、重量及羽毛丰满度等指标。

1.3 严格制度管控

1.3.1 科学的食品安全体系

老乡鸡日益多元化的业务发展，让其新产品、下属子公司及快餐门店繁多，需要采用更高效的食品安全管理体系，以实施科学管理。老乡鸡在食品生产和加工过程中，依据国际标准，结合中国食品产业发展情况，创造出整套具有中国特色的 GMP、SSOP、HACCP 质量管理体系，开创了食品产业中国化管理模式与国际标准化相统一的食品质量管理体系，确保食品质量和安全，实现从田间到餐桌整个食品加工过程的危害控制，从源头上确保食品安全。做到这些，老乡鸡店面食品安全管理的 99.9% 就在掌控之中了。

1.3.2 完善的品质监管机制

老乡鸡的品质监管借助"成本卡"软件，实行一套三表合一的品质考察制度。三表是指生产计划表、保存时间表和报废表。生产计划表主要记录每时段计划生产菜品的数量。菜品做成后的保存时间要记录在保存时间表中。保存时间视菜品而定，若菜品保存时间超过规定时长尚未售出，就要全部倒掉并详细记录在报废表中。鉴于三个表的记录信息紧密相关，品质监管部门考察时必须三表共查，并记录在一套被称作"成本卡"的软件中。

1.3.3 严格的绩效考核制度

一套管理制度不流于形式，关键要看执行，因此奖惩制度至关重要。品质监管机制的实施依靠品质监管人员对店面员工现场操作的规范性，以及上一阶段运营的关键操作记录实施监管，主要包括各种产品温度、保存时间及杀菌等关键指标是否按照公司规定设置。监管人员每月对排名最后一名的门店相关人员严格执行末位淘汰。

1.4 绿色全产业链

老乡鸡经过三十余年发展壮大，从低附加值的育种养殖业发展到集养殖、食品加工、配送和快餐服务为一体的全产业链集团企业。

1.4.1 第一产业：生态养殖业

老乡鸡创始人束从轩以 1000 只肥西土鸡开启创业之路。20 世纪 90 年代末，国内肉鸡行业竞争日趋白热化，生长周期短、收益高的白羽鸡种在我国市场占有率达到 70%~80%。面对白羽鸡的市场冲击，束从轩坚持培育自己的优良鸡种，并认为白羽鸡由人工喂养大量激素，虽此举是否影响人体健康尚无定论，但最直接的影响是肉质口感不佳。相比之下，肥西土鸡产自安徽省肥西县的蓬莱山区，其实际上是有着悠久历史的麻黄鸡，不仅具有肉嫩、汤鲜、气味纯、口感正的特点，还有较高的营养价值。与此同时，束从轩积极拓展销售，充分挖掘肥西土鸡的潜力，逐步建立老乡鸡自己的农牧养殖公司。2002 年，老乡鸡荣获"安徽省民营企业 20 强企业"称号。老乡鸡优质老母鸡年饲养量达 2000 多万只，公司设有一个育种中心、一个孵化厂、五个种鸡场。

1.4.2 第二产业：加工、配送业

2006 年，老乡鸡投入 63 亿元建设占地 118 亩（1 亩≈666.7m²）的食品加工基地，对快餐店的产品进行前期加工，整个基地建有家禽屠宰加工厂、食品加工厂，拥有现代化的鸡肉屠宰线及自动分割线数条，被称为老乡鸡快餐的"中央厨房"，已被中华人民共和国商务部列为重点项目，是合肥市"121"重点项目。加工基地现已建成 400t 冷库一座，常年温度维持在−18℃。为确保消费者吃到新鲜健康的食品，中央厨房还建立了辐射范围为 500km 的物流配送中心支持整个供应链，2h 左右可覆盖省内所有网点，依靠恒温冷链运输统一配送至各店面，店面只需要简单蒸煮即可，用技术手段解决中式快餐口味不稳定的问题，同时也在流程上保证了食品质量。

1.4.3 第三产业：餐饮服务业

老乡鸡中式快餐目前是我国最大的中式连锁快餐，由肥西老母鸡改名而得，是老乡鸡旗下的龙头企业。截至 2020 年 3 月，全国直营餐厅达到 800 多家。第一家肥西老母鸡快餐店于 2003 年建立，在 2012 年实施品牌战略定位后，改名为更加简单、易记的老乡鸡，让原本带有地域性、模糊化的品牌定位更清晰明确，面对全国消费者更易传播。当年门店从 134 家增长到 217 家，各门店销量同比涨幅超过 40%，利润是上一年的 5 倍，一举奠定其安徽省最大的连锁快餐的地位，在安徽省店面总数是洋快餐店之和的 3 倍。

与此同时，老乡鸡大胆启用年轻化团队，新一代餐厅整体风格更清新、时尚、卫生，更注重年轻人社交化氛围的打造，如让消费者眼前一亮的第五代门店（见图 1-2），增设洗手台、采用

图 1-2 老乡鸡第五代门店

开放式厨房，让消费者亲眼看见用农夫山泉和养殖 180 天土鸡炖制纯正鸡汤的 21 道程序。老乡鸡经过长足发展，于 2016 年走出安徽省，用 3 年时间成为南京中式快餐品牌第一名，用 2 年时间收购了武汉永和大王餐饮有限公司，用 3 个月时间在上海成为快餐业标杆，至 2019 年，老乡鸡店面总数超过真功夫，成为我国国内的中式快餐连锁第一品牌。

1.5　未来之路

老乡鸡的品牌营销在社交媒体上引爆了话题，通过"网红化"品牌提高了知名度，以产品为基础顺势化流量为销量，在餐饮寒冬之际逆势布局并赢得资本青睐，并且老乡鸡启动"月月上新"计划，通过密集孵化新品以延续产品吸引力。但它还将面临新的挑战：老乡鸡能否在我国南北饮食不同的情况下，完成产品口味地方基本需求与标准化的平衡？能否在全国扩张中继续发挥中式快餐产业链的优势？能否在人才、物流体系及信息化建设等多维度上打破原有区域格局？老乡鸡作为区域性品牌外拓市场时，遇到的"水土不服"问题能否解决，有待时间检验。

思考题

1. 作为中式快餐头部品牌，老乡鸡如何在损失至少 5 亿元的情况下化危机为转机，弯道超车逆势布局全国？

2. 从土鸡养殖到拥有中式快餐头部品牌的多元化集团企业，老乡鸡全产业链模式成功实施的背后逻辑是什么？

3. 老乡鸡采用全产业链模式具有哪些优势和劣势？

4. 在未来的发展中，为保证企业战略布局的成功实施，老乡鸡全产业链应该如何进行优化完善？

附录

附录 A　先进农户和落后农户的评选

第一步，农户的筛选。公司除了考察农户提供的选址、硬件设施等因素外，还会调查农户的"软实力"，从而选出优质农户。

第二步，合同签订方式。公司与优质农户签订合同的方式很特别，不单户签订合同，而是与 5 户组成的合作社签订合同，因此这种模式又被称为"公司+农户+合作社"模式。这种模式下，同一个合作社的农户相互监督，如果其中一户违反协议，5 户同时担责。

第三步，合同担保。公司在与农户合作社签订合同时，合作社必须请一位当地有声望的人作为担保人，一旦养殖过程中出现问题，担保人承担连带责任。

第四步，技术支持。企业提供养殖技术员，同时养殖技术员也是监督员，每名养殖技术员分管 50 户农户并对其进行业务培训。养殖技术员定期走访农户，对品种、饲养、用药情况、免疫接种特别是禽流感、新城疫的免疫接种情况进行重点监控，建立饲养记录档案。

第五步，设立风险金。风险金主要用于降低农户的养殖风险，农户每养成一只鸡，就由农户和公司各存入 0.1 元，一旦有农户因为鸡发生疾病导致损失达到一定限额时，可从风险金中获得相应赔偿。

第六步，奖罚措施。公司每年都会综合评选出先进农户和落后农户。

附录 B　老乡鸡全产业链发展阶段

老乡鸡全产业链发展阶段见表 1-1。

表 1-1　老乡鸡全产业链发展阶段

发展阶段	进入产业领域	特　色
第一阶段 （1982 年—2003 年）	养殖业（第一产业）	"公司+农户+公司"发展模式；获得"安徽省农业产业化龙头企业"称号
第二阶段 （2003 年—2006 年）	餐饮业（第三产业）	创办肥西老母鸡快餐店，进军餐饮业，后改名"老乡鸡"
第三阶段 （2006 年—2008 年）	加工业（第二产业）	食品加工基地和配送平台，产品多样化、增值空间上升
第四阶段 （2008 年—2019 年）	生态旅游业（第三产业）	肥西老母鸡家园和中华鸡文化博览园建立；发展旅游产业，提升品牌知名度；全产业链构建完成

资料来源：作者整理

附录 C　国内老母鸡的品种类型

国内老母鸡的品种类型见表 1-2。

表 1-2　国内老母鸡的品种类型

类　　型	饲养期/天	体重/kg
肥西老母鸡	180	1.40~1.60
特优质型	120~150	1.15~1.40
高档优质型	95~115	1.25~1.40
中档优质型	85~110	1.25~1.50
普通优质型	70~85	1.40~1.80
普通速生型	45~50	70~80

资料来源：作者整理

附录 D　老乡鸡中式快餐连锁店店面增长

老乡鸡中式快餐连锁店在 2003 年—2019 年每年店面增长示意图如图 1-3 所示。

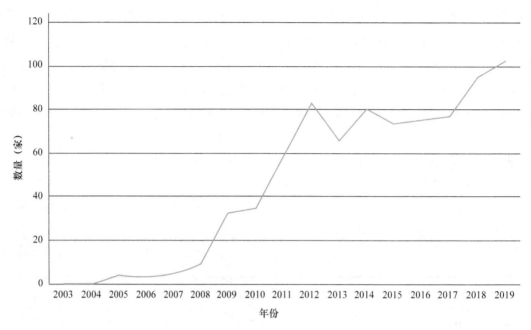

图 1-3　老乡鸡中式快餐连锁店在 2003 年—2019 年每年店面增长示意图

资料来源：老乡鸡官网

【案例解析】

1. 作为中式快餐头部品牌，老乡鸡如何在损失至少 5 亿元的情况下化危机为转机，弯道超车逆势布局全国？

【理论依据】

差异化战略。

差异化战略又称别具一格战略，是指为使企业的产品、服务、形象等与竞争对手有明显区别，以获得竞争优势而采取的战略。这种战略的重点是创造被全行业和消费者都视为独特的产品和服务。差异化战略的实施方法多种多样，如产品差异化、服务差异化和形象差异化等。实施差异化战略，可以培养消费者对品牌的忠诚。因此，差异化战略是使企业获得高于同行业平均水平利润的一种有效的竞争战略。实施差异化战略的方式包括设计品牌形象、技术特点、外观特点、客户服务、经销网络及其他方面的独特性。

差异化战略的特征如下：

1）基础研究能力强（产品创新）。

2）有机式的组织结构，各部门之间协调性强。

3）超越思维定式的创造性思维能力和洞察力。

4）市场运作能力强（市场研究能力、促销能力强，使市场认可产品是有差异的）。

5）基于创新的奖励制度。

6）公司在产品质量和技术领先方面的声望。

实施差异化战略的外部条件如下：

1）可以有很多途径创造企业与竞争对手产品之间的差异，并且这种差异被消费者认为是有价值的。

2）消费者对产品的需求和使用要求是多种多样的，即消费需求是有差异的。

3）同样采用差异化战略的竞争对手很少，即真正能够保证企业是"差异化"的。

4）技术变革很快，市场上的竞争主要集中在不断地推出新的特色产品。

实施差异化战略的内部条件如下：

1）研究人员具有很强的研究开发能力，有创造性的眼光。

2）公司具有以产品质量或技术领先的声望。

3）公司在这一行业有悠久的历史或引进其他公司的技术并自成一体。

4）公司具有很强的市场营销能力。

5）研究与开发、产品开发，以及市场营销等职能部门之间要具有很强的协调性。

6）公司具备吸引高级研究人员、创造性人才和高技能职员的物质设施。

7）各种销售渠道强有力的合作。

实施差异化战略的优势如下：

1）建立起消费者对公司的忠诚。

2）形成强有力的产业进入障碍。

3）增强公司对供应商的讨价还价能力。这主要是由于差异化战略提高了公司的边际收益。

4）削弱购买商讨价还价的能力。公司通过差异化战略，使购买商缺乏与其可比较的产品选择，降低了购买商对价格的敏感度。另外，通过产品差异化使购买商具有较高的转换成本，使其依赖于公司。

5）由于差异化战略使公司建立起消费者对公司的忠诚，所以使替代品无法在性能上与公司竞争。

实施差异化战略的劣势如下：

1）可能丧失部分客户。如果采用成本领先战略的竞争对手压低产品价格，使其与实行差异化战略的厂家的产品价格差距拉得很大，那么消费者为了大量节省费用，就会放弃具有差异化的产品、服务或形象，转而选择物美价廉的产品。

2）消费者所需产品的差异因素下降。当消费者对产品的特征和差别体会不明显时，就可能发生忽略差异的情况。

3）大量的模仿缩小了感觉得到的差异。特别是当产品发展到成熟期时，拥有技术实力的厂家很容易通过逼真的模仿，减少产品之间的差异。

4）过度差异化。

【问题分析】

老乡鸡为培养消费者对品牌的忠诚，实施了差异化战略，打造了独特的产品和服务。具体来看，老乡鸡的差异化战略主要体现在产品差异化、运营差异化和营销差异化三个方面。

（1）产品差异化

随着我国市场大规模引进白羽鸡，老乡鸡一直坚持培育自己的优良鸡种，即产自安徽省肥西县蓬莱山区的肥西老母鸡，不仅具有肉嫩、汤鲜、气味纯、口感正的特点，还有着较高的营养价值。另外，在土鸡的养殖上，老乡鸡采用规模化的"两段式"饲养模式。这种饲养模式使每只土鸡安全可追溯，保证了老乡鸡食品的安全性。"180天土鸡+农夫山泉+21道程序"炖制的一碗鲜美的肥西老母鸡汤，是老乡鸡产品最大的特色。这一特色不仅为老乡鸡赢得了大量的消费者，也提高了消费者的忠诚度。

（2）运营差异化

通过对老乡鸡各产业的分析，我们发现它与传统餐饮企业的产业链不同，老乡鸡选择打造全产业链。第一产业养殖业是生态基础，第一产业得到长足发展并延伸到第三产业，进军餐饮界和旅游业。随着老乡鸡中式快餐的发展，它建立了食品加工和物流配送中心，带动了第二产业的发展。为了塑造、推广和宣传老乡鸡品牌形象，老乡鸡大力发展以鸡文化创意为主题的生态旅游，在升级创建鸡博园的同时也促进了旅游业的发展，最终形成老乡鸡的全产业链发展模式。老乡鸡的全产业链组织结构图如图1-4所示。

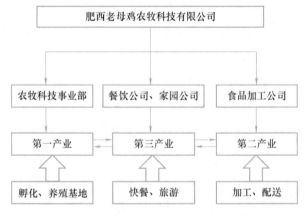

图1-4 老乡鸡的全产业链组织结构图

在老乡鸡的全产业链发展模式中，各产业之间不仅具有很强的关联性，产业业态也呈多样性。老乡鸡精心打造的全产业链发展模式，不仅产业链上的每个环节互相联系，同时，每个环节上的产品还能直接面对终端消费者，为老乡鸡创造了多重增值空间。全产业链上的各环节整合发展与品牌战略紧密结合，产生了新的价值，使老乡鸡的发展有足够的资金支持和文化保障，其中鸡文化又贯穿整个产业链中，促进了老乡鸡和旅游业的发展。总之，全产业链上的各产业之间是共生、协同联动发展的关系。

（3）营销差异化

通过对老乡鸡营销方式的分析，我们可以看出老乡鸡特别善于公关营销，将差异化战略与营销策略相结合，灵活应用在危机处理中，将面临的市场困境转化为竞争优势。特殊时期，在其他餐饮企业纷纷关店歇业时，老乡鸡逆流而上，不计成本为一线医护人员送爱心餐，积极承担社会责任，赢得了消费者的信赖。在全行业都在计算损失，特别是有某著名餐饮企业老板公开发声表示企业难以为继的当口，老乡鸡董事长束从轩却做出了反常规的"回复"，驳回员工免薪请求，表示不给国家添麻烦，赢得了消费者一致好评。老乡鸡"土味"战略发布会上线短短 5min，官方微信公众号阅读量 10 万+。截至 2020 年 3 月 23 日，全网总阅读量达 5 亿+。显然，老乡鸡战略发布会的视频能再次走红网络，把老乡鸡的知名度和话题度提高到了一个新高度，背后有其独特的逻辑。

老乡鸡战略发布会打破常规。通常的战略发布会都是给人高大上的视觉感受，但是老乡鸡的战略发布会却选择在乡村发布，用最"土"的视觉冲击颠覆一般人对发布会的认知，形成强烈的反差。除了方式上采用土洋结合的模式外，在内容上，老乡鸡的关键信息传播也很到位。董事长的演讲内容覆盖了对品牌的初心、公司的实力、人员的招聘、食品安全、食品的美味等关键信息。另外，现在消费者的注意力都是碎片化的，其实 10min 的视频相对来说时间很长，很容易流失观众，但是通过精心安插小段子，每隔一段就一个笑点，让人能把 10min 的视频一气呵成地看完。而且大量使用网络流行语，容易和目标受众沟通，还可以树立中年男人卖萌的形象，让人容易产生分享传播愿望。

老乡鸡的逆向思维不仅让大众耳目一新，也让企业渡过层层难关。例如，2003 年禽流感暴发，老乡鸡董事长束从轩邀请市长吃鸡，造成轰动效应，继而通过与政府联合承办"千人同吃放心鸡"活动，使老乡鸡在禽流感的危机中求得生机，同时提高了自身品牌的知名度；2012 年"速生鸡"事件，在以鸡肉为主要菜品的企业遭遇重创时，束从轩宣布提升开店速度逆势而为；在面对 2013 年 H7N9 的死亡阴影时，束从轩坚持塑造消费者对老乡鸡品牌的依赖度，以"十周年"感恩回馈为由，在合肥地区 100 家老乡鸡连锁店启动了"百店万人同吃放心鸡"活动，开展半价促销，通过"羊群效应"解除消费者对鸡肉的戒备心理。

2. 从土鸡养殖到拥有中式快餐头部品牌的多元化集团公司，老乡鸡全产业链模式成功实施的背后逻辑是什么？

【理论依据】

全产业链、企业价值链。

(1) 全产业链

全产业链是中粮集团提出来的一种发展模式，是在我国居民食品消费升级、农产品产业升级、食品安全形势严峻的大背景下应运而生的。全产业链是指由田间到餐桌所涵盖的种植与采购、贸易与物流、加工与深加工、品牌建立、产品销售等多个环节构成的完整的产业链系统。全产业链模式实质上是企业通过组织内部的管理协调来替代市场机制进行商品交换和资源配置的方式。

(2) 企业价值链

"价值链"这一概念由迈克尔·波特（Michael Porter）于 1985 年提出，他将一个企业的经营活动分解为若干战略性相关的价值活动，每一种价值活动都会对企业的相对成本、地位产生影响，并成为企业采取差异化战略的基础。

　　企业内部价值链是指企业内部各职能部门、各流程环节的价值链，即企业内部各战略单元的价值链，是企业内部为消费者创造价值的主要活动及相关支持活动，一般可分为基本活动和辅助活动两类。两类活动的完成为企业带来了利润。企业的基本活动包括五项：内部后勤、生产作业、外部后勤、市场和销售、服务。企业的辅助活动包括四项：采购、技术开发、人力资源管理和企业基础设施。企业价值链结构如图 1-5 所示。

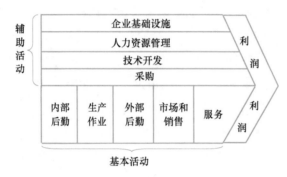

图 1-5　企业价值链结构

【问题分析】

　　基于全产业链和企业价值链理论，可以从企业的辅助活动来分析保障企业全产业链主体活动成功实施的背后逻辑。保障老乡鸡全产业链成功实施的辅助活动主要从产品研发、技术、系统开发和企业制度等方面展开分析。

　　（1）合作机制保障

　　老乡鸡在第一产业环节采取特有的"公司+农户+合作社"的产业合作机制，全产业链产业化经营发展模式在特有的组织形式和利益机制下健康运行，产业化发展的效率得到有效提高，主要表现在以下三个方面：一是农户通过合作社来统一管理，降低了公司与散户直接打交道的成本；二是公司建立了适合畜禽产业的一系列与合作社、养殖农户的利益相关的机制，制度激励与约束的相融性增强了公司与农户之间的信任与凝聚力；三是在全产业链发展过程中，企业充分发挥其专业化分工、标准化服务和规模化饲养等优势，摒弃传统"公司+农户"的合作模式，产业化发展过程中的组织效率、分工效率、技术效率和规模效率得到大幅提升。老乡鸡利益连接机制如图 1-6 所示。

　　（2）研发保障

　　快餐行业需要不断创新，推出新的菜品，才能不断地吸引新老消费者。为此老乡鸡公司不断研制和推出受市场欢迎的新菜品，满足广大消费者的需求。在食品加工上，不断改进加工技术，进行熟制半成品研发；在运输上，对冷链保存的运输特性进行了专业化的研究。

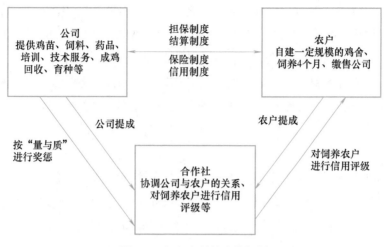

图 1-6　老乡鸡利益连接机制

资料来源：黄治雁. 肥西老母鸡全产业链发展模式研究［D］. 芜湖：安徽师范大学，硕士论文，2015：40.

（3）物流保障

为了确保原料新鲜，老乡鸡在肥西县食品加工中心建立了物流配送中心，整个供应链由一个规模庞大的先进物流系统进行支持。物流配送中心拥有一流的服务团队和一流的服务理念，老乡鸡食材的配送时间控制在 2h 左右，合肥地区坚持一天一送，安徽省内其他地区坚持两天一送，保证了食品的新鲜和安全。

（4）制度保障

为确保老乡鸡全产业链关键环节的顺利实施，企业在食品安全、品质监管及绩效考核等重要环节制定了严格的管控制度。企业依据国际上流行的 ISO 22000 认证标准建立食品安全管理体系，以确保将危害消除在食品加工过程中，实现从田间到餐桌整个过程的危害控制，从源头上确保食品安全。企业借助于"成本卡"软件，实行一套三表合一的品质考察制度，依赖严厉的奖惩制度，通过人力资源管理和制度管理相结合的方式确保产品的品质。

（5）文化保障

全产业链发展模式在老乡鸡的有效实施与良好的企业文化密不可分。整个集团以老乡鸡快餐为核心组织，定位"安徽省最大的连锁快餐"，以"打造鸡肉米饭快餐第一品牌，引领全球中式连锁快餐潮流"为企业愿景，以"思想同步、目标同向、行动同步"为企业指挥理念，坚持"靠得住和有本事"的企业用人原则来打造社会需求型企业。

3. 老乡鸡采用全产业链模式具有哪些优势和劣势？

【理论依据】

全产业链的竞争优势与劣势。

全产业链的竞争优势如下：

1）"全产业链"模式是企业迅速扩大规模并有效提高企业抗风险能力的途径之一。我国加入 WTO 后，中国企业面临着前所未有的挑战和冲击，但在短期内提升企业的竞争能力非常困难，而扩大规模却可以通过兼并收购迅速实现。因此，在国家相关产业政策的鼓励和支持下，"先做大再做强"，沿产业链开展纵向并购成为很多中国企业选择的发展路径。

2) "全产业链"模式是企业保证食品安全的方式之一。企业连接产业链低端和产业链高端，以终端消费引领产业链，快速反馈消费市场信息，促进上游环节的创新与改善，有利于企业全产业链整体提升，保证从源头到终端的每个环节进行精准管控，有效掌控食品生产的关键环节，打造企业品牌的核心竞争力。

3) "全产业链"模式有利于资源的合理分配，降低交易成本。目前，我国正处于经济转型时期，市场机制不健全，交易成本较高。在这种制度环境中，企业主动通过一体化经营构造出内部市场，有助于降低交易成本，提高企业运营效率和盈利能力。

全产业链的竞争劣势如下：

1) "全产业链"模式资金风险较高。"全产业链"模式涉及的细分行业很多，若对上下游各环节都实现控股需要大量的资金投入，对企业自身的资金实力和融资能力提出了相当高的要求。一旦某个环节出现财务危机，由于上下游彼此关联，很容易产生连锁反应，风险会迅速放大并传递到各个业务板块。

2) "全产业链"模式的管理协调成本较大，管理效率低下。"全产业链"模式实质上是企业通过组织内部的管理协调来替代市场机制进行商品交换和资源配置的方式。实施"全产业链"的企业业务跨度非常大，集团公司既要将各业务板块捏合起来，实施统一化的管理和有效协同，又要兼顾不同业务之间的差异性，采取有针对性的、专业化的管理手段。这对企业的管控能力要求极高，如果企业自身管理能力不强，管控措施不到位，就会出现各业务板块之间各自为政、集而不团、竞相争夺集团资源配置等情况。此外，如果产业链战线拉得过长，产业链末端的信息传导就会变慢，企业对市场逐渐变得不敏感，同时集团总部的决策意图向下传递也会变得不通畅，导致企业执行力降低，管理效率低下。

3) "全产业链"模式未必能够实现对产业链的有效控制。现代生产方式的分工越来越细，产品越来越复杂，如果企业不能掌握产业链的关键或核心环节，即便整合上下游绝大多数环节，"全产业链"企业也很难获得绝对话语权。

4) "全产业链"模式导致企业资源配置分散、核心竞争力不强。实施"全产业链"模式的企业"摊子"铺得很大，"战线"拉得很长，将有限的资源分散到产业链的各个环节，甚至进入产业链非核心环节和不相关环节，将导致对核心业务、核心产品、核心价值的资源支撑力度不足。如此一来，产业链扩张就成为彻头彻尾的规模扩张，企业竞争力非但不会提高还可能下降。

【问题分析】

老乡鸡全产业链模式的竞争优势有以下几个方面：

(1) 降低生产成本，提高企业的竞争力

老乡鸡的全产业链发展模式，是一种新型的商业发展模式，相比其他产业发展模式具有显著的差异化。因为其各个产业均为逐步建立和发展成型的，可以形成对手难以模仿的竞争力优势。产业链上的各环节之间相互协调，能够平缓盈利的波动性。因为主要产业都是由集团控制的，上游供应链是自己的公司，所以这不仅大大降低了交易的时间成本、原料生产成本等，而且能够保证产品的安全性。公司坚持以消费者需求为导向，以终端消费产业老乡鸡快餐为核心，推进技术进步和产业升级，形成产业领导力与产业优势。因产业链上的每个环节都是直接面向消费者的，因此需要对消费者的意见做出快速反应，来促进各产业环节的改善与创新，从而提高整体竞争力，让企业在市场竞争中始终处于有利地位。

（2）增强企业的抗风险能力

老乡鸡打造的全产业链经营模式具有独特性，其产业链之间环环相扣，但又不失独立性。第一产业养殖业，根据市场需求预估来确定养殖规模，当老乡鸡对鸡肉的需求量下降时，企业可以通过活禽专卖店进行活禽销售；第二产业加工、配送业，不仅可以进行鸡肉加工，也可以代加工鱼肉或其他肉类食品；第三产业老乡鸡和老母鸡家园直接面对消费者，快餐是老乡鸡的核心业务，其全产业链的发展模式优先确保老乡鸡快餐的发展；目前，鸡文化产业是在旅游业中合并发展的，但随着公司对文化产业发展的重视，也会形成独立的产业。老乡鸡以"鸡文化"为主题，发展多元产业，如果产业链上的某一环节出现问题，对其他产业的影响也会弱化，这大大增强了企业的抗风险能力。

（3）保证产品质量

老乡鸡全产业链发展模式从产品源头的第一产业养殖业就严格把控产品质量。公司摒弃传统采购方式，采用独创的"公司+农户+公司"饲养模式，为养鸡农户直接提供鸡苗、疫苗、培养和技术服务。在 120 天后，公司将成鸡收回，进行药残、疾病检查和育肥，直到完成 180 天的饲养期。在第二产业食品加工、配送环节中，公司利用属于自己的先进质量管理体系，如 SSOP、GMP 等，确保食品质量和安全。在加工之前，只有合格的老母鸡才会被屠宰，同时对被送到冷库冷藏的鸡肉进行各项指标合格检验。在加工中心，所有原料都会进行标准化加工做成半成品，解决产品口感不稳定的问题。公司用先进的恒温冷链物流车队来确保食品到达店面时的新鲜和安全。此外，品质监管人员会不定期到店里视察，对区域采取末位淘汰的考核制度，对综合排名差的店长给予处罚。老乡鸡在企业内部实行全产业链发展模式，能够全程控制产品质量，深受广大消费者信赖。

老乡鸡全产业链模式的竞争劣势表现在以下两个方面：

（1）管理成本增加

老乡鸡实现了全产业链纵向一体化后，管理协调难度增大，因为产业链各环节上的组织机构、管理结构不同，产业链上某个环节的管理者是否能有效管理好每个环节，取决于能否清楚地分析和应用企业架构，控制和运用不同方面的管理技术，使其完美应用在产业链上的相关环节，这会造成老乡鸡的总体成本增加。在考核每个部门的贡献和绩效时，管理层就很难了解和判断每个公司和部门是否达到最佳运营状态。另外，在整合集团产业链上不同环节时，每个环节之间的经营模式都有匹配度，因此在各分销环节的管理计划和协调成本都会增加。总之，一个企业的管理精力有限，不可能在每个环节完美协调，这会使企业管理成本大大增加。

（2）限制利润最大化

老乡鸡实现全产业链各环节盈利，从表面上看，产业链延伸越多、产业越齐全，总利润相加就越多。事实上，这种算法没有考虑到产业链上每个环节的利润率。利润率是衡量一个企业经济效益的指标，利润率越高，公司效益越好。老乡鸡产业链上的各环节都围绕第三产业老乡鸡快餐，老乡鸡快餐聚集了公司各种资源，取得快速发展，利润可观。产业链上的其他公司由企业统一调令，按内部价格供给老乡鸡快餐店，使老乡鸡快餐利润最大化，但其他产业参与市场竞争程度降低，又不能用外部交易增加公司的收益。这样，每个子公司的利润率不同，有的获取利润少，有的保本，甚至亏本。总之，全产业链模式必须协调各个环节运营，实现整体利润的最大化。

4. 在未来的发展中，为保证企业战略布局的成功实施，老乡鸡全产业链应该如何进行优化完善？

【问题分析】

可以综合差异化战略和全产业链理论，对老乡鸡的未来布局以及产业优化提出符合企业发展的优化建议。鉴于老乡鸡中式快餐是企业主导产业，全产业链其他产业都围绕着主导产业发展和运转。随着企业经营规模的扩大，老乡鸡因管理、时间和精力成本有限，很难将产业链上的每个环节协调得当。同时，伴随着这个行业其他经营者的不断涌入，竞争会更加激烈。在产业链上的每个经营环节都超越对手的可能性近乎为零，若竞争者不断超越，企业很可能失去对产业链主导权的控制。从企业的长远利益来看，必须不断完善和创新全产业链发展模式。

（1）实施内部市场化机制

目前集团内各子公司都围绕核心产业老乡鸡快餐展开运营，一切以老乡鸡快餐利益为第一位，依附快餐业带动其他产业发展。长此以往，其他公司就会远离市场竞争的压力，若老乡鸡快餐企业的原料需求减少或者遭遇市场危机，其他产业也会连带受到影响，甚至拖垮整个集团。产业链上的所有子公司都是为共同目标奋斗的，但每个产业的特性不同，集团管理层对产业链上的每个子公司的贡献和业绩很难做出准确的考核，进而影响部分员工的积极性。这就要求产业链上的公司要实行内部市场化管理，发挥各自优势，协同作战。同时，实施职业经理人业绩分享计划，对产业链上的各子公司、事业部进行独立考核。集团制定中间产品的价格政策，但各子公司有权决定中间产品价格并安排中间产品的产量。

产业链上的各产业环节除了服务本公司的核心组织外，还要积极参与外部市场的竞争。通过实施市场化机制，让全产业链产业化优势得到进一步发挥，在增强企业整体竞争力的同时，获得更多的系统利益。

（2）做强"产业链"的核心环节

面对竞争日益激烈的快餐行业，老乡鸡应该做强产业链的核心环节即连锁快餐产业，努力提高企业的核心竞争力。与肯德基和麦当劳这些洋快餐相比，老乡鸡在两个方面存在差距：一是产品的研发能力；二是产品的营销策略。老乡鸡可以结合自身的特点从这两个方面来做强企业的核心环节。

在产品研发方面，老乡鸡可以从以下几个方面入手：一是建立健全研发平台和充实科研队伍，在现有的研发基础上，要加大研发投资，多途径引进优秀人才，充实研发团队，充实企业的人才队伍；二是加大科研资金投入，保证每年都有一定比例的研发费用，保证研发工作的开展，对研发成功的产品，公司给予一定的奖励，制定相应的奖惩制度来激发积极性；三是建立科学、合理的研发创新体系，使研发成果能尽快转化为效益。在产品营销方面，可以从价格策略、渠道策略两个方面入手。在价格策略方面，综合运用成本定价法、需求竞争定价法，不同产品采用不同的定价方法。采用组合定价策略，推出不同的组合套餐，针对不同消费群体的消费能力定价，如学生卡折扣策略。在渠道策略方面，采取直营店和特许加盟店相结合的策略。

（3）加强"老乡鸡"品牌塑造

品牌是一个企业的灵魂，企业的品牌要建立在诚信基础上，打造高品质、有特色的产品，才能有高品牌认知度和消费者忠诚度，这样企业才有竞争力，并立于不败之地。品牌建设需要时间并应循序渐进，不能一蹴而就。"肥西老母鸡"改名为"老乡鸡"主要是考虑为企业的发展赢得更多的机会和空间。老乡鸡把握住了这次品牌机会并实现了快速发展，使企业盈利稳步提升，成为安徽省中式快餐的龙头老大。因此，品牌塑造关乎一个企业的长久发展，老乡鸡在未来将市场扩大到全国的发展进程中，品牌塑造是其重要的一环。

（4）培养和引进优秀人才

当今企业之间的竞争越来越表现为对人才的竞争，企业只有拥有了足够的人才，才能实现稳步发展。企业要不断培养和吸引优秀人才，告别家族式管理，让真正有能力的人带领企业发展。企业可以通过校园招聘，吸引具有活力和创新力的优秀大学毕业生，培养成自己的骨干员工；可通过猎头公司引进职业经理人，革新企业管理模式；可通过培训内部优秀员工，提高员工的专业素养和技能。企业要任人唯贤，对培养或引进的优秀人才给予重用，个人利益与企业利益并重，最终实现企业的宏伟发展目标。

（5）加强企业文化建设

良好的企业文化是企业经久不衰的保障，是企业增强核心竞争力的力量源泉，它代表一个企业的性格，是在企业发展过程中的价值导向，促使企业以消费者需求为导向设计和生产产品。良好的文化氛围能为企业培养和吸收优秀人才，为企业提升或创新技术提供保障。企业文化需要长期积累沉淀，它扎根于企业内部，扎根于每位员工的心里，形成于企业发展的进程中。一旦企业拥有独特的企业文化，其他企业便很难学习和复制。

参考文献

[1] 希特，爱尔兰，霍斯．战略管理：概念与案例　第 12 版［M］．刘刚，译．北京：中国人民大学出版社，2017.
[2] 王四野．岳阳市粮油企业全产业链经营模式研究［D］．武汉：武汉轻工大学，2018.
[3] 李世杰，傅国华．中粮集团全产业链战略全景透视：案例编号 STR-0144［G］．大连：中国管理案例共享中心案例库．
[4] 何兰萍，张鹏辉．斗鱼直播：差异化战略护航创业之旅：案例编号 STR-0759［G］．大连：中国管理案例共享中心案例库．
[5] 孙葆林．安徽老乡鸡餐饮有限公司战略规划研究［D］．兰州：兰州理工大学，2018.
[6] 黄治雁．肥西老母鸡全产业链发展模式研究［D］．芜湖：安徽师范大学，2015.
[7] 蒋燕昆．城乡统筹背景下合肥市休闲农业发展研究［D］．合肥：安徽农业大学，2012.

牧原：从拥有 22 头猪的小公司成长起来的上市企业

摘要：本案例讲述了牧原从偏僻小山村里的一个很不起眼的小公司，逐步发展成为全国性的上市企业的过程。从创立至今，牧原从最初的生猪养殖开始探索，将产业链不断向上下游延伸，最终形成了集科学研究、饲料生产加工、生猪育种、种猪扩繁、商品猪饲养、生猪屠宰加工为一体的生猪全产业链，并在全产业链模式助力下将公司做大做强，也为千家万户提供了优质安全的猪肉食品。近年来牧原扩张的步伐从未停止，在激烈的市场竞争中，牧原是否能一直处于领先优势地位还要拭目以待。

关键词：生猪养殖　牧原模式　全产业链

2.0　引言

"铛、铛、铛"，一阵清脆的敲钟声，在牧原董事长秦英林的脑海中久久挥之不去。"2014 年 1 月 28 日，那是牧原全体员工期待已久的日子。"2014 年 2 月 17 日，当有记者来到牧原食品股份有限公司（以下简称牧原）进行采访时，牧原董事长秦英林这样对记者说。牧原从 20 多年前只拥有 22 头猪发展到今天上千亿元的市值，其不断扩大的养殖规模和成倍数增长的经济效益，也吸引了行业内外的持续关注。

2014 年 1 月 27 日，这是牧原上市的前一天，牧原的全体股东一起来到深圳市的莲花山公园。在这个公园的山顶广场上，矗立着我国改革开放总设计师邓小平的塑像。秦英林他们一行人内心对邓小平充满无比的崇敬，到邓小平雕像前举行了非常隆重的瞻仰仪式。他们徜徉在莲花山顶的广场上，不断思考着牧原的过去、现在和未来。牧原到底是因为什么而不断茁壮成长的？牧原的发展成就令人瞩目。目前，牧原业务范围涉及我国东中部主要省份，企业员工超过 5 万人，资产总规模已突破千亿元大关。牧原的快速发展令人望其项背，不但吸引了行业内外的好奇心，而且牧原的各位股东也在思考：牧原的成功到底是依靠何种动力来推动的？

2.1 艰难困苦发展路

2.1.1 辞职返乡，逐梦"猪海"

靠养猪来改变家庭命运，让家人都过上幸福安稳的生活是秦英林从高中起就有的想法。1982年盛夏，高中时代的秦英林在放假期间和父亲商讨"大规模"养猪的设想，由于过于想要改变家中的贫困现状，父亲将家中全部积蓄拿了出来，一口气买了20头猪。令人没想到的是，秦英林家这次的"大规模"养猪，非但没能改变家中的贫困现状，反而导致了"雪上加霜"的后果。由于并没有养猪的防疫知识，20头猪里有19头都被传染上了瘟疫。由于没有采取正确的应对方法，导致最初的20头猪只剩下了1头。这次的失败经历使秦英林意识到自己必须掌握养猪的专业技能，才能把猪养好。同时，通过养猪致富改变生活的念头在他心中生根发芽。在高中毕业要考大学时，秦英林果断放弃了被保送河南大学深造的机会，他报考的所有志愿都是和养猪专业有关联的学校，并且最终得偿所愿地被河南农业大学畜牧专业录取。在经过四年的大学学习生活以后，秦英林顺利毕业，来到了南阳当地的一个和食品加工有关的公司就业。但是秦英林无论如何都不能适应按部就班的办公室工作，他感觉到现实生活与自己的理想脱节了。他意识到，自己的方向错位了！"我不断追求，并且为之多年艰苦奋斗的事是养猪，放弃养猪事业就相当于丢掉自己擅长的一方面。"秦英林在现实生活和理想事业激烈的撞击折磨中，最终发现了一条适合自己发展的道路。

1992年春天，邓小平先后到武昌、深圳、珠海、上海等地视察，发表了一系列重要讲话。秦英林敏锐地捕捉到这个时代赐予自己的机遇，自己学到的养猪知识终于有了用武之地。他没有考虑太多，带着旁人的偏见和来自亲戚、朋友的压力，毅然决定辞去工作，离开城市回到了生他养他的故乡——内乡县马山口镇河西村，由此开始了他第一次养猪创业生涯。

1992年，秦英林在农贸市场采购了22头猪仔，这也开启了牧原的创业之旅。没钱请人盖猪舍，他们就自己担水挑土，一坯一坯地垒猪圈，一锹一锹地和泥脱土坯。没有钱买仔猪，他就向亲朋好友、左邻右舍、说好话去借。然而命运之神还是没有放过他，创业没多长时间，他们的事业就遇上了沉重的打击。1993年6月22日，这是秦英林永远铭记的一天，这也是秦英林在创业生涯中遇到的最伤心、最难过的一天。原来，买来的22头猪仔，因为没有控制好疫情，遭遇"全军覆没"。不甘失败的秦英林开始认识到，创业并不简单，把猪养好这件事也真的没有自己想象的那么容易。

2.1.2 二次创业，披荆斩棘

虽然遭遇了之前的挫折，但是秦英林仍然没有放弃养猪改变命运的想法。秦英林初心不改，他又到处请人帮忙贷款从头开始，这也拉开了秦英林二次创业的序幕。可能是吸取了之前失败的教训，后面的发展路竟然顺利了不少。资料显示，秦英林的养猪场，从 1994 年出栏生猪 2000 头到 1995 年出栏生猪 8000 头，到了 1996 年，出栏数量已突破万头大关，秦英林的养猪场总资产达到 400 万元。

1998 年年初，秦英林打算选择新场地扩建猪舍，并将地点选在了交通较为便利和生产条件相对优越的灌涨镇。但扩建猪舍刚刚开始施工，亚洲金融危机来袭，造成资金链断裂，还没有建好的猪舍没办法继续进行了，喂猪的饲料也无法获得，借钱无处可借、贷款也贷不出来，前来要债的人把秦英林家的门堵得水泄不通，甚至合作的供货商把猪舍扩建工程还没来得及用的建筑材料都拉走了，更别提员工的工资问题了……在如此艰难的情况下，秦英林一方面不断四处奔走筹钱，甚至跑到镇上政府部门去求助；另一方面，秦英林与他的科研伙伴马不停蹄地研究，不断降低生猪饲料的成本。世上无难事，只怕有心人。凭借着坚韧的毅力和不服输的干劲，秦英林面前的诸多挑战都被他一一克服了，并慢慢走出了危机的阴影。

转眼到了 2000 年，随着经营规模的扩大，原来的家庭养猪已经不适合社会发展了，秦英林注册成立了河南省牧原食品股份有限公司，并启动了自己的新一轮发展。在接下来的发展中，秦英林又碰到了许多意想不到的困难和挑战。创业最需要什么？最需要的就是资金。由于秦英林养的猪并没有很好的销路，因此受市场影响非常大，尤其是当生猪价格发生波动时。在那个时候，许多个体养猪户已经开始使用瘦肉精来养猪了，也有不少的购买商找到秦英林要免费给他提供瘦肉精并且全部包销。如果使用瘦肉精，这样每年牧原可以增加 200 万元的收入，而在那时牧原的年净利润也还没有达到 200 万元。尽管 200 万元对于秦英林来说有着巨大的吸引力，但是始终不能打动他。秦英林回复购买商："我宁可没钱可赚，也绝对不会使用瘦肉精。"秦英林和他的企业抵制住了金钱的诱惑，一直使用牧原自己的配方饲料来喂猪。在 2001 年到 2002 年间，秦英林的牧原生猪以自身的高品质拓展开海外市场，将猪肉卖到了亚洲的新加坡和日本，非但没有赔钱，反而获得盈利超过 500 万元。众所周知，日本是全球对食品质量最为苛刻的国家之一，但牧原就是靠自身生猪的高品质打开了日本市场，站稳了发展的脚跟。

牧原真正的转机是在 2006 年。2006 年 9 月，瘦肉精事件在我国上海突然爆发，造成上百人中毒的重大事故。这个时候，致力于提供高品质猪肉，坚决不使用瘦肉精的牧原生猪走进大众的视野。牧原的绿色养猪一炮而红，央视的《东方时空》栏目对牧原进行了特别专题报道。

2010 年，牧原对外公布营业收入突破 4.5 亿元，牧原生猪的出栏数量达到 35.9 万头。在此之后，中金公司的战略性入股更是进一步助力牧原发展壮大。

2014 年 1 月 28 日，牧原在深交所正式敲钟上市，当日收盘，成交额 4903 万元，总市值超过 80 亿元，成为在市值上遥遥领先的河南省南阳市最大的上市公司。

牧原上市后一度被负面消息缠身。由于 2014 年猪肉价格低迷，企业营业收入受损严重，牧原对外公布其净利润为 8019.81 万元，同比下滑 73.6%，河南省证监局和深交所相继给牧原发来问询函。这件事情过去没多久，牧原又被市场指为"变脸王"，认为牧原故意篡改数据，有财务数据造假的嫌疑。但是 2014 年，我国其他大型养猪企业大都存在亏损现象，难得有企业像牧原一样还有盈利。

2017 年，牧原生猪真成了站在风口的飞猪，全年销售生猪数量为 723.74 万头，全年营业额突破 100 亿元，同比增长 79.14%。值得注意的是，虽然存在着生猪价格下降的现状，得益于较快的销售速度，2017 年牧原实现净利润同比增长 1.88%。从开始的 22 头猪到现在的营业收入突破 100 亿元，牧原这头站在风口上的猪正在迎风越飞越高。

2.2　牧原模式，助力远航

对于我国的养猪行业来说，当下主要存在温氏与牧原两种不同的养殖模式，即以温氏为代表的"公司+农户"的模式（这种模式属于轻资产模式），以及以牧原为代表的一体化自育自繁自养模式，牧原模式属于重资产模式。

温氏采取的是"公司+农户"为核心的模式。简单来说，就是温氏去找农户合作，农户缴纳一定比例的保证金，并签订委托养殖合同，并且按照温氏的标准去建设猪场，按照要求的标准进行规范养殖，等到把猪养大之后，农户就会获得相应的劳务费。公司为农户提供猪仔、专业知识、饲料、药品、疫苗、保健治疗等服务。该模式和美国的苹果公司很像，苹果公司负责设计图纸，机器所需要使用的零部件由世界各地的工厂来供应，属于轻资产运营模式。这种模式的好处是公司可以实现快速扩张，占领市场。不过也存在不利之处，正是由于"公司+农户"模式，温氏与合作的农户签订委托合同，每年都会给农户充分的利润空间。换句话说就是，即使是价格下跌导致养殖处于亏损状态时，公司依旧必须留出一定的资金留给与公司合作的农户，以确保农户的利益。这就使温氏在生猪价格下降时期，进一步减少了盈利空间。

牧原经过 20 多年的养殖发展与经验积累，最终形成了具有鲜明特色的牧原生猪养殖模式。该模式以"自育自繁自养大规模一体化"为特色，并且建立了集产业链上游的饲料加工和生猪育种、中游的种猪扩繁和商品猪饲养，以及下游的屠宰加工为一体的完整封闭式生猪全产业链。这种特色鲜明的大规模一体化养殖模式，被称为"牧原模式"，后来被多个行业养猪巨头效仿。这种自育自繁自养的模式简单来说，就是牧原寻找场地，自己建立猪舍，大规模统一采购养猪必需品，招聘必要的员工进行育种、养殖猪仔，并且把生猪养大，最后再经过下游生产厂家的进一步处理到达消费终端。在这种模式下生猪养殖的全部环节牧原都可以轻松掌握。但是，这也意味着在种猪培育和饲养阶段，牧原需要付出更多的成本，比如养殖场猪舍的建设费用、养猪设备的折旧费、员工的工资等。但是这种重资产模式，也使牧原可以利用更多的资源。从长远来看大规模一体化养殖模式有望成为未来的发展趋势，但是付出的成本是相当大的。

温氏的"公司+农户"模式可以说是企业扩大规模抢占市场较为便利的一种方法。这种模式不存在饲养环节的风险，生猪收购的成本低，卖出的价格较高，企业比较容易做大。但是，温氏模式饲养、防疫等环节是农户自己进行的，公司无法进行有效的监管，或许存在风险。相比之下，虽然牧原资金投入较大，环境保护承受的压力大，但是疫病暴发风险低，食品安全有保障。为了确保提供安全放心的食品，牧原坚持不搞"公司+农户"模式，坚守红线，不收圈外一头猪。

生猪养殖最重要的就是要保证生猪产品的食品安全，同时也要把养殖成本控制在合理的范围之内，减少疾病的暴发。只有这样才可以提高利润，同时提高规模养殖。自育自繁自养的一体化养殖模式可以大大减少交易环节，提高公司运作效率，同时还可以合理地控制成本和确保防疫体系的安全有效，更重要的是牧原模式可以保证生猪从育种到对外出售到达消费者手中全部环节的有效控制。此外，牧原模式对于提高生猪产业的规模化和标准化具有显著好处。

2.2.1　核心产业：生猪养殖

牧原拥有多个优良生猪繁育基地，并从海外购买"长白、大白、杜洛克"等优良品质原种猪，培育出一大批高品质种猪群和优质商品肉猪。2005 年，牧原加大投资力度，从优质生猪产地加拿大引进优质原种猪 470 头。这一项目也标志着牧原成为我国种猪育种公司的领先企业。牧原凭借着在生猪育种方面的显著优势，被列为我国第一批国家生猪核心育种场。截至 2015 年 6 月，牧原已经拥有皮特兰、杜洛克、大约克、长白曾祖代核心种猪群约 1.07 万头，核心种猪群的规模处于国内前列。牧原现在拥有两个国家级别的生猪核心育种场，现存核心种猪群基础母猪超过 15000 余头。牧原拥有一批长期奋战于一线的科研人员，对种猪性能进行评估、留档和耳标，并采用一系列专门的软件来评估种猪优劣，使培育出来的种猪能够满足社会需求。

在生猪饲料营养方面，牧原一直采用的是阶段性的营养配方技术，根据生猪的不同类型及不同的生长时期，分别制定了精准的饲料营养标准，并且对不同阶段猪群建立相应的营养需要动态模型，给它们研制专门的饲料配方。

在健康控制方面，牧原从猪舍环境控制、防疫条例、技术控制、人才队伍建设多个方面采取措施，构建综合防疫体系，并且加强人才队伍建设，建立了一支高水平的医疗队伍。

在生产管理方面，牧原采用批次清群、分胎次饲养、公猪站空气过滤等技术，对猪舍进行合理规划以保证健康。同时，公司定期邀请国内外权威专家指导生产，获得人才和技术团队的全方位介入和支持，使公司的生产管理水平达到国际领先水平。

2.2.2　上游产业：饲料加工

河南省不仅是我国的粮食作物种植大省，更是我国的生猪养殖大省，具备优越的畜牧业发展条件。南阳市更是自古以来就有"中州粮仓"的美称，是河南省的农业大市，自然条件适合农业发展，粮食总产量占河南省的 1/10。这给生猪养殖所需要的饲料供给提供了有利条件，同时由于距离较近、运输成本较低，有利于公司成本的降低，提高了公司的竞争优势。此外，周边农户的农产品也可以为饲料厂提供一部分原料，可以增加农户收入。自建饲料厂也为周边提供了不少工作机会，可以充分利用农村的劳动力。

此外，牧原致力于研究猪饲料的营养最佳组合，确保在生猪养殖的各个阶段提供优质放心饲料。公司在拥有"玉米+豆粕"型、"小麦+豆粕"型配方技术的基础上，积极研发了大麦、高粱、原料副产品等杂粮杂粕配方技术，实现了对原料的充分应用，同时应用净能、真可消化氨基酸体系设计低蛋白日粮配方，充分利用晶体氨基酸降低了豆粕的用量，丰富了替代玉米原料的选择，不仅降低了传统饲料对玉米、豆粕的依赖，也大幅降低了氮排放量，更加环保。公司可以根据原材料的性价比及时调整饲料配方中的主要材料，有效降低饲料成本，从而形成了较强的成本优势。例如，对于不同的生猪品种和其不同生长时期，牧原科研人员成功地培育出 6 类 32 种配方技术。目前，牧原一年的饲料加工能力可以达到 800 万 t。

2.2.3　下游产业：生猪屠宰

2008 年 6 月，牧原与山东龙大集团成功牵手合作，双方同意共同投资河南龙大牧原肉食品有限公司（简称龙大牧原）。这也使牧原得以涉及产业链下游的生猪屠宰行业。这一项目的成功开展，使牧原形成集饲料生产加工、生猪育种、商品猪生产、生猪屠宰加工为一体的猪肉全产业链。从产业链上游的饲料加工到产业链中游的繁殖和育肥，最后再到下游的生猪屠宰加工销售，牧原通过大规模一体化的全产业链，将生猪养殖各个生产环节由牧原自己控制，在保障食品安全、做好疫病防控、加大成本控制及标准化、规模化、集约化等方面具有显著的竞争优势。

此外，由于牧原给龙大牧原提供所需要的大部分原料，从源头就保证了食品的安全和高品质，构建了从源头、加工到销售的完善的安全肉食品产业链，实现了从厂址选择、原料采购、饲料加工到生猪饲养、屠宰加工全过程的可知可控可追溯，确保了食品安全控制能力，同时引进国外肉食标准，进一步提高产品竞争优势。此外，工厂采用国际一流水准的生猪屠宰、分割流水线设施，全部实行机械化屠宰，实行全封闭式无菌生产管理；先进的车间生产加工设备，一流的肉食品加工机械流程进一步保证了产品的安全可靠。牧原凭借食品安全保证体系的完善，产品质量的过硬，产品经过下游食品加工企业的生产加工，可出口到国外十多个国家，赢得了国外客户的好评与称赞，甚至部分产品还在我国国内高端冷鲜肉市场占有一席之地。为应对由"调猪"转向"调肉"的变化，牧原进一步向产业链下游延伸，建造屠宰场以应对这种变化。

牧原通过大规模一体化的养殖模式，将生猪产业的所有环节都置于自身控制之下。一体化产业链使牧原将生猪养殖的所有生产环节都置于可控状态，在和其他企业的市场竞争中具备明显的竞争优势。

2.3 "非瘟"未走,"新冠"又至

2.3.1 猪瘟来袭,危中有机

2018 年 8 月,首例非洲猪瘟在我国辽宁省被发现,其后疫情在我国国内快速传播。截至 2019 年 4 月 19 日,我国各省、市、自治区都传出猪瘟疫情。这场突然暴发的猪瘟疫情给我国数量众多的中小型养殖户带来了毁灭性打击。尽管牧原的一体化规模养殖具有防疫优势、规模经济和成本优势,但是牧原也有过 18 天蒸发 124 亿元和亏损达到 1 亿多元的悲惨经历。

这场疫情是对每一个生猪养殖企业防疫能力和技术能力的严格检测。针对非洲猪瘟,牧原迅速采取预防措施,加强预警机制和饲料供应管理,严格做好厂区人员进出管理,并采取猪舍改造等措施防范疫情的发生。另外,秦英林和科研团队积极开展研究,成功研发出了一套对抗非洲猪瘟的有效技术,并且已经正式申报国家科技成果鉴定。

每次疫情都是对行业的一次洗礼,面对这次疫情,大批中小规模的养殖场由于防范能力较弱而大量退出,却给了中大规模养殖场趁机扩张的机会。牧原果断抓住行业发展机会进行快速扩张。

2019 年 11 月,牧原对外发布公告称,为增强公司竞争能力,将在河南南阳和山东分别设立生猪养殖公司。12 月,牧原再次对外宣称,将与华能信托共同合作投资设立生猪养殖公司,合作双方投资总额突破 70 亿元。

此外,牧原还打算在河南省的 3 个县域启动屠宰厂项目,项目设计产能总计将会达到 600 万头,进一步向生猪屠宰领域涉入。与此同时,牧原还分别与中央企业贫困地区产业投资基金股份有限公司、央企贫困地区黑龙江产业投资基金合伙企业(有限合伙)、国投创益产业基金管理有限公司等企业签署协议,成立合资公司,发展生猪养殖业务。

在 2019 年 7 月接受央视节目《对话》的采访时,秦英林称自己在对抗非洲猪瘟的战役中,从开始的惊慌、恐惧到后来的敢于打硬仗,最终还是战胜了疫情。牧原股份又成为 A 股的香饽饽,2019 年秦英林又再次坐在河南省首富的位置上。

2.3.2 "新冠"突至,困难重重

2019 年 12 月起,一场突如其来的疫情横扫大江南北。疫情之下,百业蒙尘。对于生猪养殖业来说,疫情的影响不容小觑。由于"新冠"暴发,全国多个省市纷纷启动重大突发公共卫生事件一级响应,有些地方农业生产资料运输受到很大影响,导致出现养殖所需饲料难以及时获得和补充、种畜禽无法实现调运等问题。在疫情严重的地区,多数饲料生产厂一度因没有原料而无法生产。从目前看,疫情对我国生猪供需两端均有显著的不利影响。一方面,交通物资运输不畅,不仅生产供应饲料端受到影响,猪肉物流也受到限制,养殖业供给将会受到严重冲击。另一

方面，大量餐饮店面处于关闭状态，再加上湖南、四川等地发生家禽感染高致病性禽流感病毒事件，消费者对于肉类的需求将会持续下滑。

此外，出于有效防范疫情传播的需要，数量不少的屠宰场受疫情影响普遍推迟开工时间。另外，我国多家上市"猪企"也发布相关情况说明，表示疫情对公司的扩张存在不同程度的影响，所有在建工程项目都暂时处于停工状态，具体复工时间还不明确。

据行业内人士分析，新冠疫情后行业恢复速度可能会更趋缓。

2.4 未来之路，拭目以待

根据牧原发展计划，将继续增加公司的土地储备，加快在建工程的建设速度，进一步扩大公司生猪的养殖规模，并且持续发挥公司在大规模生猪养殖方面的优势，加大公司规模扩张，朝着将公司发展成我国国内举足轻重的优质生猪供应商的目标不断迈进。另外，值得注意的是，在近些年来牧原扩张的步伐从未停止，在大笔资金的支出不一定能够获得业绩增长的前提下，必然会导致公司资金链的紧张。乘风而起，或许可以一跃而上，但是速度太快，发生意外也不是没有可能。"养猪第一股"雏鹰农牧就是前车之鉴。

你的责任有多大，雄心就有多大；你的雄心有多大，事业就可以做多大；你的事业有多大，责任就有多大。这是牧原的"成功心法"。秦英林带领牧原人在"先相信，后看见"的境界中，已让牧原从刚开始的一个不为人知的小企业，成长为市值突破千亿元的集团企业。对于牧原和秦英林的未来，我们拭目以待。

思考题

1. 请从波特五力模型的角度分析秦英林为何选择进入养猪行业？
2. 全产业链战略的本质是什么？牧原全产业链模式成功实施的保障有哪些？
3. 简述牧原全产业链模式的积极影响与消极影响。
4. 在企业未来的发展中，牧原全产业链模式应该从哪几个方面优化完善？

附录

附录A 猪品种与猪生长周期

1. 猪品种

在杂交过程中，不同祖代被定义为一元猪、二元猪和三元猪。其中一元猪用来生产二元母猪，为杂交品种初代，主要是长白猪和大白猪。"父母代"二元猪用来生产三元商品猪，母二元猪是一元猪的后代，公二元猪是来自血脉单一纯净的种猪。我国主要的三元杂家猪是杜长大。按照父系名，姓在前的原则命名，白（公）柏（母）得到元母猪为"长大"（跟父姓），"长大"（母）杜洛克（父）得到三元猪"杜长大"（跟父姓）。猪品种图如图 2-1 所示。

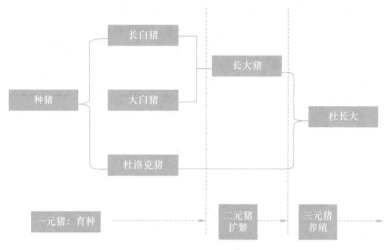

图 2-1　猪品种图

2. 猪生长周期

从补栏 4 个月大后备母猪到商品猪出栏历时约 14 个月。母猪 8 个月大可配种，经过 4 个月妊娠期分娩得到仔猪，仔猪经过 180 天左右长成商品猪出栏。仔猪 0~35 天称为"哺乳仔猪"，体重达到 7kg，36~70 天称为"断奶仔猪"，体重达到 20kg。71~110 天称为"生长猪"，体重达到 60kg，日增重 600~700g。111~150 天，体重达到 100kg，日增重 800~900g。180 天体重达到 110kg。商品猪出生 2~3 个月体重 20~30kg，是骨骼生长期。随着日龄增长体内水分下降，蛋白质轻度下降，体重达到 50kg 后脂肪急剧上升，体重达到 100kg 以后脂肪开始大量沉积。

附录 B　生猪养殖模式比较

我国主要生猪养殖模式比较见表 2-1。

表 2-1　我国主要生猪养殖模式比较

项　目	农户散养	"公司+农户"养殖	工业自动化自繁自养
代表企业	散养户	温氏	牧原
投资成本	极低	适中。合作户需提供养猪场和生产工具，公司负责配种、分娩、保育等环节，分散养殖，统一管理	高昂。需要公司建设养殖基地并且负担农工成本
规模扩张	规模本身小，存在资金与技术限制，不利于实现扩张	易于实现快速扩张	实现规模快速扩张具有瓶颈，需要大量前期投入
产品质量	饲养水平参差不齐，难以保持猪肉质量，且产量不稳定	由于分散养殖，农民饲养水平参差不齐，有可能出现问题肉	统一供料、供种及饲养管理，易于控制质量

（续）

项　目	农户散养	"公司+农户"养殖	工业自动化自繁自养
疾病防治	以人工笔记方式记录，药物难控制，导致漏打药品或是药物过量的情况发生	虽然获得公司疾病控制指导，可以杜绝疾病传播，但由于养殖过程自主性大，疫病防控难度大	主要依赖技术防疫手段进行防疫管理，但存在管理风险
养殖效率	养殖积极性高，但是技术水平低下，导致养殖效率不高	农户养殖积极性较高，但是畜禽活体产权归农户所有，农户可能发生欺诈行为	通过制度安排能有效发挥员工的积极性

资料来源：根据牧原公司官网资料自行整理

附录 C　生猪养殖产业发展

1. 生猪养殖产业发展历程

我国是传统的农业大国和人口大国，随着人口的增长和生活水平的不断提高，城乡居民对高品质的畜、禽、水产等农产品，以及各种粮食加工作物的需求量越来越大。纵观我国生猪养殖产业发展历程，大致分为以下五个阶段：

第一阶段：生猪供给严重不足，1949 年—1978 年。新中国成立后到改革开放前期，国内经济缓慢恢复，生猪产业发展缓慢，市民凭"猪肉票"消费猪肉。1978 年，全国生猪存栏 3 亿头，能繁殖母猪存栏 2415 万头，出栏量 1.61 亿头，猪肉产量 789 万 t，年人均猪肉占有量 8.2kg。

第二阶段：生猪产业恢复发展，1978 年—1984 年。农民获得生产自主经营权，生猪养殖积极性提高。1984 年，生猪出栏量 22047 万头，较 1978 年增长 37%，年人均猪肉占有量 13.84kg，生猪供应紧缺情况得到一定程度的缓解。

第三阶段：生猪产业快速发展，1985 年—1997 年。1985 年，生猪购销政策全面放开，市场自由交易开始。1988 年，农业部"菜篮子工程"建设实施后，生猪养殖快速发展，到 1997 年，全国猪肉产量大幅增加至 3596.3 万 t，较 1990 年增长 58%，年人均猪肉占有量 29.1kg，首次超过美国年人均猪肉占有水平。这一阶段生猪供给紧缺局面彻底扭转。这一阶段生猪养殖主要是年出栏 500 头以下养殖户为主。

第四阶段：生猪产业结构调整阶段，1997 年—2006 年。这一阶段生猪产业面临养殖效率低、收益低、饲养成本高、食品安全及环保压力等问题，促使生猪产业向提高生产效率、追求商品质量和优化养殖结构的方向转变，生猪规模化养殖企业较大幅度扩张，到 2002 年，全国年出栏 500 头以上规模化养殖占比近 10%，2006 年，年出栏 500 头以上规模化养殖占比达到 15%。例如，国内生猪养殖龙头企业牧原，1994 年的生猪养殖总规模达到 2000 头，1996 年出栏商品猪达到 10000 头。2006 年，我国生猪出栏量 6.1 亿头，猪肉产量 4650 万 t，年人均猪肉占有量 35.38kg。这一阶段，我国能繁殖母猪存栏增幅 45%，生猪存栏增幅 20%。

第五阶段：规模化发展阶段，2007 年至今。21 世纪以来，市场经济发展迅速，生猪产业快速发展，受宏观经济、大资本涌入、国家政策调控、食品安全事件、进口肉、环保政策等因素影响，生猪供应时而充足时而紧缺，供给和需求难以达到稳定均衡，生猪和猪肉价格呈周期性大幅波动。生猪产业上到饲料供应商、疫苗兽药供应商，中游的生猪养殖场户，下游的屠宰加工，以及终端消费者，无一例外都受到不同程度的风险影响。

2. 生猪养殖发展趋势

（1）环保升级推动产业升级

2014 年以来，国家相继出台了《畜禽规模养殖污染防治条例》《畜禽养殖禁养区划定技术指南》《水污染防治行动计划》等一系列旨在加强环境保护力度的法律法规和政策，对畜禽养殖业提出了更严苛的环保要求，明确规定了畜禽的禁养区范围、畜禽排泄物的处理标准，要求在全国范围内依法关闭或搬迁禁养区内的畜禽养殖场（小区）和养殖专业户，畜牧养殖行业整体进入了环保高压期。环保要求提高了猪场建设在环保方面的投入，间接提高了生猪养殖成本，也无形中提高了进入生猪养殖行业的门槛。目前，各地政府均提出了非常严格的发展生猪养殖的条件，为了确保环境良好，所有猪场必须具备统一的污染物处理体系。因此，新建猪场或老猪场都面临如何解决养猪带来的污染问题。为了解决生猪养殖带来的环境污染问题，各规模化猪场需要制定相关的环保措施以改善养殖环境，同时对养殖粪污资源化利用进行探索，尽可能将养猪的污染问题降低到最小范围。

（2）消费升级推动产业升级

消费升级推动产业升级，安全、健康、有特色的产品将是未来市场发展的方向。产业链上游企业积极向下游延伸，下游企业也开始往上游拓展。

（3）养殖向标准化、专业化发展

我国生猪产业发展正处在规模化发展的起步加速阶段，生猪养殖专业化进程在不断加快。未来行业龙头将不断通过纵向或横向整合发展壮大，其他养殖户将走专业化分工之路，生猪养殖模式将会越来越标准化、专业化。除了传统的繁育到肥猪出栏一体化的养殖模式外，种猪培育—仔猪哺育—育肥饲养，各养殖阶段的专业化分工协作比例将不断增加。

（4）养殖区域分布调整，冷链物流体系完善

根据"十三五"生猪产业发展规划的生猪重点发展区和潜力增长区，重点发展区在满足本区域需求的同时，还要供应长三角和珠三角地区。潜力增长区发挥资源优势，支持产业化龙头企业发展建设，发挥产业带动作用。生猪产业龙头企业在东北地区和西南地区的布局已有规划和建设，是将来产业发展的重点。不管是重点发展区还是潜力增长区，都离不开生猪或肉品的物流调运。2018 年 3 月，农业农村部发布了《关于加强畜禽移动监管有关事项》的第 2 号公告，公告鼓励畜禽养殖、屠宰加工企业推行"规模养殖、集中屠宰、冷链运输、冷鲜上市"模式。

（5）产业与金融深入结合

由于生猪养殖天然周期的存在，生猪价格呈现周期性波动，即猪周期。猪周期对整个产业链的影响巨大，猪价上下波动，产业链上下游经营利润极不稳定，市场风险很大。产业规避风险的诉求很迫切，从国内外市场发展经验来看，生猪产业融合金融工具将成为产业上下游规避风险、稳定生产的趋势。目前，国内生猪产业探索性的金融工具有期货+保险和饲料原料套保，国内生猪期货品种已立项获批，上市指日可待。金融工具的运用对生猪产业乃至全国农业的健康发展将会发挥非常重要的作用。

（6）食品安全日益受到重视，促进高端猪肉品牌的树立

随着我国经济的发展和人民生活水平的不断提高，食品安全已经成为民众关注的焦点。国内以散养为主的养殖模式是引发猪肉食品安全问题的主要原因。在散养情况下，政府监管部门无法对散养户进行全面监管，猪肉质量和安全无法保证，生猪养殖过程中添加剂的滥用难以有效控制。这种情形客观上促进了国内高端猪肉品牌的发展。一方面，能够打造高端猪肉品牌的都是规模化的养殖企业。对于规模化的养殖企业来说，食品安全的违法成本极高，一旦出现食品安全事故，对企业是毁灭性的打击，因此规模化的养殖企业将食品安全放在极为重要的地位，从源头上杜绝食品安全事件的发生。另一方面，规模化的养殖企业具备更高的养殖和育种水平，可以根据市场需求，培育出肉质和口感更好的肉猪，以满足消费者需要，同时养殖成本也会因为规模化的优势而降低。目前，市场上已经出现了部分区域性的高端猪肉品牌，未来随着生猪养殖企业规模的扩大和异地养猪模式的推广，会有更多的高端猪肉品牌出现。

资料来源：牧原公司官网

【案例解析】

1. 请从波特五力模型的角度分析秦英林为何选择进入养猪行业？

【理论依据】

波特五力模型。

波特五力模型是迈克尔·波特于 20 世纪 80 年代初提出的。他认为行业中存在决定竞争规模和程度的五种力量，如图 2-2 所示。这五种力量综合起来影响着产业的吸引力，以及现有企业的竞争战略决策。五种力量分别为供应方的讨价还价能力、购买方的讨价还价能力、潜在竞争者进入的能力、替代品的替代能力、现有竞争者的竞争能力。竞争战略从一定意义上讲是源于企业对

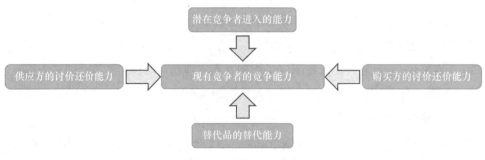

图 2-2　波特五力模型

决定产业吸引力的竞争规律的深刻理解。任何产业，无论是国内的或国际的，无论是生产产品的或提供服务的，竞争规律都将体现在这五种竞争的作用力上。因此，波特五力模型是企业制定竞争战略时经常运用的战略分析工具。

【问题分析】

（1）供应方的讨价还价能力

我国生猪养殖量及产能在改革开放前增速相对缓慢，供给量严重不足。1985 年生猪购销政策全面放开，市场自由交易开始，1988 年农业部"菜篮子工程"建设实施后，生猪养殖快速发展。在 1983 年—1994 年这段时间，生猪供应量增长迅速，猪肉供应短缺的局面得到扭转，进入供求平衡的快速发展阶段。这一阶段的生猪养殖以年出栏 500 头以下的养殖户为主，供应商议价能力较强。

（2）购买方的讨价还价能力

猪肉中所含蛋白质是比较稳定的可溶性高价蛋白质，容易消化和吸收，具有较高的营养成分及食用价值。猪肉是高能量多脂肪肉食品，它是为人体生理活动提供能量的重要来源，比较受群众欢迎。消费者对价格敏感度高，在价格低时会选择购买，在价格高时会拒绝购买，转向其他肉制品。

（3）潜在竞争者进入的能力

大量资金涌入养猪业，虽然新入者受场地、环保等条件限制，但实际情况是这些限制性因素在郊区及乡镇影响极小，而技术及其他门槛较低，新入者较易入行。这些数字虽然零散，但总和惊人。

（4）替代品的替代能力

在肉类中牛肉、羊肉价格更高，而且不是我国肉类消费者长期形成的饮食习惯。若猪肉价格超过牛肉、羊肉价格可能使消费者改变选择，但是这种情况极少出现。随着人们生活水平的提高，肉类的消费需求逐渐多样化，猪肉消费的比重在逐步下降，但仍是我国肉类蛋白质摄取的主要来源，占比依旧在 60% 左右。

（5）现有竞争者的竞争能力

研究表明，生猪供给主要源于散养农户，其次为饲养专业户，再次为规模化猪场。决定生猪供应的主要因素还是广大农民的个体养殖，这主要是因为个体养殖的生产成本较低。在饲料成本上，农户较少使用精饲料，主要使用青粗饲料，而且其劳动力成本低，普通农户利用空闲时间即可完成养猪工作。我国的国情决定了散户养猪在长期内是主要形式。

2. 全产业链战略的本质是什么？牧原全产业链模式成功实施的保障有哪些？

【理论依据】

全产业链战略。

全产业链战略最早是由中粮集团提出来的。中粮集团产品种类丰富，几乎包括了从原料生产到食品加工的所有环节。在产业链上游，中粮集团从选种、选地，到种植、养殖等环节严格把控，宏观调控产品结构；在加工环节，中粮集团实现对产品品质的全程控制，确保食品安全；在产业链下游，中粮集团通过技术研发和创新，向消费者提供更多健康、营养的食品。以消费者为导向，通过对原料获取、物流加工、产品营销等关键环节的有效管控，实现"从田间到餐桌"的全产业链贯通。

全产业链最重要的环节是两头：上游的种植（养殖）与下游的营销，重中之重是上游的自给。全产业链模式使上下游形成一个利益共同体，从而把最末端的消费者的需求，通过市场机制和企业计划反馈到处于最前端的种植与养殖环节，产业链上的所有环节都必须以市场和消费者为导向。

【问题分析】

牧原属于养殖业，它的全产业链模式是以消费者终端为导向，从产品的源头做起，经过种猪培育、饲料生产、商品猪饲养、生猪屠宰加工直到销售到消费者手中。这个模式的优势在于生猪养殖的各个环节都在牧原的掌控之中。在牧原全产业链模式中，核心产业是生猪养殖，通过生猪养殖业务不断向上游饲料加工和种猪培育、下游生猪屠宰加工延伸，即为纵向一体化过程。

（1）饲料供应保障

河南省是中国粮食生产大省，具备畜牧业发展的坚实基础。南阳市更素有"中州粮仓"之称，是全省的农业大市，农业基础较好，粮食总产量约占河南省的 10%。南阳市的主要粮食作物有小麦、玉米、大豆等，这为牧原饲料原料的供给提供了充分的保障，同时减少了原材料的运输成本，使牧原在原材料采购成本方面具有一定的优势。此外，牧原有年 800 万 t 的饲料加工能力，可以供应部分牧原生猪养殖需要的饲料。

（2）防疫保障

牧原秉承"养重于防，防重于治，综合防治"的理念，从猪场选址、场区布局、防疫制度、舍内小环境控制、疫病预警系统、防疫技术、兽医人才队伍等多个方面，建立了完善有效的疫病控制综合系统。牧原兽医部设有研发中心、预防中心、临床控制中心三个组成部分，定期邀请国际专家来场培训指导，建立了一支具有国际化水平的专业兽医团队。

（3）政策保障

南阳市政府充分重视牧原的发展，对其给予大力支持。具体表现为：政府在区域经济发展中始终保持服务者的身份，为区域经济发展创造有利条件；政府为鼓励养殖业发展，出台了若干政策文件来推动养殖产业化的发展；全力支持牧原建设牧原食品产业园等"六大工程"；积极发挥牧原的行业领先优势，持续扩大养殖业规模，实现"牧原模式"在南阳市的全覆盖，大幅提升生猪养殖规模化；进一步拉长产业链，加快建设深加工产业基地，形成国际领先的集饲料生产、生猪养殖、生猪屠宰、肉食品加工于一体的全产业体系；加大科技研发力度，做大做强高端制造、智能制造产业，打响"牧原制造"品牌，实现跨行业、跨领域发展。

（4）食品安全保障

牧原通过一体化的全产业链模式，做到生产全环节可控。一体化全产业链使公司将生猪养殖各个生产环节置于可控状态，并且在饲料生产环节获得 ISO 22000 食品安全管理体系认证。牧原生猪的饲养和猪饲料的生产及其相关管理活动获得 ISO 14001 环境管理体系认证，有效地保障了产品的质量管理和食品安全。

3. 简述牧原全产业链模式的积极影响与消极影响。

【理论依据】

全产业链模式。

（1）**全产业链模式的积极影响**

全产业链模式的积极影响有以下几个方面：

1）有利于企业资源的合理分配。

2）盈利和抗风险能力：平滑盈利的波动性，带来较高的、持续的、稳定的、成长性好的盈利。

3）战略协同效应：整个公司形成一个有机的整体，价值链各环节之间、不同产品之间实现战略性有机协同。

4）规模、效应和成本优势：有上游供应链的优势，涵盖了从原材料获取到产成品销售的整个过程，全部是在核心企业的控制下进行的，不用担心原材料获取困难和销售渠道不通畅等问题。

5）信息传递顺畅：快速反映消费者的信息，促进上游环节的创新与改善，使整个企业对市场的反应更敏感、及时。

6）行业领导力和产业优势：以终端消费引领产业链，核心企业主导整个系统的管理与控制，最终在产业与市场上获得关键的话语权、定价权和销售主导权，形成产业领导力，以最大限度地挖掘产业链价值，形成产业优势，实现企业与客户利益最大化的管理模式。

7）产业升级：以客户需求为导向，推进技术进步，有利于产业整体提升。

8）社会信誉、影响力、知名度：有利于打造品牌，提升影响力，具有品牌聚合效应。

（2）**全产业链模式的消极影响**

全产业链模式的消极影响有以下几个方面：

1）资金风险较高。全产业链模式涉及的细分行业很多，对上下游各环节都实现控股需要大量的资金投入，对企业自身的资金实力和融资能力提出相当高的要求。

2）管理协调成本较大，管理效率低下。全产业链模式是企业通过组织内部的管理协调来替代市场机制进行商品交换和资源配置的方式。

3）未必能够实现对产业链的有效控制。现代生产方式分工越来越细，产品越来越复杂，如果企业不能掌握产业链的关键或核心环节，即便整合上下游绝大多数环节，也很难获得绝对的话语权。

4）可能导致企业资源配置分散、核心竞争力不强。实施全产业链战略的企业"摊子"铺得很大,"战线"拉得很长,将有限的资源分散到产业链的各个环节,甚至进入产业链非核心环节和不相关环节,将导致对核心业务、核心产品、核心价值的资源支撑力度不足。

【问题分析】

(1) 牧原全产业链模式的积极影响

1) 减少生产成本,提高企业竞争力。牧原全产业链模式是一种新型的商业发展模式,相比其他产业发展模式具有显著的差异化。因为其各个产业均为逐步建立和发展成型的,可以形成对手难以模仿的竞争力优势。产业链上的各环节之间相互协调,能够平缓盈利的波动性。因为主要产业都是由集团控制的,上游供应链是自己的公司,所以这不仅大大降低了交易的时间成本、原料生产成本等,而且能够保证产品的安全性,从而提高整体竞争力,让企业在市场竞争中始终处于有利地位。

2) 保障食品安全。全产业链有利于公司对食品安全与产品质量进行全过程控制:拥有饲料生产环节,便于从源头控制食品安全。此外,牧原施行集约化、全封闭的养殖模式,生猪自育自繁自养,饲料自主生产、自给自足,形成了食品安全封闭式管理,建立了投入品保障、饲料保障、养殖生产保障、销售终端跟踪、无害化处理保障和检测验证六大管控体系,做到了食品安全可控制、产品质量可追溯。

3) 增强企业抵御风险的能力。牧原打造的全产业链模式具有独特性,产业链之间环环相扣,但又不失独立性。上游饲料加工产业和下游的生猪屠宰产业可以和中游核心生猪养殖产业有效合作,减少对市场的依赖程度。一体化的产业链,减少了中间环节的交易成本,有效避免了饲料、种猪等需求的不均衡波动对公司生产造成的影响,使整个生产流程可控,增强了公司抵抗市场风险的能力。

(2) 牧原全产业链模式的消极影响

全产业链模式虽然使牧原产业不断向上下游扩张,但是随着牧原规模不断扩大,其对企业的消极影响也逐渐显露出来。

1) 限制了企业利润最大化。牧原实现了全产业链各环节盈利,从表面上看,产业链延伸越多、产业越齐全,总利润相加就越多。事实上,这种算法没有考虑到产业链上每个环节的利润率。利润率是衡量一个企业经济效益的指标,利润率越高,公司效益越好。牧原产业链上的各环节都围绕着中游的生猪养殖,生猪养殖聚集了公司的各种资源,取得了快速发展,利润可观。产业链上的其他产业由公司统一调令,饲料产业按内部价格供给生猪养殖,使生猪养殖利润最大化。但其他产业参与市场竞争程度降低,又不能用外部交易增加公司的收益。这样,产业链上的各个环节利润率不同,有的获取利润少,有的保本甚至亏本。总之,全产业链模式必须协调各个环节运营,实现整体利润的最大化。

2) 企业管理成本大幅增加。牧原实现了全产业链纵向一体化后,管理协调难度增大,因为产业链各环节上的组织机构、管理结构不同。产业链上某个环节的管理者是否能有效管理好每个环节，取决于能否清楚地分析和应用企业架构，控制和运用不同的管理技术，使其完美应用在产业链上的相关环节。当部分成本费用增加，比如养殖场饲料成本上升，这会成为企业的总体成本，在考核每个部门的贡献和绩效时，企业管理层就很难了解和判断每个公司和部门是否达到最佳运营状态。另外，在整合产业链上不同环节时，每个环节之间的经营模式都有匹配度，因此在各分销环节的管理计划和协调成本都会增加。总之，一个企业的管理者精力有限，不可能在每个环节完美协调，这会使企业管理成本大大增加。

4. 在企业未来的发展中，牧原全产业链模式应该从哪几个方面优化完善？

【问题分析】

(1) **加强内控与风险预警机制，做好长期规划**

牧原近年来不断扩张，先后在多地开设子公司，然而快速扩张必然会带来企业资金链的紧张。因此，牧原必须采取相应的预防措施来应对。首先应该时刻注意风险的变化，设立监督组织及风险管理机构，开展风险评估活动，采取全面预算的风险管理措施，降低企业的财务风险。其次，合理观察宏观经济情况，科学投资，避免不顾实际盲目快速扩张。最后，实行负债融资多元化，根据投资项目周期来调整长期贷款与短期贷款比例，防止短期贷款被项目建设长期占用，避免将短期融资投入长期的"全产业链"建设，以防建设过程中资金被占用而削弱资金链流动能力。

(2) **加强企业内部的市场化机制**

目前，产业链内各个环节都围绕核心产业——牧原生猪展开，一切以牧原生猪利益为第一位，依靠牧原生猪产业带动其他产业发展。长此以往，其他产业就会远离市场竞争的压力，若牧原生猪产业遭遇市场危机，其他产业也会连带受到影响，甚至拖垮整个企业。产业链上的所有公司都是为企业共同目标奋斗的，但每个公司的特性不同，企业管理层对产业链上的每个公司的贡献和业绩很难做出准确考核，进而影响部分员工的积极性。这就要求产业链上的公司实行内部市场化管理，各公司发挥各自优势，协同作战。同时，实行职业经理人的业绩分享计划，对产业链上的各子公司、事业部实行独立考核。企业制定中间产品的价格政策，但各子公司有权决定中间产品价格并安排中间产品的产量。产业链上的各产业环节除了服务本企业的核心组织外，也要积极参与外部市场竞争，实施市场化机制，让全产业链产业化优势得到进一步发挥，在增强企业整体竞争力的同时，获得更多的系统利益。

(3) **做强"产业链"的核心环节**

面对竞争激烈的生猪养殖行业，牧原应该做强产业链的核心环节，即生猪养殖产业，努力提高企业的核心竞争力。

生猪养殖在整个产业链中具有"牵一发而动全身"的地位，只有将生猪养殖这个核心产业做好，产业链上下游才可以健康发展。牧原可以从以下几个方面入手：在成本方面，加强成本控制，通过不断优化营养配方、建立营养信息化系统、制定科学的采购策略，将生产成本控制在合理水平，保持成本领先优势。在食品安全方面，加强食品安全管理，严格控制兽药使用，使生猪的兽药残留符合国家标准，为社会提供安全、健康的肉食品。在科研方面，一是要建立健全研发平台和充实科研队伍，多途径引进优秀人才，充实研发团队，充实企业的人才队伍；二是要加大科研资金投入，保证每年都有一定比例的研发费用，保证研发工作的开展，对研发成功的项目给予一定的奖励，制定相应的奖惩制度来调动积极性；三是要建立科学、合理的研发创新体系，使研发成果能尽快转化为效益。

（4）培养和引进优秀人才

当今企业之间的竞争越来越表现为人才的竞争，企业只有拥有了足够的人才，才能实现稳步发展。企业要不断培养和吸引优秀人才，告别家族式管理，让真正有能力的人带领企业发展。企业可以通过校园招聘，吸引具有活力和创新力的优秀大学毕业生，培养成自己的骨干员工；可通过猎头公司引进职业经理人，革新企业管理模式；可通过培训内部优秀员工，提高专业素养和技能。企业要任人唯贤，对培养或引进的优秀人才给予重用，个人利益与企业利益并重，最终实现企业的宏伟发展目标。

（5）加强企业文化建设

良好的文化氛围能为企业培养和吸引优秀人才，为企业提升或创新技术提供保障。良好的企业文化是企业经久不衰的保障，是企业增强核心竞争力的力量源泉。它代表一个企业的性格，是在企业发展过程中的价值导向，促使企业以消费者需求为导向设计和生产产品。企业文化需要长期积累沉淀，它扎根于企业内部，扎根于每位员工的心中，形成于企业发展的进程中。一旦企业拥有独特的企业文化，其他企业便很难学习和复制。

参考文献

[1] 尹玉林. 并购式全产业链存在的问题及解决途径 [J]. 现代营销（下旬刊），2017（8）：58.

[2] 李韬. 不要盲从"全产业链"战略 [J]. 企业管理，2013（8）：47-49.

[3] 李艳双，朱丽娜. 东盛集团：由"500强"到"500年"案例库案例编号 STR-0935 [G]. 大连：中国管理案例共享中心.

[4] 李馨. 全产业链模式、内部治理机制与食品安全控制 [D]. 郑州：河南工业大学，2016.

[5] 黄治雁. 肥西老母鸡全产业链发展模式研究 [D]. 芜湖：安徽师范大学，2015.

[6] 李世杰，傅国华. 中粮集团全产业链战略全景透视：案例库案例编号 STR-0144 [G]. 大连：中国管理案例共享中心.

[7] 张斌. 河南牧原养猪模式及推广价值研究 [D]. 郑州：河南农业大学，2016.

湘佳牧业：生鲜家禽第一股的成长之路

摘要：本案例主要描述了被誉为"中国生鲜家禽第一股"的湖南湘佳牧业股份有限公司（简称湘佳牧业）的发展历程。早期的湘佳牧业是一家仅依靠家禽养殖而生存的小型家族企业。随后，面对活禽销售的发展困境，湘佳牧业紧抓市场机遇，率先走上了生鲜家禽的全产业链之路。经过十多年的战略部署，如今的湘佳牧业已经建立了从饲料生产、种禽繁育、家禽饲养、禽类屠宰加工、冷链配送到销售的鲜禽全产业链，成为生鲜家禽行业的领军企业。在强周期的家禽行业中，湘佳牧业脱颖而出，它的发展历程和成功经验值得广大家禽养殖企业学习和借鉴。

关键词：生鲜家禽　家禽养殖　全产业链

3.0　引言

走进湘佳牧业的产业园，高大的石雕吸人"眼球"。一只气宇轩昂的公鸡，脚踩黑色石基，石基上书写着《金鸡立石赋》："金鸡立石，弃燕雀之小志；闻鸡起舞，慕凤凰之高飞……"透露出公司创始人的心声，已成为湘佳牧业员工的"座右铭"。"二十余载磨一剑，二十余载只做鸡"，2020 年 4 月 24 日，两位创始人喻自文和邢卫民率领整整一代"湘佳人"，筚路蓝缕，砥砺前行，终于把一只"土凤凰"送上"中国生鲜家禽第一股"的宝座，这只湖南石门大山深处的"土凤凰"，终于蝶变为一只大山里的"金凤凰"，飞出石门大山，飞出三湘四水，飞到长城内外……

近些年，生鲜家禽已成为"国鸡"行业发展的大趋势，而生鲜之路，是一条坎坷之路，但对于湘佳牧业来说，这是一条已经走通的道路。作为中国生鲜家禽业的先行者，湘佳牧业已经成为集种鸡养殖、雏鸡孵化、饲料生产、种禽繁育、商品代肉鸡养殖、屠宰加工和销售为一体的全产业链企业。2019 年，湘佳牧业生鲜家禽销售收入达到 13 亿元，占公司销售总收入的近 70%，成为生鲜家禽行业名副其实的领军企业。湘佳牧业的成功吸引了家禽养殖行业的关注：一个从大山里走出来的小型家族养殖企业，为何能有如此耀眼的成就？它的成功到底依靠何种动力？

3.1 筚路蓝缕：创业路

3.1.1 抓住"鸡"遇

1992年年初，邓小平发表的《南方谈话》掀起了新一轮的经商创业潮。湘佳牧业的两位创始人喻自文和邢卫民，兄弟姐妹众多，家境十分贫困。穷人的孩子早当家，两个人高中毕业后，便开始经商创业，自谋出路。喻自文一边学煮酒，一边用酒糟养猪；邢卫民一边加工副食，一边用副食的下脚料养猪。他们两家相距不到1km，经常一起交流养猪经验。

1994年，喻自文从报纸上看到江浙农民养鸡致富的报道，觉得养鸡市场行情更好，便想放弃养猪，另起炉灶专门养鸡，他找邢卫民商量，邢卫民拍手叫好！于是两个人拿出所有的积蓄，又从信用社贷款3000元，到上海购买了600套种鸡，回家途中种鸡热死60只，两个人看到热死的60只种鸡，差点掉下眼泪。种鸡运到家，信奉"养鸡买盐，喂猪过年"的同乡村民均纷纷说道："男人养鸡？起重机吊鸡毛——大材小用！""只怕是鸭子孵小鸡——白忙活！"两个人并没有理会太多，便专心投入养鸡事业。一年下来，孵化鸡苗3万羽，但这3万羽鸡苗却没人要，他们只好各领一半回家，养在自家庭院里、猪栏里、堂屋里。然而，当3万只鸡长大卖到农贸市场后，他们竟各自获利1万多元，一夜成为"万元户"。

喻自文和邢卫民养鸡致富后，乡亲们还是不敢养，"没钱买鸡苗咋办？鸡生病了咋办？鸡卖不出去咋办？养鸡亏本了咋办？"。两个人便给乡亲们做出"六包"承诺：包鸡苗、包饲料、包防疫、包技术、包回收和包销售。公司先将鸡苗、饲料以"放贷"形式提供给农户，免费提供技术服务，主动承担市场风险，回收成鸡时，扣除鸡苗、饲料费。农户每养一只鸡，纯赚1~2元，以每个农户每次养殖5000只，一年养殖3批计算，每个农户年收入可达两三万元。两兄弟的"六包"承诺吸引了周边农户纷纷加盟养鸡。

3.1.2 "双佳"变"湘佳"

也许"宁做鸡头，不做凤尾"的小农意识作怪，当了万元户后，两个人开始分灶吃饭，分别成立了自己的家禽养殖场。然而，随着市场的发展，竞争越来越激烈，这种"麻雀虽小，五脏俱全"的格局成为两家企业做大做强的瓶颈。2003年，非典暴发，家禽市场被推上了风口浪尖，家禽价格下跌80%，销售数量也急剧下降，这场疫情使两家企业遭受重创。非典刚过，亚洲最大的养殖企业温氏集团的家禽业务也拓展到了湖南，而喻自文和邢卫民的两个小型家族养殖企业在苟延残喘、相互防范的同时，还要分别应对外来巨头的冲击。内逼外攻之下，喻自文主动找邢卫民商量联合，重组公司，共同应对市场危机，邢卫民立即同意。两个人给新组建的公司取名"双佳"。直到2012年，双佳引进战略投资，更名为湘佳牧业。

公司组建后，发展之路并不顺畅。湘佳牧业几乎年年面临疫情的冲击，2003年遭遇非典，

2005 年遭遇 H5N1 流感，2013 年和 2017 年两次遭遇 H7N9 重创。在此期间，湘佳牧业仍按协议回收了代养户的全部商品鸡，代养户保持了正常盈利，公司虽然总计承担亏损 2 亿多元，但始终没有被击垮。在两位创始人 20 多年的艰辛创业、努力奋斗下，如今的湘佳牧业拥有年孵化禽苗 6000 多万羽的家禽孵化场，10 个种禽养殖基地和 60 万套种鸡存栏规模，24 个优质鸡自养基地，6000 万羽优质鸡年养殖规模，年产能达到 45 万 t 的两条现代化家禽饲料生产线；年屠宰规模达到 6 万 t 的两条现代化家禽屠宰生产线，把"一只鸡的产业链"做到了极致。公司构建了国内最完整的国鸡（黄羽优质鸡系列）全产业链，并且由于公司较早于业内开展生鲜业务，现已成为黄羽肉鸡生鲜产品行业的龙头企业，未来将继续带动公司利润增长。

3.2 一马当先：进军生鲜家禽

3.2.1 困扰不断，发展受阻

2006 年 11 月，国务院办公厅下发了 89 号文件，要求"率先在大城市逐步取消活禽的市场销售和宰杀，推行'禽类定点屠宰、白条禽上市'制度"。此后，国家及地方政府也纷纷推进"规模养殖、集中屠宰、冷链配送、冷鲜上市"16 字方针。同时，在疫情和禽流感暴发时，政府为降低疾病传染风险，实行关闭活禽市场等强制措施，从而导致市场活禽价格大幅下跌。早期的湘佳牧业以活禽交易为主，并且活禽销售渠道主要为家禽批发市场和农贸市场，而随着政府对活禽经营市场的规范和管控越来越严格，湘佳牧业的持续发展面临着较大的压力。

长期以来，我国居民的家禽消费习惯以活禽为主，而活禽交易市场的清洁卫生和防疫条件较差，加之活禽交易分散、人员流动复杂且监管较难，容易造成食品安全问题。随着社会经济的发展，消费者的消费理念在慢慢转变，食品安全意识也在不断提高，相较于未经过排酸处理而不易于人体吸收的热鲜肉，以及肉质和口感较差的冷鲜肉，生鲜禽肉产品凭借其优质、健康和安全的产品特点，越来越得到消费者的认可，而以湘佳牧业为代表主要销售活禽的家禽养殖企业将很难满足新的消费需求。

禽类养殖在经营过程中最难抵御的不是市场风险，而是疫病风险。在家禽养殖行业，禽类在养殖过程中容易感染 H7N9 禽流感、新城疫等疾病，如果企业未采取措施及时预防和监控禽类感染疾病，疾病的蔓延将会导致禽类大量死亡，防疫支出增加，产品产能不足，进而影响企业的经营业绩。同时，消费者的心理容易受到禽类疫病的影响，从而导致市场需求萎缩，家禽产品价格下降，使企业活禽等产品销量及收入下滑。受新城疫、H7N9 禽流感等疾病的影响，以活禽销售为主的家禽养殖企业的经营与发展将会陷入深度困境。

此外，在家禽养殖行业中，大部分企业的业务主要为活禽销售，并未涉足冰鲜领域，包括当时的行业巨头温氏和立华，因此，活禽市场竞争十分激烈。在这样的情境下，以湘佳牧业为代表的中小企业想要稳定发展，获得更多市场份额就十分困难。

3.2.2 抢先一步，布局生鲜

1990 年—2006 年，湘佳牧业产业链一直停留在家禽养殖和活禽销售阶段。2003 年，受"非典"影响，湘佳牧业的活禽业务损失惨重。此后的多次禽流感，也给湘佳牧业的经营带来重创。同时，非典刚过，亚洲最大的养殖企业温氏集团的活禽业务也逐步拓展到湖南。2006 年，为了降低各种疫情对企业的影响，增强企业禽肉的市场优势，让消费者吃上安全、优质的鲜禽，在国务院"集中屠宰，生鲜上市"的号召下，湘佳牧业在国鸡行业率先走上了生鲜家禽的发展之路，实现了从家禽养殖企业到家禽食品企业的转变。湘佳牧业凭借生鲜家禽的先发优势，经过多年发展，一举成为名副其实的生鲜国鸡行业领军企业。

在确定企业发展生鲜家禽后，湘佳牧业募集资金在湖南建起了两个大型国鸡屠宰冷链项目。通过长期探索，湘佳牧业在"国鸡行业"率先建立起集饲料生产、家禽养殖与屠宰加工、冷链运输、商超自营、电商直营等配套完整的供应链体系。同时，为了让消费者接受"生鲜家禽"，湘佳牧业从产品质量管控抓起，建立健全了饲料原料全检、宰前活禽和宰后鲜品检验、鲜禽成品备份留存、脚标扫码溯源等独具特色的质量管控体系，同时接受各销售网点所在地食品监管机构的抽检，确保生鲜产品品质合格。湘佳牧业的鲜禽产品凭借其营养、美味、方便和安全等特性逐渐得到了广大消费者的青睐。

3.2.3 鲜禽业绩，节节提升

鲜禽产品作为湘佳牧业发展的重点产品，随着全国网络布局的延伸，鲜禽产品销量稳步增长，如图 3-1 所示。同时，鲜禽产品营收占公司总营收的比例也在持续提升，2019 年鲜禽产品营收占比近 70%，已成为公司第一大收入来源。可以看出，湘佳牧业在鲜禽产品领域的长期积累使其经营业绩在近些年总体保持稳定增长，特别是 2017 年，在 H7N9 疫情暴发时鲜禽产品对稳定公司经营业绩，提升公司抗风险能力起到了积极作用。

图 3-1 2012 年—2019 年鲜禽产品销量增长情况

此外，2020年受疫情影响，政府关闭各地活禽市场，导致活禽交易几乎停止。在这种情况下，消费者全面转向商超采购鲜禽产品。在此次疫情中，我国大部分家禽养殖行业受到影响，普遍出现业绩下滑的情况。然而，湘佳牧业凭借生鲜禽肉领域的竞争优势及龙头地位，不仅未受影响，反而获益，2020年一季度业绩实现营收5.31亿元，同比增长42%，带动公司业绩大增。

3.3 乘胜逐北：构建全产业链

多年的从业经验让喻自文意识到，家禽企业的经营业绩容易受到禽类疫病、行业周期性引起的供需变化和宏观经济形势等因素的影响而呈现较大波动，而企业仅以养殖这个单一产业为主，很难根据外部环境的变化及时调整产能，从而使企业面临较大的经营风险。此外，由于传统的农产品流通渠道和环节过于臃肿，加上产品非标准化以及无冷藏设施等，农产品的品质与安全不仅会受影响，生鲜损耗率也高达25%~30%。在意识到弊端后，喻自文带领团队以自建基地为核心，着力实施全产业链战略，在产业链上游做好饲料加工项目，在产业链中间环节新建了全国首条黄羽肉鸡屠宰加工和冷链配送生产线，下游则着力建设商超、餐饮团购等流通渠道，不断地满足与覆盖市场对鲜禽的需求。

目前，湘佳牧业凭借转型生鲜家禽的先发优势，经过十余年的战略布局，已经建立了从饲料生产、种禽繁育、家禽饲养、禽类屠宰加工、冷链物流到销售的鲜禽全产业链。通过管理和控制产业链各个环节的生产行为，湘佳牧业真正实现了"从农场到餐桌"的全过程控制和可追溯管理。在全产业链的支撑下，湘佳牧业在屡次疫情冲击面前稳健前行，其健康、安全和优质的产品逐渐成为老百姓菜篮子的"重要成员"。

3.3.1 养殖模式的摸索

多数规模化的家禽养殖企业普遍采用活禽时代最富有活力的模式——"公司+农户"模式，这种模式可以有效降低企业产业集聚成本，充分发挥公司和农户双方的优势，同时还能带动合作农户致富。公司在最初的发展进程中也采用这种模式，然而随着行业的发展和成熟，单一的"公司+农户"模式也逐渐暴露出一些弊端。例如，农户责任心和养殖能力等不同会使交付的家禽成鸡品质参差不齐；由于公司对农户的管控力度不足，有些农户私自将肉鸡卖给开出高价的竞争对手。此外，由于生鲜禽肉的各项检测较多，对产品的安全和质量要求很高，而该模式在管控体制中存在的漏洞会增大产品出现质量问题的风险，因此该模式越来越难以满足生鲜禽肉的高标准要求。

针对这一问题，公司从2011年开始通过自有养殖基地，形成了"公司+基地+农户"的模式，实现了模式上的升级换代。该模式通过全程封闭式、自动化管理及不定期抽检，可实现过程可控可溯源，提高生产性能和产品质量，以有效弥补和减少"公司+农户"模式中存在的弊端和风险。公司通过新的养殖模式，得到快速发展。两种养殖模式对比见表3-1。

表 3-1　两种养殖模式对比

模　　式	公司+农户模式	公司+基地+农户模式
特点	农户自行出资建设小规模养殖场，解决场地、资金、环保等问题。公司仅提供鸡苗、饲料、疫苗药品及养殖技术。农户生产的成品家禽由公司以定价回收	公司出资建设养殖基地，并解决好与养殖有关的资金、技术、环保、养殖周边关系等。将养殖场周边农户引入基地提供劳动。公司与农户签订收购合同回收成鸡，回收价格根据成鸡质量浮动
控制力	缺乏控制	集中养殖，控制力较强
投资	投资金额小	投资金额较大
品质	农户养殖能力参差不齐，品质难以控制	农户与养殖过程均可控，家禽质量较高
风险	养殖风险主要由农户承担	公司与农户共担养殖风险

3.3.2　核心产业：家禽养殖

湘佳牧业十分重视种禽的繁育和养殖。与一般企业不同，湘佳牧业没有迎合活禽流通市场对鸡体型越来越大、生长速度越来越快的要求，而是坚持保留土鸡的优秀特质——品种特质和优质风味。因此，湘佳牧业精心钻研，培育出的种鸡均保存了石门土鸡的优秀特质。同时，根据不同消费需求，公司还将种鸡分化为三个配套系：快速型、中速型、慢速型。其中，快速型的肉鸡以麻羽为主；中速型的肉鸡以黄麻羽为主，慢速型的肉鸡以黑羽为主。目前，公司肉鸡品类丰富，主要品种包括麻鸡、茶园鸡、青脚鸡、灵凤鸡、黑土鸡、石门土鸡等。

在三种不同的配套中，湘佳牧业主要以养殖生长速度介于快速型和慢速型之间的中速型黄羽肉鸡为主，由于其胸腿肌和脚胫等感官性状较好，经过屠宰加工皮肤光亮且肉质较好，冷鲜运输后肉质口感下降程度较轻，因此近年来，中速型肉鸡凭借其兼顾生产性能和禽肉品质的优点成为生鲜家禽企业养殖禽类的最佳选择。慢速型肉鸡以放养为主且生长速度相对较慢，但其肉质最佳，市场售价也相对高于其他类型的肉鸡，它的供应渠道主要为中高档餐厅，也可以通过活禽或礼盒等形式进入家庭消费。以地域划分，湘佳牧业的慢速型肉鸡和中速型肉鸡主要销往华南地区，中速型肉鸡则以西南地区为主，快速型肉鸡则以华东地区为主。

此外，"活禽"时代一些不重要的性状，如皮黄、黑冠等特点，在"生鲜家禽"时代就尤为重要，这些特点可以使鲜禽具有很好的辨识度。例如，强调某些品种的特定性状，或者育种出毛色以外的辨识方法，如黑皮肤、黑腿等，可以帮助消费者辨别并购买到优质产品。湘佳牧业的家禽普遍具有石门土鸡特色的遗传性状。湘佳牧业认为优质生鲜家禽就应该有这样的特征，从而便于严格把控，以质量取胜，建立品牌，打击仿冒产品。

3.3.3　产业链上游：饲料加工

家禽的生长离不开优质的饲料，把控好饲料质量就抓住了养殖业的源头。湘佳饲料厂（石门）位于湘佳牧业总部，始建于2005年4月。湘佳饲料厂（石门）采用全自动配料生产线，提高了饲料加工效率，同时对饲料原料和生产加工过程实行全面质量管理，确保了饲料品质与安全。此外，湘佳牧业积极与湖南农业大学动物营养研究所开展产学研合作，研发出了适合我国本土家禽养殖的系列饲料。湘佳牧业精选上好饲料原料，根据黄羽种鸡不同生长时期的营养需要进行配制，注重饲料的能量和氨基酸营养平衡，并全程确保饲料霉菌毒素合格，从而在源头上保证种鸡和肉鸡系列产品的质量。

近年来，随着湘佳牧业养殖体量的不断扩大，特别是在新建的1250万羽优质鸡养殖基地陆续投产的情况下，原有的饲料加工产能已越来越难满足日益增长的养殖需求。2020年公司总投资2080万元，在湘佳饲料厂（石门）原址上进行了扩建，新增了一条年产15万t的饲料生产线，并且已于2020年8月建成投产。湘佳饲料厂扩建生产线并投产后，饲料的年产能计划达到45万t，不仅提升饲料生产的标准化，保障了饲料的品质，还可以解决目前湘佳牧业各大种禽场、自养基地及代养农户的饲料需求。此外，自建饲料生产线，不仅能够减小饲料市场价格和供需波动对企业的影响，还有助于企业有效降低饲料成本，从而形成较强的成本优势。

3.3.4 产业链中间环节：屠宰加工和冷链物流

1. 高标准屠宰加工，打造高品质禽肉

湘佳牧业当前拥有标准家禽屠宰生产线年产量达到3万t，基本可以满足公司的产能需求，同时，通过上挂电麻、悬挂沥血、冲洗、浸烫、机械脱毛、清小毛、开膛清洗、清洗内脏和预冷系统等一系列标准化屠宰加工流程（见图3-2），既实现了加工标准化，又有效保障了禽肉的肉质与食品安全。在屠宰生产线中，湘佳牧业在水冷工艺后增加了保鲜工艺，在屠宰加工的预冷环节中，将水冷后的胴体上链进入保鲜工艺，通过40分钟的保鲜处理使胴体中心温度下降到0~4℃，从而使生鲜禽肉冷却排酸，以实现鲜禽肉质更鲜嫩。同时，湘佳牧业在屠宰加工生产线上设置了一系列的检验节点，如宰中检疫、宰后检验、预冷检验和金属探测检验等，以保障屠宰过程中生鲜禽肉的品质与安全。

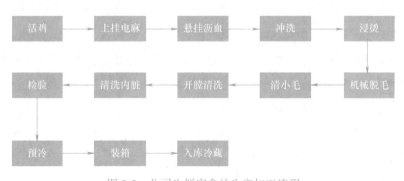

图3-2 公司生鲜家禽的生产加工流程

2. 完善的冷链运输系统，保证禽肉鲜度

公司冷链运输由公司绝对控股的第三方完成，活禽屠宰后通过冷链运输配送到各个区域的冷鲜仓库进行临时存储，区域办事处接收后再按照订单经由第三方冷链运输配送到各个门店。为保证运输时效性，公司将配送时长控制在24小时以内，运输半径大于1000km。为保证鲜禽产品从屠宰出库到销售做到全程冷链保存，湘佳牧业制定了严格的冷链物流管理制度，配备了自有冷链运输车（见图3-3），并在冷链运输车上装有温度监控系统，实时对运输过程中的温度进行监控和记录，实现从装卸、运输到存储各个物流环节的温度都保证在0~4℃，从而保证禽肉的口感及安全性，并最大限度地减少运输过程中的损耗。近年来，随着公司生鲜禽肉销量的持续上升，每次出车的运载产品数量也在增加，公司逐渐形成规模效应，从而使单位配送费及运输支出与冰鲜产品收入的比值持续降低。截至2019年年末，湘佳牧业的冷链物流配送体系已经辐射了从上海到成都等长江沿线的各大中城市，冰鲜网络则已在京珠高速大动脉沿线形成了密集的布局。

图3-3 湘佳牧业自有冷链运输车

3.3.5 产业链下游：生鲜营销的网络渠道布局

随着国家卫生检验检疫标准日趋严格、消费者食品安全意识和消费水平的提升，各大型超市对鲜禽产品制定了严格的进店标准。鲜禽产品必须经过严格的检验检疫，符合国家卫生标准。鲜禽产品进店后，在销售过程中还需要随时接受并通过第三方检测机构的抽检。此外，鲜禽产品进店后不仅需要通过一定的试用期，还要严格符合超市对销售柜台均有的相关要求，如卫生情况、人员设置和柜面设计等。因此，在高标准的要求下，超市售卖的生鲜产品的质量得到了消费者的信赖，而超市鲜禽业务的先进入者往往具有较强的渠道优势。湘佳牧业自2007年开始探索生鲜禽肉以来，经过十余年的积累，已形成了成熟的生鲜禽肉商超系统营销模式。截至2020年第一季度，公司入驻了欧尚、中百仓储、永辉超市、华润、家乐福、万家大润发、沃尔玛等大型超市集团，并与其形成了稳定、良好的合作关系。2019年商超渠道收入占鲜禽产品收入的86%，随着商超渠道鲜禽产品销量的增长，湘佳牧业的鲜禽产品赢得了一定的市场知名度，鲜禽产品的品质得到消费者和商超客户的认可，进一步巩固了公司和商超之间的合作。此外，湘佳牧业通过商超直营直达C端消费者，在合作的商超门店设立鲜禽产品自营专柜，并且由公司派营销人员在超市门店进行销售，和消费者面对面沟通，让消费者知道"国鸡"的特征，形成良好的品牌印象。

除传统商超外，湘佳牧业也在逐步布局新零售、团购和电商直营等渠道。新零售代表企业有盒马鲜生、7FRESH 和叮咚买菜等。其中，2017 年，公司与盒马鲜生开始建立合作关系，到 2019 年年底，公司的鲜禽产品已基本实现了盒马鲜生全国区域门店的全覆盖。在企业团购中，2019 年 3 月，湘佳牧业成功通过了海底捞新供应商准入审核，两者之间的合作也在逐步展开。在与盒马鲜生、海底捞等客户的深入合作过程中，湘佳牧业的业务规模得到了进一步增长，鲜禽产品在全国范围内品牌知名度和市场占有率得到有效提升。此外，公司全资子公司湘佳电商利用先进的互联网思维，打造新型"互联网+畜牧业"营销模式，打通了互联网新媒体的营销渠道。湘佳牧业生鲜家禽业务的销售网络已经覆盖了湖南、四川、北京和上海等 20 个省市，商超、团餐和电商等销售渠道，已进入全国 159 个超市系统，2733 个门店。湘佳牧业的营销渠道合作伙伴，如图 3-4 所示。

图 3-4　湘佳牧业的营销渠道合作伙伴

3.4　未来路漫漫

根据湘佳牧业 2020 年的发展计划，公司在主营生鲜禽肉的同时，将会拓展生鲜猪肉和新鲜鸡蛋等业务板块。其中，禽肉板块计划在两年内扩充优质家禽产能到 1 亿羽规模；生猪板块拟建设 1 万头种猪养殖项目、20 万头商品猪养殖场项目及年屠宰 100 万头生猪及肉制品深加工项目；禽蛋板块则已经收购湖南知名品牌三尖农牧。

虽然公司目前发展及前景规划较好，但值得注意的是，2016 年—2019 年，湘佳牧业多次被有关部门检查出食品质量不合格。其中，一半的安全问题因氯霉素而起。虽然当前证据无法直接证明湘佳牧业在生产、运输、储存和销售等经营环节中违规使用氯霉素，但食品安全是最后一道底线，这类有损消费者身体健康的食品安全问题将会严重损害企业整体品牌形象，以及消费者对湘佳牧业产品的信任。除此之外，湘佳牧业在经营过程中还曾因污水排放超标，被环保行政处罚。

在鸡肉赛道高景气周期的催化下，湘佳牧业得到了快速发展，但其"表面风光"的背后实则也掩盖了不少问题。在家禽行业强周期的背景下，湘佳牧业这只"风口上的鸡"，未来发展或许真的很难预测。有人曾提出"站在风口，猪都能飞起来"，不过在这之后，也有人说："风消失后，摔死的往往也是猪。"湘佳牧业会是那只"飞不起来的鸡"吗？

思考题

1. 湘佳牧业为什么要进军生鲜家禽业行业？
2. 湘佳牧业为什么要构建生鲜家禽全产业链？
3. 面对"表面风光"背后存在的问题及隐患，湘佳牧业应该如何优化产业链加以解决？
4. 湘佳牧业的发展历程对其他传统家禽养殖企业有什么启示和借鉴意义？

附录

附录A　湘佳牧业的发展史

湘佳牧业的发展史如图3-5所示。

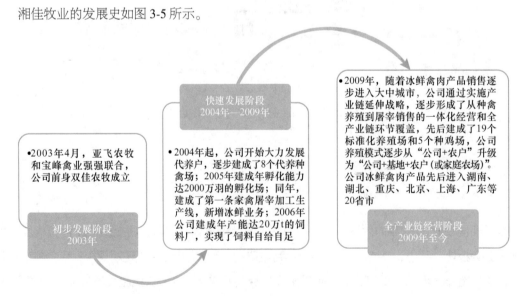

快速发展阶段 2004年—2009年

- 2004年起，公司开始大力发展代养户，逐步建成了8个代养种禽场；2005年建成年孵化能力达2000万羽的孵化场；同年，建成了第一条家禽屠宰加工生产线，新增冰鲜业务；2006年公司建成年产能达20万t的饲料厂，实现了饲料自给自足

初步发展阶段 2003年

- 2003年4月，亚飞农牧和宝峰禽业强强联合，公司前身双佳农牧成立

全产业链经营阶段 2009年至今

- 2009年，随着冰鲜禽肉产品销售逐步进入大中城市，公司通过实施产业链延伸战略，逐步形成了从种禽养殖到屠宰销售的一体化经营和全产业链环节覆盖，先后建成了19个标准化养殖场和5个鸡场，公司养殖模式逐步从"公司+农户"升级为"公司+基地+农户（或家庭农场）"。公司冰鲜禽肉产品先后进入湖南、湖北、重庆、北京、上海、广东等20省市

图3-5　湘佳牧业的发展史

资料来源：湘佳牧业招股说明书，方正证券研究所

附录 B 湘佳牧业的四大核心竞争优势

湘佳牧业的四大核心竞争优势如图 3-6 所示。

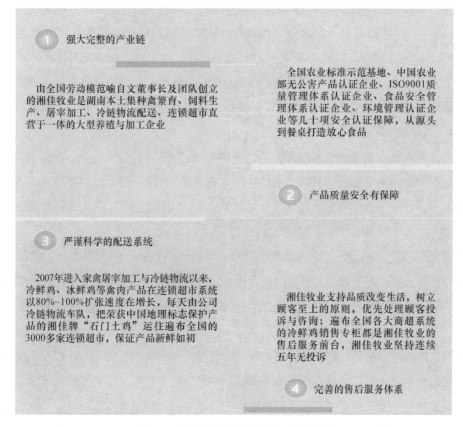

1 强大完整的产业链

由全国劳动模范喻自文董事长及团队创立的湘佳牧业是湖南本土集种禽繁育、饲料生产、屠宰加工、冷链物流配送、连锁超市直营于一体的大型养殖与加工企业

全国农业标准示范基地、中国农业部无公害产品认证企业、ISO9001质量管理体系认证企业、食品安全管理体系认证企业、环境管理认证企业等几十项安全认证保障，从源头到餐桌打造放心食品

2 产品质量安全有保障

3 严谨科学的配送系统

2007年进入家禽屠宰加工与冷链物流以来，冷鲜鸡、冰鲜鸡等禽肉产品在连锁超市系统以80%~100%扩张速度在增长，每天由公司冷链物流车队，把荣获中国地理标志保护产品的湘佳牌"石门土鸡"运往遍布全国的3000多家连锁超市，保证产品新鲜如初

湘佳牧业支持品质改变生活，树立顾客至上的原则，优先处理顾客投诉与咨询；遍布全国各大商超系统的冷鲜鸡销售专柜都是湘佳牧业的售后服务前台，湘佳牧业坚持连续五年无投诉

4 完善的售后服务体系

图 3-6 湘佳牧业的四大核心竞争优势

资料来源：湘佳牧业官网，www.xiangjiamuye.com

附录 C 湘佳牧业的背景信息

1. 公司简介

湖南湘佳牧业股份有限公司是以"公司+农户+农贸市场""公司+基地+直营"为经营模式，以"五统一、一分散"为运营特征的优质鸡养殖公司，经过十多年的摸索发展，成为从农场到餐桌的优质家禽养殖加工全产业链公司。

公司的发展分为三个阶段。第一阶段，发展初期，业务结构单一。2003 年，公司成立初期，仅从事养殖业务，采用"公司+农户"模式，业务结构单一，且所需鸡苗和饲料需要全外购，拥有代养户 400 多户，畜禽养殖规模 700 多万羽。第二阶段，快速发展期。2004 年—2008 年是公司的快速发展期。在此期间，公司逐步建成了种禽场，并自建饲料厂，实现了饲料自给自足。

2005 年，公司开始往下游延伸，建成第一条家禽屠宰加工生产线。2006 年，公司开始进军生鲜业务。2008 年，公司父母代种鸡年存栏规模达到 30 万套，代养户发展到 700 多户，畜禽养殖规模达到 1500 万羽，冰鲜产品销量约达 500t，饲料产量 6.9 万 t。第三阶段，2009 年至今，全产业链经营阶段。从 2009 年开始，随着公司的冰鲜产品进入全国各大中城市，公司通过实施产业链延伸战略，逐步形成了从种禽养殖到屠宰销售的一体化经营和全产业链覆盖。2019 年，公司活禽销量 2776 万羽，生鲜产品销量 43374t。此外，2018 年，湘佳牧业投资 1.5 亿元，建设湘佳食品产业园二期精深加工项目，可年产新黑胡椒手枪腿、麻辣鸡心、调理鸡胸肉片、香酥鸡块、孜然鸡胗、藤椒鸡翅根、新香辣鸡翅中、调理烤鸡、调理鸡全腿、调理鸡翅根等调制鸡肉食品 8000t，旅游休闲禽肉食品 10000t。

多年来，湘佳牧业秉承"让城乡更环保、让生活更美好"的企业使命，在全国 20 个省市 100 多座城市 2000 多家中外超市开辟"湘佳生鲜家禽专柜"，产品深受消费者欢迎。其中，"湘佳生鲜鸡"被评为中国最受消费者信赖的十大肉类品牌，"石门土鸡"荣登 2016 中国区域品牌。

2. 探路"公司+贫困村养殖基地"扶贫新模式

多年来，湘佳牧业主动把"脱贫攻坚"作为公司每年必办的十件大事之一，并明确一名副总经理专抓脱贫工作。为了增强贫困村的自我造血功能，巩固脱贫成果，阻断返贫之路，依托被经营实践证明了的成功经验，湘佳牧业创新推出了"公司+贫困村养殖基地"这一脱贫攻坚新模式。

这种模式的操作办法是，整合县级扶贫专项配套资金和后盾单位资金 100 万元，在册贫困户组成养殖专业合作社，每户向县农商银行申请扶贫贴息贷款 5 万元，用于养殖基地建设。扶贫贴息贷款由湘佳牧业承担一般保证责任，每批次养殖过程中所有物料成本 200 万元，由湘佳牧业提供。基地建成后，湘佳牧业派遣一名场长进行托管，村里安排贫困户 10 人左右，通过技术培训养鸡就业，保价回收成鸡，确保贫困村年养殖效益 40 万元以上，贴息贷款贫困户年均分红 3000 多元。为了帮助石门当地的贫困户，在实际运作过程中，湘佳牧业结合石门山区气候、环境、交通等实际情况，还探索出"村村联合、共建共享"的家禽养殖脱贫新模式。

湘佳牧业在常德专门服务合作养殖农户的技术服务部共分为 8 个区，每 10 人一个技术服务小组，常年下到各村各户、农户随喊随到，真正使"公司+贫困村养殖基地"这一脱贫攻坚新模式落地生根。贫困村和贫困户与湘佳牧业真正建立起长效紧密的利益联结机制，终于有了一只长期下蛋的"母鸡"。只要湘佳牧业这只"母鸡"长年下蛋，贫困村集体收入和贫困户个人收入就可以长期得到保障，就会村村有收入、户户有奔头、年年有收入、人人有保障。

怎样发挥龙头企业的"脱贫攻坚"带动作用？怎样在"精准"上做好"脱贫"文章？怎样把"脱贫"对象"精准"到需要帮扶的每一位贫困人口？湘佳牧业董事长喻自文认为，只有解决好贫困人口的就业问题，才能彻底解决贫困人口的脱贫问题；只有解决好脱贫农产品的产销对接问题，才能营造好贫困村、贫困户和帮扶企业的共赢生态。为了把扶贫基地和贫困户养殖的家禽产品卖出去，湘佳牧业坚持产品开发多维度、多品类，产品销售多渠道、多途径，销售服务多手段、多举措的经营战略，形成了城乡市场并进、"活生冻熟"并举、线上线下并用、批发零售并行的"多业态多元化"营销新路径。

湘佳牧业产业扶贫道路越走越宽，龙头企业的带动效应越来越明显，形成了产业精准扶贫的"湖南样本"。

【案例解析】

1. 湘佳牧业为什么要进军生鲜家禽业行业？

【理论依据】

企业变革的动因。

企业变革是指企业的人员（通常是指管理者）主动对企业原有的状态进行改变，以适应企业内外环境的变化，并以某一目标或某一愿景为取向的一系列活动。

企业变革的动因：企业变革的发生既受来自外部环境的影响，又受企业内部环境的驱动。根据演化经济学的观点，企业在发展过程中，由于自身不断与外界环境进行信息与能量的交流，企业的经营状况会随之发生变化，导致企业战略目标、经营领域等发生改变。

（1）外部动因

企业变革的外部动因是指企业所处的外部环境发生变化，迫使企业发展方向改变。企业在发展过程中，自身不断与外界环境进行信息与能量交换，政治环境、经济环境、人文环境、技术环境等因素的改变会使企业的经营状况随之发生变化，进而导致企业战略目标、经营领域等发生改变。因此，外部环境的变化在很大程度上影响着企业的行为，改变着企业的竞争策略。

（2）内部动因

企业变革的内部动因主要是企业基于自身的发展情况，由内而外地产生变革的需要，以契合企业向更高层次发展的需要。其中，企业的实际经营成果没有达到计划的经营成果是企业下定决心进行变革的重要动因。此外，企业变革从本质上是一种选择与判断，这种选择与判断会受其所在的社会局限、企业目标和偏好的约束。

【问题分析】

（1）外部动因分析

1）政府政策的号召。在活禽销售市场的相关政策中，政府为整顿和规范活禽销售市场秩序，加强高致病性禽流感防控工作，率先从大城市开始，取消活禽的市场销售和宰杀，推行禽类定点屠宰、白条禽上市等规定。随着政策的推进，地方政府也纷纷推进规模养殖、集中屠宰、冷链配送、冷鲜上市。同时，在疫情暴发时，政府为防止疫情扩散与传播在全国各地关闭野生动物及活禽销售市场。因此，随着不断整顿和规范活禽经营秩序，生鲜家禽产品替代活禽交易趋势正加速推进。于是，在推行生鲜家禽产品销售政策的号召和支持下，湘佳牧业打定主意跟着国家政策走，提出"生鲜家禽"的战略方向。

2）消费者需求导向。随着国民经济的发展，消费者的消费理念也在发生转变，消费者对食品健康、安全和卫生的要求越来越高。但是，由于活禽市场卫生和防疫条件较差等原因，禽肉往往容易出现食品安全问题，难以满足消费者新的消费需求。相反，生鲜禽肉需要经过集中屠宰、保鲜处理和冷链运输等层层把关，能有效保证生鲜禽肉的安全和品质，越来越得到消费者的认可。在市场中起主导作用的是消费者，因此为满足消费者需求、提升自身的核心竞争力，湘佳牧业开始逐渐将战略重心向生鲜家禽倾斜。

（2）内部动因分析

1）扩大企业的竞争优势。湘佳牧业在活禽市场发展多年，逐渐意识到活禽市场不仅竞争激烈，而且已达到相对饱和状态。虽然企业在活禽市场中还能发展，但想要抢占更多市场份额，做大做强十分困难。因此，湘佳牧业要想稳固并提高自己的市场地位，势必要找到自身独一无二的属性，成为消费者心中不可替代的存在，从而扩大竞争优势，将竞争对手遥遥甩在身后。进行战略转型，无疑是湘佳牧业此时最明智的决定。因为生鲜家禽是国家政策引导的方向，更符合消费需求，竞争对手基本处于冰鲜领域的探索和起步阶段，公司的先发优势明显，有助于建立新的竞争优势。

2）增强企业的抗风险能力。早期的湘佳牧业主要销售活禽，在多年的发展中经营业绩深受疫情和活禽市场关闭的影响。相对于活禽产品，冰鲜禽肉产品凭借层层的严格把控，以及安全、卫生和环保的优势，可以有效降低疫情和活禽销售市场关闭的影响，有效保护家禽产品需求弹性和价格，从而能够帮助湘佳牧业提升抗风险能力，减少疫情等不确定因素的冲击，增强竞争优势。

3）企业管理者的个人特质。湘佳牧业率先布局生鲜家禽领域与其创始人喻自文和邢卫民的个人特征不无关系。喻自文和邢卫民对家禽养殖行业的执着和热爱，使他们对自己的事业有着高标准和追求。同时，"把企业做大做强"和"让土凤凰飞出大山"的信念让两个人不满足于已有的成绩。因此，当面对生鲜家禽这一机遇时，两个人综合分析利弊，抢先一步决定向生鲜家禽进军，踏上了从家禽养殖到食品加工之路。

2. 湘佳牧业为什么要构建生鲜家禽全产业链？

【理论依据】

全产业链战略。

全产业链战略是以消费者为导向的，从产业链源头做起，经过种植与采购、贸易及物流、原料加工、食品加工、分销及物流、品牌推广、食品销售等每一个环节，实现食品安全可追溯，形成稳定、高效、安全、可靠、可持续的食品生产和销售体系。全产业链战略是企业通过组织内部的管理协调来替代市场机制进行商品交换和资源配置的方式。从本质上来讲，全产业链是企业战略在纵向一体化层面的体现，也就是说，企业通过向后扩展至与其原料采购相关的供应商，以及向前延伸至产业零售商等，以最终达成对完整产业链的有效控制的目的。

中粮集团于2009年年初最早提出打造全产业链的构想，即以消费者为导向，控制从田间到餐桌的种植采购、贸易物流、食品原料、饲料原料、养殖屠宰、食品加工、分销物流、品牌推广、食品销售等每一个环节，并通过系统管理和关键环节的有效控制，最终在行业中获得关键话语权、定价权和主导权等竞争优势。全产业链最重要的环节是两头：上游的种植与下游的营销，重中之重是上游的自给。全产业链模式使上下游形成一个利益共同体，从而把末端的消费者需求，通过市场机制和企业计划反馈到处于前端的种植与养殖环节。全产业链模式既促进了中粮作为一个粮食、食品企业的贸易量和加工量的增长，又最大限度地保证了中粮集团的产品质量和食品安全。

【问题分析】

全产业链包含上游的种植、加工到下游的分销、物流和销售，是一个完整的利益闭环，它有助于企业提高资源配置效率，降低交易风险，形成规模效应，从而增强市场核心竞争力。湘佳牧业构建的生鲜家禽的全产业链模式如图 3-7 所示，由此形成了品类丰富的生鲜家禽产品体系，铸就了独特的发展战略和竞争优势。在上游，湘佳牧业精选上好饲料原料生产，实行全面质量管理，确保饲料质量，从源头上保证种鸡和肉鸡系列产品的质量；在屠宰加工与冷链物流环节，湘佳牧业对产品品质进行全程控制和动态监测，确保食品的品质和安全；在下游，湘佳牧业全程冷链运输，并通过商超、新零售、团购和电商直营等营销渠道向消费者提供高品质、多样化、营养健康的生鲜家禽产品。湘佳牧业以消费者为导向，通过对饲料加工、家禽养殖、屠宰加工、冷链运输、产品营销等关键环节的有效管控，实现从"从农场到餐桌"的全产业链贯通。

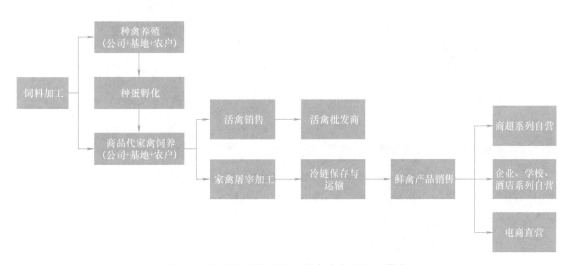

图 3-7   湘佳牧业构建的生鲜家禽全产业链模式

湘佳牧业构建生鲜家禽的全产业链模式，既有外部环境的外因，又有自身发展的内因。在外因中，由于肉鸡养殖企业的经营业绩容易受到宏观经济形势、行业周期性供需变化、动物疫病、产业政策等因素的影响而呈现较大波动。面对不确定性较高的外部环境，湘佳牧业构建生鲜家禽全产业链，能够帮助企业减轻市场变化的冲击，平滑企业盈利的波动性，并提升企业的抗风险能力。此外，消费者对食品安全十分重视，然而，产品从生产到消费者手中，要经过很多环节，任何一个环节出现疏漏，都有可能导致食品出现质量问题。全产业链模式凭借其完善的制度和流程，能够对食品产业链的各环节进行严格控制，强化源头控制和全程监管，消除食品安全隐患。因此，湘佳牧业建立了可追溯食品安全的生鲜全产业链，严格把控食品安全，以增强消费者对企业生鲜家禽产品的信赖。

在内因中，产品的品质是企业发展的根本。然而，由于传统农产品流通环节过长，渠道臃肿，加上产品非标、无冷藏设施等原因，生鲜产品在传统流通过程中不仅品质很难保证，并且在流通中也会产生很大的损耗。为了克服传统流通渠道的弊端，湘佳牧业先后建立并完善了屠宰加工、冷链物流及营销网络渠道，通过对全产业链中加工和流通环节的把控，减少生鲜家禽产品的流通损耗，并提高生鲜家禽产品的品质。因此，在外因和内因的共同作用下，湘佳牧业最终形成了"从农场到餐桌"的生鲜家禽全产业链模式。

3. 面对"表面风光"背后存在的问题及隐患，湘佳牧业应该如何优化产业链加以解决？

【理论依据】

产业链优化。

产业链优化是指在产业改革中努力使既有的产业战略联盟关系链的结构更加合理有效、产业环节之间联系更加紧密协调，进而使产业链的运行效率和价值不断提高的过程。

产业链优化的一般原则如下：

（1）适应市场需求的变化

市场需求总是在不断变化的，产业链优化的核心就是要使它更适应这种变化。只有满足市场需求，符合市场定位，产业链的价值才能实现。

（2）能实现价值的增值

产业链的优化不仅要保证各个环节的价值得以实现，而且要使整个产业链的价值得以实现，并且实现最大限度的增值。

（3）合理和有效地利用资源

产业链作为资源转换器，其功能就是对输入的各种生产要素，按市场的需求转换为不同的产出。资源是产业链转换的对象和产出的根本来源，因此产业链优化既要保证资源利用的合理性，又要注重资源利用的有效性。

（4）符合地方经济资源和社会环境条件

这主要是对于区域产业链的优化来说的。区域产业链的构建、延伸和升级，应以地方资源条件为基础，既要考虑原料的供给保障，又要考虑加工中资本和技术的供给保障，还要有相应的社会环境。

【问题分析】

（1）完善食品监管机制

近期，湘佳牧业被频频爆出食品安全问题，虽然无法直接证明是其违规操作所导致的，但是应引起企业重视。因此，湘佳牧业应加强食品安全监管建设，夯实食品安全监管基础。全产业链管理模式应增强企业的控制力，从食品源头把关，采用"安全可追溯"的信息系统。同时，实行责任到人的问责制度，有效防范旧模式下，松散组织的食品安全风险。此外，还应加强全产业链各环节食品监管部门的综合协调，明确、细化分段管理中各食品监管部门的具体职责和权限，形成监管合力，从而保证企业的食品安全。

（2）发展循环产业链

近年来，环境问题一直备受社会关注，环境管制政策出台越来越密集，环境管制标准也越来越严格。企业在生产经营过程中若不注重环境保护，则难以实现可持续发展。频出环保问题的湘佳牧业在未来发展中应始终遵循减量化、资源化和无害化原则，将社会、环境、经济效益三者结合起来，千方百计地化害为利、变废为宝，实现由"资源-产品-废弃物"的传统经济方式向"资源-产品-再生资源-产品"的循环经济方式转变，使家禽养殖业所产生的污染减轻到最低程度，实现资源利用节约化、生产过程洁净化、产业链接生态化、废物循环再生化和大众消费绿色化。通过发展循环产业链，使企业走绿色、环保、资源合理利用的可持续发展之路。

（3）做强"产业链"的核心环节

正如农业是支撑经济发展的基础产业一样，家禽养殖端是家禽全产业链的核心环节，并在全产业链中起着非常重要的基础支撑作用。因此，只有将家禽养殖这个核心产业做好，产业链上下游才可以健康发展。湘佳牧业可以从以下几个方面入手：一是将更多的工作放在健康管理上来提高家禽的免疫能力，从而保障生物安全，减少疫苗和用药在疫病防控上的使用；二是加大研发投入，提高饲料生产技术，从而防止饲料端霉菌毒素危害现象的发生；三是紧跟行业技术发展，加大研发投入，提升企业核心竞争力。例如，针对环境监测调控、智能化饲喂、饮水和投药装备及家禽高效安全养殖信息化等技术开展研发，从而形成科学的养殖体系，更好地保证家禽品质。

（4）加强品牌塑造

品牌是一个企业的灵魂，企业的品牌要建立在诚信基础之上，打造高品质、有特色的产品，才能有高品牌认知度和消费者忠诚度，这样企业才有竞争力，并立于不败之地。品牌建设需要时间缓慢积累并循序渐进，不能一蹴而就。湘佳牧业通过保留石门土鸡优秀遗传特质，使消费者易于辨别并购买到优质产品，从而树立良好的品牌印象，并获得品牌优势。这有利于湘佳牧业取得长足发展。因此，品牌塑造关乎一个企业的长远发展，湘佳牧业在未来将市场扩大到全国的发展进程中，品牌塑造是其重要一环。

4. 湘佳牧业的发展历程对其他传统家禽养殖企业有什么启示和借鉴意义？

【问题分析】

首先，在布局生鲜家禽产品业务方面，作为黄羽肉鸡养殖企业中较早开展生鲜家禽业务的企业，湘佳牧业已经成为黄羽肉鸡行业具有综合实力及竞争力的企业之一。长期以来，我国居民的传统家禽消费习惯一直以消费活禽为主，因此黄羽肉鸡销售渠道主要依赖各级家禽批发市场、农贸市场。然而，随着居民环保和食品安全意识不断提高，禽类定点屠宰、白条禽肉上市制度在全国逐步推行，部分大中城市关闭活禽市场，超市冰鲜产品的销售逐渐成为家禽消费的新趋势，生鲜禽肉也将成为未来家禽养殖行业的转型方向。因此，传统家禽养殖企业也应提早布局生鲜家禽产品业务，积极顺应家禽市场发展竞争的方向和趋势。

其次，在构建全产业链方面，湘佳牧业经过多年布局，依托规模化优势和技术优势成为从饲料生产、种禽繁育、家禽饲养、屠宰加工、冷链运输到销售的全产业链企业。借助全产业链优势，从源头开始，包括对种鸡养殖、雏鸡孵化、饲料生产、商品代肉鸡养殖、屠宰加工等各环节实施严格质量控制，将生物安全、药残控制和加工过程的卫生控制有效整合，保证产品品质和食品安全。同时，湘佳牧业在建立了完整的生鲜家禽产业链后，风险控制、成本控制等工作都有了更为完善的保障，有效地整合并消除了产业链内部风险，形成了优于同行的竞争力。因此，湘佳牧业全产业链布局也值得传统家禽养殖企业借鉴。

最后，在社会责任方面，多年来，湘佳牧业在自身发展壮大的同时，还在努力为社会创造价值，并积极践行企业的社会责任。通过"公司+基地+农户"模式，湘佳牧业有效推进了农业的规模化经营，提升了农业经营的集约化、组织化程度，提高了农业生产效益和农产品品质。通过该模式，湘佳牧业直接带动合作农户脱贫致富，为农村脱贫贡献了力量，同时也推动了当地养殖、运输等产业的发展。因此，传统家禽行业在获得经济发展的同时，也要积极践行社会责任，努力得到社会认可。

参考文献

[1] SIMONS R. Strategic orientation and top management attention to control systems [J]. Strategic management journal，1991（12）：49-62.

[2] 希特，爱尔兰，霍斯. 战略管理：概念与案例 第12版 [M]. 刘刚，译. 北京：中国人民大学出版社，2017.

[3] 王露，刘清，陈利. 战略转型：华侨城而立之年的二次创业 案例编号 STR—1063 [G]. 大连：中国管理案例共享中心案例库.

[4] 王四野. 岳阳市粮油企业全产业链经营模式研究 [D]. 武汉：武汉轻工大学，2018.

[5] 李世杰，傅国华. 中粮集团全产业链战略全景透视：案例编号 STR—1159 [G]. 大连：中国管理案例共享中心案例库.

[6] 赵绪福. 农业产业链优化的内涵、途径和原则 [J]. 中南民族大学学报（人文社会科学版），2006（6）：119—121.

[7] 朱沆，曾兢，冯瑞婷. 壹号土猪：北大猪肉大王的生意经 案例编号 STR—1063 [G]. 大连：中国管理案例共享中心案例库.

九如城："养老综合体"的扩张发展之路

摘要：九如城集团（简称九如城）带着对社会的使命和责任，深耕康养行业，仅仅用了十年时间，就成为养老行业的特色领先企业。本案例主要讲述九如城集团以"四级养老服务体系"为保障，以"两全服务体系"为导向的特色发展模式，以及以在宜兴建立的养老模式为旗舰模型，采用连锁方式迅速扩大规模的发展历程。案例以九如城集团的扩张发展为主线，回顾了它的创立及成长历程，详细介绍了它在养老服务方面的"医、食、康、护、乐"全方位服务模式，阐述了它通过连锁经营实现规模扩张的特色发展之路。

关键词：养老服务　横向一体化　连锁经营

4.0　引言

2020 年的春节太过特殊，因为一场突如其来的疫情，仿佛一切都被按下了暂停键。防控疫情阻击战已全面打响，九如城集团及区域公司高度重视，迅速进行部署，落实到位各项防控措施。不仅如此，集团上下积极响应政府号召，一大批员工挺身而出，在武汉的养老服务中用实际行动书写企业的责任和担当。

"九如"源自《诗经》："如山如阜，如冈如陵，如川之方至……如月之恒，如日之升。如南山之寿……如松柏之茂。"以"成为养老领袖，引领行业发展"为企业愿景的九如城集团是如何充分体现自身特色从而在养老市场中占有一席之地的呢？

4.1　梦想成真

4.1.1　养老产业的现状

自我国进入老龄化社会之后，人口老龄化速度持续加快，直接影响了养老产业的需求释放，造成了我国养老产业的潜在需求和实际需求的增加，同时"养儿防老"的家庭式养老模式，由于社会和经济不断发展，越来越难以维系。我国的养老产业正在经历风口上的发展期，将迎来快速发展的"黄金阶段"。但由于我国大部分地区仍有着传统的养老思想，并且养老经济压力较大，所以对养老产业的发展起到了一定的限制，不仅造成养老的有效需求不足、规模较小，同时经济发展压力较大、储蓄率降低，也给养老行业带来了融资难、成本较高的问题。

4.1.2 梦想的萌芽

十年前的谈义良，在与父亲的交流中谈到养老的话题。社会责任感和使命感促使他想用自己的努力去为家乡办点事情，为社会做出自己的贡献，为老年人的生活创造一个愉悦的环境。他从此萌生了未来在养老行业发展的想法，他憧憬和规划着自己的梦想——把养老和医疗结合起来。如今的九如城董事长谈义良回想起九如城创办的初心和发展历程依旧感慨万千。

4.1.3 梦想照进现实

1. 三年研究

2009 年—2011 年，谈义良前往日本学习，从此进入了九如城的发展研究阶段。谈义良在日本学习养老模式，了解与养老相关的研究进展，思考怎样把养老理论与我国的实际情况相结合，最终研究出一个最佳的养老模式来真正解决我国的养老问题。

2. 三年建设

2012 年—2014 年这三年，九如城进入了真正的建设阶段。九如城不仅对硬件设施进行了严格建设，而且还建设了一套标准化的特色养老服务体系——四级养老体系，通过这样的体系运营模式来提供整体性的区域方案。

3. 三年运营

2015 年—2017 年，九如城把建设好的运营体系应用到实际中进行实践，与真正的养老市场进行磨合，从而不断完善和提高自身。九如城通过三年的运行期，最终真正确定了适合自身发展的养老模式、养老产品与养老服务。

4.2 养老综合体提供全方位服务

九如城一直专注于改善老年人的生活质量，整合产业优质资源，从医疗康复到专业护理、从营养搭配到生活保健、从康养服务到安乐养生，带给老人"医、食、康、护、乐"全方位的养老服务。

4.2.1 老有所"医"

九如城设有中心医院和嵌入式医院两种医疗医院。中心医院按照三级医院的标准进行建设，集医疗康复、科研教学、健康管理及老年照料于一体，并与省内外的先进医院和高等院校进行合作，提高医疗水平；嵌入式医院利用九如城日间照料中心的配套设施，打造以社区为基础、机构为补充的社区"嵌入式"医院，以长者的康复为服务核心，将康复护理服务延伸至社区及家庭。

不断更新升级的硬软件设置，专业团队和先进的康复设备，吸引周边患者进入九如城医院进行治疗。

4.2.2 老有所"食"

为了保障九如城的食品安全，对厨房实现制度操作流程规范化、服务质量标准化。九如城的工作人员均持有健康工作证，而且工作期间佩戴口罩、手套等卫生工具；所有餐具都经高温消毒；所有食材都来自专属合作的农场，是无污染的天然食材，让长者可以吃的安心、放心。

不仅如此，九如城配有专业的营养师团队，他们会为不同的长者需求定制对应的科学营养餐。同时，每隔一段时间团队都会询问长者的饮食需求变化，对食谱进行更新和完善。

4.2.3 老有所"康"

一是康复护理。九如城为了给长者提供配套的康复护理服务，专门设立了一套以中心医院为核心，社区服务院、专科诊室作为医疗补充的标杆式医疗服务体系。

二是完善的健康管理。九如城的健康管理中心将过去已有的身体检查和健康养生结合在一起，从而达到对长者疾病的预防和控制。九如城还建立了以健康资料为基础的档案库，将健康体检、康健活动、健康评估和康健促进等相融合，形成了具有特色的"全健康管理服务体系"，关注长者和病患的全面健康，从而使他们生命的长度得以延长。

4.2.4 老有所"护"

九如城设有安养中心、护理院、颐养中心、康养中心等多个产品，专门为有不同需求的老人提供差异化服务。九如城护理院现配备医生、护士、社工、康复师和照护师五个专业的工作人员。他们在自己的工作岗位上，依照所学的专业知识与技能，按照不同的工作职责，进行着每天查房、生命体征监测、药品管理和服用、社工活动、康复和吃饭、穿衣、洗澡等生活照料工作，是实现护理专业化的必要基础。

4.2.5 老有所"乐"

九如城的康养中心有一面展示墙，通过这个墙我们可以了解到老人们在这里的娱乐生活多姿多彩。例如，"老人生日会""舞蹈表演比赛""我们一起做手工"等种类丰富的娱乐团体活动让在这里生活的老年人喜笑颜开。为了让老人们闲暇时不寂寞，九如城还专门设有棋牌室、阅读室、书画室等，供老人们消遣玩耍。

4.3 顺应市场，连锁扩张

4.3.1 初成"模子"

九如城以"四级养老服务体系"为保障，即养老综合体—城市养老院—社区养老—居家养老，以"两全服务体系"为导向：一是全生命周期的产品与服务，九如城能够满足 60 岁以上的长者的养老需求；二是覆盖全区域，九如城从养老康复医院到养老机构，再到社区服务和居家服务，实现养老区域的全覆盖。

在这样的发展模式下，2011 年 4 月，九如城（宜兴）康复医院建成，医院地理位置优越、环境清新优雅，是一家集医疗和康养为一体的康复医院，致力于为长者提供科学安心的养老服务。

4.3.2 复制模式，建立养老"圈"

九如城以宜兴建立的养老模式为旗舰模型，选用连锁方式进行扩张和运营。从创立到现在，九如城先后在无锡、南京、上海、佛山等城市进行连锁扩张，按序建立九如城区域养老集团，完成布点。目前，九如城主要分布在长三角和珠三角地区，养老运营机构及日间照料中心已有 100 多家，总员工人数已有 2000 余人，不仅如此，为长者提供的医疗床位已超 1 万张，服务长者的人数更是高达 80 万人。这些数据表明，国内正逐步打响"九如城"这个专注养老服务的品牌。

4.3.3 未来拓展区域养老"群"

九如城未来的区域扩张主要集中在两个方面。一方面，九如城将延续如今的发展布局，继续在珠三角等地区进行扩张，开拓京津冀等地区，促进养老服务的区域发展和扩张。另一方面，九如城计划进入全国 100 个城市，成立 1000 家养老机构，提供 1 万个养老服务社区，继续扩大发展范围，以连锁运营为依托，为构建养老服务网络奠定基础。

4.4 漫漫征途，且行且战

4.4.1 此九如城非彼九如城

2020 年 4 月 27 日，长沙市公安局发布公告，该局已对湖南省九如城健康养老服务有限公司涉嫌非法集资案立案侦办。九如城与诈骗挂上了钩。"假九如城"利用九如城的养老优势进行宣传，让许多想要安养晚年的老人亲笔签下了"诈骗协议"。虽然此九如城非彼九如城，并且据中健联盟产业研究中心对九如城全国布局进行研究发现，九如城虽有布局长沙的计划，但实际上并未查到九如城在长沙有落地的项目，也强调这是一个英雄的团队，我们应该弄清楚情况，不能让英雄背负骂名。但对于老人群体来说，思想顽固性强，对于已经形成的刻板印象很难再重新改变，这就使九如城丧失了部分目标群体。

4.4.2　急于扩张，选址失误

九如城在加速扩张的过程中，于 2017 年年底建立了佛山市南海区九如城养老服务责任有限公司（简称佛山九如城），正式把佛山纳入九如城的养老生态圈。但在佛山九如城建立的过程中，遭到了佛山海逸桃源花园附近居民的反对。佛山九如城的建筑所在地两面紧邻公路、噪声污染大，靠近居民聚集区及学校，可能给附近居民带来心理负担，不是适合九如城的"养老项目"。这也给九如城的后续扩张和选址等提供了一些借鉴，避免发生此类问题。

伴随着老龄化趋势在我国的不断推进，这既给养老行业的发展提供了条件和机遇，又显示出我国的养老行业与发达国家相比还有相当长的一段距离。九如城在养老行业中脱颖而出，不光是因为全体人员对社会的责任感和使命感，更重要的是让众多老人真正感受到了养老的中华传承之美。但九如城在扩张的过程中难免一些问题出现，未来在面对广大的养老市场和众多的竞争者时又会有怎样的表现呢，让我们拭目以待。

思考题

1. 九如城实施横向一体化战略发展的条件和原因是什么？
2. 九如城养老综合体是如何进行横向一体化的？横向一体化的优势体现在哪里？
3. 九如城选用的是哪种连锁方式？通过哪种方式实现集团的大规模扩张？
4. 九如城未来的发展可能会遇到哪些问题？

附录　养老行业背景信息

1. 养老行业现状

养老服务可分为三大类：居家养老、机构养老和社区养老。近年来养老服务业政府和社会资本合作模式获得了政策支持，养老类项目的数量、金额井喷般增长。随着市场经济体制不断完善，社会福利事业也得到了长足的发展。全国推进了社会福利社会化政策，原有的养老服务模式在不断变革中求生存。同时，各种新的养老服务形式如雨后春笋般破土而出。2018 年，我国养老服务机构数量仍保持相对稳定的增长率，机构数量保持在 17 万个左右，如图 4-1 所示。

2011 年—2018 年，我国养老行业市场潜在规模不断增加。2011 年，养老行业市场规模仅达1.4 万亿元，截至 2018 年，我国养老行业市场规模增长至 5.6 万亿元左右，如图 4-2 所示。

随着我国养老行业市场规模的不断扩大，养老行业已进入投资窗口期，伴随养老意识普及，需求还将进一步提升。但经过前阶段高速发展，未来养老行业规模仍将扩大，但增速趋于平稳。

到 2024 年，我国养老行业市场规模预计突破 10 万亿元。

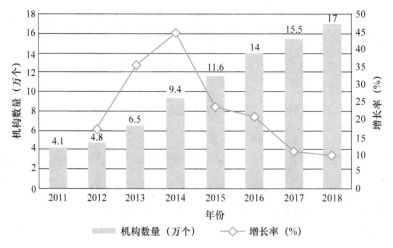

图 4-1　2011 年—2018 年我国养老服务机构数量及增长率

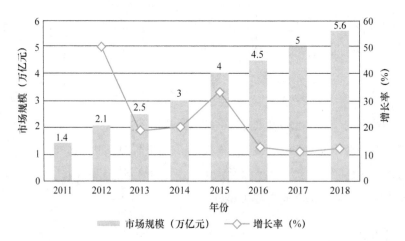

图 4-2　2011 年—2018 年我国养老行业市场规模及增长率

2. 行业现存问题

（1）当前护理队伍整体素质较低

现有护理从业人员多来自农村进城务工人员和城市失业下岗人员，并且年龄多为 40～60 岁，文化素质普遍不高，大多未经岗前培训和专业技能培训，不具备养老护理员执业资格，在专业水平、业务能力、服务质量等方面均存在很大的不足，不能有效满足服务对象的需求。由于工作时间长、劳动强度大、社会认同低、工资待遇差、职业保障少、从业风险高等原因，养老护理员对于社会劳动力而言缺乏有效吸引力，难以吸引专业人才。

（2）公办养老机构"一床难求"

民办养老机构"床位闲置"，但公办养老机构的一张床位有时甚至要等一年之久。尽管如此，大多数家庭宁愿久等也不愿去有空缺床位的民办养老机构，这种现象严重影响了我国养老行业的正常发展。原因在于两者在收费和公众信任度上有所差异。关于这一现象，最主要的问题在于服务和医疗水平存在差距、收费存在差距和硬件设施存在差距。对比不同性质的养老机构，公办公营养老机构和公办民营养老机构在"管理水平""收费差距"和"社会观念""满意度反馈"上要比其他性质的养老机构高。

（3）行业监管缺失

不少老年用品市场鱼龙混杂、乱象丛生，出现一些以次充好、坑蒙拐骗的欺诈行为。这些欺诈行为严重损害了老年人的合法权益，常常使他们蒙受巨大的经济损失。国内产品科技含量低，国外产品价格昂贵。国内老年用品整体科技含量较低、性能单一、缺乏创新，高端产品被国外垄断，但其价格高昂又使老人难以负担，并且国内老年用品市场信息交流不畅，厂家与用户的需求对接不上，使产品华而不实。

3. 行业发展趋势

由于我国出生率大幅下降和预期寿命不断延长，老龄化进程呈现加快趋势。随着国家养老制度的不断完善以及老年人经济水平的提高，我国老年人的消费能力在不断提升。此外，老年人的消费观念正发生转变，现在有的老年人正逐步抛弃"为了下一代，自己无所谓"的传统观念，开始朝着向健康、养生、积极、进取、乐观的思维转变。老年人用品市场将会发展得越来越迅速。

由于我国传统孝文化，老人们不愿意离开家庭养老，居家养老仍将是未来主流的养老模式，提供老年人最关注的日常护理、慢性病管理、照顾陪伴、健康教育等服务的养老企业将最符合当前迫切的服务需求。"互联网+"的养老服务公司面对的居家养老服务"蓝海"市场未来弹性会更大。此外，由于居家养老的老人需要医疗、健康、家政等服务，未来对养老护理人才的需求很大，布局医疗器械、康复器械、远程医疗及护理培训等领域的公司未来具有较大的成长空间。

在信息技术持续给社会各领域带来深刻变革的时代，利用信息技术优化养老资源配置，创新养老服务模式是应对养老困境的必由之路。失能、痴呆等无自理能力以及需康复治疗和日常护理的老年人是机构养老的刚需人群。随着我国老龄化加速，失能老人比重也将持续增加。

在我国，有将近 5 亿老年人（60 岁以上）作为潜在消费群体的养老产业，本该是一个市场广阔的"朝阳行业"。然而受限于老年人支付能力等现实情况，养老产业一直步履艰难。

被业内誉为近几年来养老相关政策中"重视程度最高、可行性最强"的文件——《国务院办公厅关于推进养老服务发展的意见》（下称"5 号文"）由国务院办公厅印发，该文件提出目标，确保到 2022 年在保障人人享有基本养老服务的基础上，有效满足老年人多样化、多层次养老服务的需求。业内认为，5 号文印发之后，更多的配套政策将会密集出台，我国将形成养老产业的第二次政策高峰期。

对养老产业来说，这是否意味着一个积极信号？事实上，自 2013 年以来，仅中央政府和部委一级的养老文件已经出台了 130 多个，从无到有搭建起了养老政策框架和养老服务体系。而且，中国老龄科学研究中心曾有过一个测算，我国老龄产业产值将在 2050 年突破 100 万亿元，占届时国民生产总值（GDP）的 1/3 以上。

前景是美好的，现实却是残酷的，100 多个政策，却支撑不起这一商机巨大的朝阳产业，养老行业的深层次矛盾并未解决，养老机构的高亏损率也让跃跃欲试的社会资本望而却步。按照一位资深康养行业投资人的说法，虽然国家扶持养老产业的政策一波接着一波，但并不意味着养老产业的春天很快就会到来。因为养老事业是一回事，政策是另一回事。

2019 年 10 月 28 日，国家卫生健康委等八部委联合印发《关于建立完善老年健康服务体系的指导意见》（国卫老龄发〔2019〕61 号）（以下简称指导意见），要求建立完善符合我国国情的老年健康服务体系，满足老年人日益增长的健康服务需求。

我国人口老龄化程度不断加深，养老产业市场数年之前就被不少企业视为业务蓝海，但一直以来成功的商业模式和盈利模式较少，整个市场发展较为缓慢，甚至出现了一些问题。正规的金融机构参与较少是出现问题的原因之一，信托公司也未发挥其应有的作用。

国际社会通常认为一个国家 65 岁及以上人口占比超过 7%，该国就进入老龄化社会。我国 2001 年 65 岁及以上年龄人口数量占总人口的比例达到 7.1%。根据国家统计局的统计，2018 年年底我国 65 周岁及以上老年人口 16658 万人，占总人口的 11.9%。如果以 60 岁退休年龄作为统计标准，那么我国 2018 年年底 60 周岁及以上老年人口为 24949 万人，占总人口的 17.9%。根据有关机构预测，到 2030 年我国老年人口将占总人口的 25% 左右。

老年人口数量如此庞大，养老产业市场需求旺盛，理应形成庞大的市场。据赛迪顾问分析，2018 年我国养老市场规模为 4.6 万亿元，预计 2023 年后将达到 10 万亿元以上。但实际上由于各种原因，我国养老市场的这些需求并未得到充分满足，真正符合老年人需求的产品不多。

我国养老产业在蓬勃发展过程中也出现了一些问题，其中有些问题负面效应强，在一定程度上影响了养老产业的发展。

一是出现"以房养老"骗局，社会影响恶劣。2019 年 5 月，中央电视台揭露中安民生"以房养老"骗局：老人被逼卖房还数百万元高利贷。资管公司中安民生与高利贷公司共同设下"连环骗局"，假借国家部委名义诱骗老年人将房屋抵押给小贷公司，再将从小贷公司取得的房屋抵押款进行投资，随后小贷公司以各种暴力手段进行催收。类似的"以房养老"骗局在其他地方也有出现，造成恶劣的社会影响，使原本在国际上较为成熟的"以房养老"模式在我国刚开始试点就遭遇负面影响，后面要进行推广势必困难重重。

二是部分养老公寓收费高。有些高端养老项目，入住门槛上百万元，每月要缴纳几万元费用，让绝大部分老年人"望门兴叹"。由于这些高端养老项目基本都是社会资本投资的，投资收益最大化是其主要目标。

三是市场化运作项目投资回收周期长，盈利难题待解。社会要满足广大老年人的养老需求，光靠政府投入远远不够，需要充分调动社会资本参与。社会资本要以市场化原则和方式运作养老项目，则面临以下困难，使盈利成为难以解决的突出问题：①如果以商业用地性质获取项目，就只能以较高的价格对开发出的产品比照商品房进行销售。这种情况下只能面对社会高端人群，并且不是刚需，销售情况不一定好，投资回报率及投资回收期一般要比商品房项目差。②如果以工业、养老名义甚至以划拨方式取得项目土地，则项目不能进行销售，需要通过营运期慢慢回收资金，形成重资产运营项目。项目前期要实现盈利存在困难，并且项目投资回收期较长。③行业集中度较低，规模效应尚无法显现。目前，我国的养老市场正处于培育、起步阶段，各路资本纷纷进入，正在进行探索，尚未形成较为成功的模式，普遍规模不大，也无法形成规模效应。

四是医疗资源不足，"医养结合"较难。经过前期相关企业的探索，大家基本形成了较一致的共识，养老项目要想获得客户的高度认可，配套完善的医疗条件是一个重要因素。养老项目因其目标客户为老年人，老年人的体质较弱、发病率较高，决定其居住地应有较完备的医疗资源，以便及时进行相应的检查与治疗。国家也在大力推进"医养结合"，2019年8月，国家卫生健康委等四部委联合发布《关于做好医养结合机构审批登记工作的通知》。但是，由于历史原因，我国的医疗资源总体上严重不足，同时还存在医疗资源区域配置不均衡的情况。对于养老项目，大家都希望能配置好的医疗资源，但实际上较难实现。品牌好、综合实力强的医院不愿意投资入驻，综合实力不强的小型、民营医院想进入，又没有实力进行投资，并且养老项目的开发商也不愿意引进。

五是项目周期长，金融机构介入少。对于一般的养老项目，不是进行房屋产品销售而是通过运营来回收投资。养老项目通常可划分为项目建设期和运营期，在建设期需要进行大量投入以建成项目，在进入运营期后，通过提供康养服务吸引老年人入住，通过收取相关费用来收回投资。可见，养老项目周期长、投资回收期长，投资回报率也不高，并且由于周期长，项目还面临各种潜在的不确定性。我国以贷款类间接融资为主，养老项目很难提供满足金融机构贷款所需的流动性强的相关抵押物。因此，目前金融机构为养老项目提供项目融资的较少。缺少了金融的大力支持，养老产业要大力发展就存在资金缺口。

【案例解析】

1. 九如城实施横向一体化战略的条件和原因是什么？

【理论依据】

横向一体化战略。

横向一体化战略也叫水平一体化战略，是指为了扩大生产规模、降低成本、巩固企业的市场地位、提高企业竞争优势、增强企业实力，而与处于同行业、生产同类产品或工艺相近的企业进行联合的一种战略。通过横向一体化，企业把产品扩展到其他地方，或者向当前市场提供更多更广泛的产品和服务，从而实现增长。

企业实施横向一体化战略的动因具体有以下几种：

（1）**实现规模经济，降低成本**

横向一体化战略的实施可以使企业实现规模扩张、提高经营效率、大大降低成本、取得竞争优势；通过销售更多的相同或相似的产品实现地域扩张；通过对不同的产品共享相同的资源发挥协同效应，包括管理协同效应、营销协同效应、生产协同效应和技术协同效应，降低成本。

（2）**整合资源优势，实现优势互补**

通过横向一体化战略，具有先进技术、科学管理理念、知名品牌等优势的投资者可以把这些优势注入目标企业。企业之间可以建立长期战略联盟或通过相关企业合并形式获得资源和尖端技术的共享，借助与战略联盟内企业的合作，相互传递技术，加快研究与开发的进程，获取本企业缺乏的信息和知识，并带来不同企业文化的协同创造效应。

（3）**减少竞争对手**

企业通过与其他企业的合作或并购，可以减少竞争对手的数量，提高客户的忠诚度，遏制竞争对手的扩张意图，维持自身的竞争地位和竞争优势，同时也可以降低行业内相互竞争的程度，为企业的进一步发展创造一个良好的行业环境。

（4）**较容易扩张生产能力**

横向一体化是企业生产能力扩张的一种形式。这种形式由于与企业原有的生产活动有关，往往比其他类型的增长（比如通过内部投资新建的方式增长）能更有效地扩大生产能力，增强竞争优势，降低企业发展的风险和成本，可能取得经验—成本曲线效应，可以使企业快速投入生产、扩大产量、建立和完善产品营销渠道。

【问题分析】

随着老龄化问题的逐渐加深，人们对于养老的需求越来越多。除了公办的养老院之外，我国各地涌现出很多民营养老院，但依然供不应求。尤其是公办养老院进入难、民营养老院价格贵，以及我国长期形成的传统观念，使更多人倾向于家庭养老。九如城在发展日趋激烈的养老市场中，如果还只是承担老人的用餐和住宿工作，那么面对的是整个养老行业的竞争。

在这样的竞争条件下，九如城需要怎样做才能在市场中占有一席之地呢？九如城率先提出了"养老综合体"的概念，将长者所需要的全方位服务一一安排，整合医疗和专业的健康咨询资源，扩充自己的服务范围，将"医、食、康、护、乐"全方位的养老服务进行填充和加固，不仅可以形成自身特色，而且可以提升竞争力，从而减少竞争对手，在市场中成功获得优势。

2. 九如城养老综合体是如何进行横向一体化的？横向一体化的优势体现在哪里？

【理论依据】

横向一体化战略的优势。

横向一体化战略的实质是资本在同一行业和部门内的集中，目的是实现扩大规模、降低产品成本和巩固市场地位。

横向一体化的优势如下:

(1) 降低成本

通过收购同类企业达到规模扩张,在规模经济明显的行业中,可以使企业获取充分的规模经济,从而大幅降低成本,取得更大的竞争优势。

(2) 减少竞争对手,扩大市场份额

企业通过与其他企业的合作或并购,可以减少竞争对手的数量,提高客户的忠诚度,遏制竞争对手的扩张意图,维持自身的竞争地位和竞争优势,同时也可以降低产业内相互竞争的程度,为企业的进一步发展创造一个良好的产业环境。

(3) 横向一体化战略

横向一体化战略倾向于采用技术创新和管理创新的手段同竞争对手抗衡,强调合作中的竞争,注重双赢或多赢而非你死我活的"零和游戏",有利于提高企业的核心竞争能力并获得长远的发展。

【问题分析】

通过案例我们可以知道,九如城始终专注于提高长者生活品质,整合优质资源,从医疗康复到专业护理、从营养配餐到生活照料、从康乐养生到安宁照护,带给长者融合"医、食、康、护、乐"全方位的养老服务。九如城针对提供的全方位服务,在各个方面进行提升。九如城服务类型及其表现见表 4-1。

表 4-1　九如城服务类型及其表现

	服务类型	表　现
九如城全方位服务	老有所医	医疗设施配套:体检中心、养护院、康复医院、适老住宅销售
	老有所食	食品安全和卫生工作有严格标准、餐饮人员专业培训、长者独特定制营养餐
	老有所康	康复护理:提供配套完善的康复医疗服务 健康管理:形成了集健康评估、健康体检、健康干预及健康促进于一体的"全健康管理服务体系"、建立动态的健康档案
	老有所护	针对不同需求的老年人,设立了康养中心、安养中心、颐养中心、护理院等多个产品,提供差异化养老护理服务方案;配有专业化护理人员
	老有所乐	棋牌室、阅读室、书画室等配套的休闲娱乐设施;各种娱乐活动、生日会等

九如城采取横向一体化战略所获得的优势主要体现在以下两个方面:

1) 充分展现九如城在养老行业中的竞争优势,从而提高竞争力,减少竞争对手。九如城通过提供全方位一体化的服务,给长者全面且安心的服务,创造属于九如城集团自己的特色服务,直接提高了消费者对九如城的忠诚度,树立了九如城的形象优势。这有利于九如城集团在养老市场中的扩张和发展。

2) 通过技术和专业优势扩充养老服务,通过"良性"合作,实现双赢。九如城通过为长者的养老服务提供完整的医疗配套设施、健康安全的食谱、健康管理体系、专业的护理团队和配套的娱乐设施，不仅促成了九如城整体的全方位战略，而且成就了彼此，从而提高了九如城的核心竞争力。

3. 九如城选用的是哪种连锁方式？是通过哪种方式实现集团的规模扩张的？

【理论依据】

连锁经营。

连锁经营是指一个或多个投资者（企业）在多地点甚至多区域、按照统一模式开展经营活动的商业组织形式。在该组织形式下，经营同类商品或服务的若干个企业以一定的形式组成一个联合体，在整体规划下进行专业化分工，并在分工基础上实施集中化管理，把独立的经营活动组合成整体的规模经营，从而实现规模效益。连锁经营关系是一种授权人与被授权人之间的合同关系。被授权人应维护授权人在合同中所要求的统一性，包括统一采购、统一配送、统一标识、统一营销策略、统一价格和统一核算。近年来，连锁经营已成为我国服务企业实现规模扩张的一种重要方式。连锁经营的过程是一个不断简单复制的过程。

连锁经营的类型如下：

（1）直营连锁

直营连锁（Regular Chain，RC）也叫正规连锁，即所有的店铺都是由同一经营实体——总公司所有。

（2）加盟连锁

加盟连锁（Franchise Chain，FC）也叫特许经营、契约连锁、特许连锁，即以单个店铺经营权的授权为核心的连锁经营，也就是特许经营。

（3）自愿连锁

自愿连锁（Voluntary Chain，VC）也叫自由连锁经营业，即各店铺资本所有权独立，采用共同进货，协议定价的一种商业横向联合。众多的成员店可深入消费腹地扩大销售。

加盟连锁与直营连锁、自愿连锁的比较见表4-2。

表 4-2　加盟连锁与直营连锁、自愿连锁的比较

区别方式	直营连锁	加盟连锁	自愿连锁
店铺投资	总部	加盟方	加盟方
法律关系	总部分支	独立法人	独立法人
管理模式	统一	统一	不一定统一
品牌效应	高	高	低
品牌风险	低	较高	低
扩张速度	慢	快	较快
管理效率	高	较高	中
控制力度	强	较强	中

标准化体系是指企业的标准按照内在的联系形成的科学完整的有机体。在生产、经营、服务和管理的全过程采用科学严格的标准，运用系统管理的原理和方法将相互关联、作用和影响的标准化要素进行识别，从而制定相应的标准，建立起标准化的体系，并运用标准化的理论对系统进行管理。技术标准是整个企业标准化管理的核心，是保证产品质量的重要前提，其他的标准都要为技术标准服务，主要包括生产对象、条件和方式等。例如，产品、半成品、原材料、设备、工艺、计量检验、包装、环境卫生、设备维修及能源标准等。管理标准就是把企业管理的各个方面和各部门有机结合起来，最后集中到产品的质量上来，不断提高企业的经济效益，涉及生产、技术、经营、质量、计划、人事、财务、设备、物资供运和经济实体等。标准化的作用与意义如下：

（1）**标准化能实现企业的规范化科学管控**

连锁经营企业成功的核心在于管理方式和业务流程的统一，只有各个门店和总店能实现业务操作流程的完全统一，才能对外提供无差别的产品和服务，实现连锁企业各门店与总店在生产、采购、配送、营销方式等方面的高度统一，建立良好的经营秩序，确立连锁企业的竞争地位，实现快速发展。

（2）**标准化能帮助企业实现规模经济**

标准化建设能帮助连锁企业将总店的成功案例进行复制，使各个门店统一按照成功模板规范运作，实现统一采购、统一营销、统一价格、统一配送，从而实现原材料的大规模批量采购，配送中心规模运作，降低物料和物流成本，提高整体运营效率，从而获取规模经济，改变原有的发展格局。

（3）**标准化能提高企业的品牌形象**

在连锁企业中，形象标准化和服务标准化是推广企业形象、打造企业品牌的基础工作之一。标准化建设能为连锁企业建立统一标准的企业标识和风格，形成统一的服务理念，打造和提升企业品牌形象，强化消费者对品牌的认知和感受程度。此外，标准化建设还能提升加盟商对连锁企业的信心，进一步扩大连锁规模，促进其发展。

【问题分析】

由九如城的扩张和发展布局我们可以了解到，九如城属于直营连锁类型，集团总部位于上海，下有苏南、淮海、苏皖、上海和珠三角等区域公司，其所有康养中心都由总公司进行管理。

九如城为了使规模稳速扩张必须实行连锁经营，即标准化。只有在标准化的经营技巧和经营模式下，才能快速实现这一目标。九如城要想真正实现发展目标，就要继续学习其他国家养老体系和连锁经营的优点，构建连锁经营的标准化体系，走出一条符合自身发展的特色标准化服务之路。九如城连锁经营标准化体系如图4-3所示。

1）标准化的运行模式。九如城率先推出康养融合特色服务，将康复护理和养老服务有机结合，全面推行"两全养老模式"，即满足一定区域内的全部长者全生命周期的养老需求。

2）标准化的服务体系。"四级服务体系"在行业内首创四级养老服务体系。"一开始我们就规划了愿景，从城市综合体到城市养老院，再到社区服务中心，最后到居家服务。"

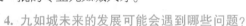

3）标准化的专业服务。从护理、医疗、康复、健康管理、文体活动、餐饮服务到日常起居呵护，九如城都用高标准精心打造专业管理团队。不仅如此，九如城还秉承"以专业之道，怀大爱之心，安长者之福"的品牌使命，以文化的力量展现企业内在的品质，培养了一批又一批的专业九如城人才。

图 4-3　九如城连锁经营标准化体系

4. 九如城未来的发展可能会遇到哪些问题？

【问题分析】

九如城的扩张发展主要包括两个部分：内部扩展和外部扩张。

1）内部扩展：九如城将一个普通的养老集团，通过将医疗与养老相结合和整合优质资源，从医疗康复到专业护理、从营养配餐到生活照料、从康乐养生到安宁照护，给长者提供"医、食、康、护、乐"全方位的养老服务，摇身成为可以满足长者所有需求的养老综合体。

2）外部扩张：九如城以"四级养老模式"和"两全服务体系"为运营模板，以上海为总部进行扩张，形成九如城的养老扩张服务"圈"，后续将持续在珠三角、京津冀地区，计划进入100个城市，拓展形成九如城养老服务群，从而构建养老服务网络。

九如城的扩张发展思路如图4-4所示。

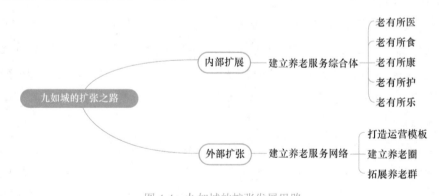

图 4-4　九如城的扩张发展思路

九如城集团未来发展可能出现的问题如下：

1）横向一体化后，企业规模迅速扩张，很可能由于管理跟不上导致出现效率低下的风险，产生机会主义行为的道德风险和生产风险。

2）九如城实行直营连锁，由总部统一管理，这就造成各地区店铺自主程度低，可能导致积极性、创造性和主动性受到限制。

3) 直营连锁与普通连锁不同,其发展需要拥有一定规模的自有资本,这样可能会使九如城的扩张速度受到限制。大规模的直营连锁店管理系统庞杂,造成人们对无德行为的防范,容易产生官僚化经营,使企业的交易成本大大提高。

参考文献

［1］冯俊华.企业管理概论［M］. 2 版.北京:化学工业出版社,2011.

［2］戴维 R 弗雷德,戴维 R 福里斯特.战略管理:概念与案例　第 16 版［M］.北京:清华大学出版社,2018.

［3］俞安平,张瑾.由纵向一体化到横向一体化:企业经营模式的新变化［J］.经济师,2003 (2):8-9.

［4］贺攀.新天地集团实施一体化战略的研究［D］.长沙:湖南师范大学,2016.

［5］孙学敏,常英,王杰.三鼎家政:问鼎家政之路　案例编号 STR—0115［G］.大连:中国管理案例共享中心案例库.

［6］张华,陈晨,何波,等.小鸡蛋成就大企业:圣迪乐村的"一体化"发展之路　案例编号 STR—0659［G］.大连:中国管理案例共享中心案例库.

通威集团：水产、光伏双链交融的渔光一体

摘要：本案例讲述了通威集团从 1982 年创立至今，从一个水产饲料厂成长为一个在水产和新能源行业都拥有完整产业链，并创造性地将两条产业链进行了融合的龙头企业的故事。本案例以通威集团打通水产、光伏两条全产业链，将终端融合打造"渔光一体"新模式为主线，探究通威集团是如何打造产业链和产业融合的。本案例旨在从全产业链、一体化战略及产业融合理论出发，阐述战略管理的相关知识点，并为其他双主业公司的发展提供思路。

关键词：一体化战略　产业融合　渔光一体

5.0 引言

2019 年 5 月 11 日，位于四川成都的通威集团内人声鼎沸、热闹非凡，因为通威人将一起见证历史，见证我国首个光伏新媒体联盟的诞生。我国光伏行业新媒体联盟是由通威集团等光伏新能源龙头企业，联合《中国能源报》、黑鹰光伏、索比光伏网等 10 家行业权威新媒体代表共同发起成立的，由十一届全国政协常委、全国人大代表、通威集团董事局刘汉元主席与澳大利亚第 26 任总理陆克文共同出席见证。提到通威集团，人们首先想到的就是水产饲料生产，殊不知，通威集团在光伏行业同样做得风生水起，大有和饲料产业齐头并进的势头。此次联盟成立更是受到了国内外的广泛关注，也标志着我国对新能源行业的重视程度进一步提升。

创立于 1982 年的通威集团，趁着改革开放的春风，经过 40 多年的发展，现已成为全球领先的水产公司，打通了水产养殖全产业链，随后进军多晶硅行业，成功打通完整的光伏新能源产业链，并创造性地将两个产业链进行交融，成为在农业和新能源产业的双龙头企业，真正实现了农业和光伏的有机结合、共同发展。2019 年，通威集团的品牌价值已达到 756 亿元，股份市值更是突破 1000 亿元，荣列 2019 中国民营企业 500 强。

从一个小水产饲料厂成长为一个在农业和新能源产业中都具有举足轻重地位的上市公司，通威集团的经历可谓之传奇。通威集团的负责人刘汉元是怎样从竞争激烈的饲料行业中脱颖而出，并在一个净利润不高的行业中做大做强的呢？又是怎样在饲料行业已取得巨大成功的前提

下选择投资方向，决定进军光伏行业的呢？刘汉元究竟有什么魔力，能在竞争激烈的今天使通威集团实现精彩的多元化发展的呢？

5.1　艰难创业，白手起家

1981 年，17 岁的刘汉元从水产学院毕业。刚毕业的他充满了希望和斗志，对一切都感到好奇。他的第一份工作是在眉山县水电局两河口水库渔场当技术员，工作内容主要是对水资源进行勘察、向人们宣讲与农业、渔业技术有关的知识，工资虽然不高，但也算可以。日子就这样走到了 1983 年，刘汉元像往常一样接到任务去考察乐山新出现的几个养鱼"万元户"情况是否属实，但考察结果让他大吃一惊。真正的万元户就在眼前，看着养鱼带来的巨大收益，再加上自己本身也懂技术，刘汉元开始动了心，不如自己也养鱼！说干就干，刘汉元说服了父母，一边积极准备，一边继续干着本职工作。说起来容易做起来难，决定养鱼的刘汉元刚开始就碰到了难题，主要是水质和资金这两个问题难以解决。刘汉元被这些问题搞得晕头转向，然而，一个偶然的机会却让问题迎刃而解。刘汉元在一次讲解渔业养殖技术时，无意瞥见了一道用钢材做的大门，突然意识到可以进行网箱养鱼。有了想法的刘汉元马上就行动起来，开始上报材料，申请资金，但在河沟里进行网箱养鱼过于危险，领导一直没有批准。得不到资金的刘汉元备受打击，几近放弃。最终，几乎走投无路的刘汉元决定孤注一掷，卖掉家里的猪进行网箱养鱼。

压上全部家当的刘汉元开始了养鱼的第一步，中国水产养殖业的行业进程在这里拐了一个小弯，进入了另一个时代。经过了 7 个月的精心饲养，刘汉元的网箱养鱼大获成功，更是打破了四川养鱼史的产量纪录，一举成名。养鱼成功的消息一传十，十传百，农户积极模仿，刘汉元对其统一指导、统一培训、自负盈亏，并且提供网箱养鱼所需要的饲料。总之，他算是正式开启了自己的商业生涯，开始扬帆起航！

5.2　快速转型，做大做强

刘汉元网箱养鱼的成功在四川引起了一阵"养鱼热"，在政府的引导下，有经验的养鱼农户都开始了网箱养鱼尝试，面对这种情形，刘汉元果断进行了战略转型，悄然来到了产业链的上游。

5.2.1　辐射扩张，打开市场

来到产业链上游的刘汉元压力并没有减轻，一方面每天要定时定量地提供客户所需要的饲料，另一方面竞争对手的突然出现使他感到十分棘手，必须采取相应措施。针对市场情况，刘汉元除了扩大规模和提高质量外，还提出了"现款现货"的销售政策，从而保证了自己的良性现金流。刘汉元的措施暂时顶住了压力。随着企业的一步步做大，刘汉元决定对外扩张，制定了由内而外的辐射式扩张战略。

用刘汉元的话来说，辐射式扩张战略就是"吃一个，挟一个，看一个"。思路很明确：由于饲料具有一定的销售半径，市场区域性特点比较明显，最稳妥的做法是，先将目标市场做到一定规模，然后在当地投资建厂，也就是"先做市场后建工厂"，先拥有一定规模的群众基础，再投资建厂进行扎根。这种做法大大提高了新投资项目的成功概率。具体来说，"吃一个"，就是把已经设立了子公司和生产工厂的市场列为成熟区域进行重点"耕耘"、打造细节，做成坚固的根据地，把市场吃定，真正掌握在自己手里；同时要"挟一个"，不断开辟新的市场，提升市场销售量和品牌影响力，达到一定的口碑和占有率之后，迅速跟进设立子公司建厂，实现本地生产，强化并扩大销售，稳步向"吃一个"转变。与此同时，还要"看一个"，对将要开辟的市场着手规划，一边调查研究一边铺点销售，再稳步向"挟一个"发展。

"三条腿，三条路"，有轻有缓各不相同，却能层层递进转化，快慢交替，互为支点，又相互补充。在保证已有客户不受损失的情况下，步步为营，稳扎稳打。身为企业带头人的刘汉元对企业扩张有着独特的理解，他曾经提出了一个开车理论，"企业的扩张发展就像开车，除了踩油门加速，还要不时地踩刹车。稳健，对一个企业而言，才是最重要的生命力。只有清醒者才能生存"。

在此战略的指导下，通威集团开始了企业扩张之路。经过对市场仔细地考察和全盘考虑，通威集团迈出了第一步，进入湖北市场。湖北养鱼历史悠久，农户们不仅有着自己对养鱼的理解，还有着比较固定的饲料供应商。通威集团的突然到来，并没有受到欢迎，反而处境有些尴尬。针对这种情况，刘汉元在认真走访农户后发现，并不是通威饲料在质量上存在问题，只是因为当地农户已习惯使用过去的饲料，不敢冒险轻易改变。找到了问题便开始对症下药，刘汉元采用最直接的方法——走街串巷式营销，派人挨家挨户上门宣传，与农户签订协议，免费使用通威饲料，若失败了通威集团赔偿。就这样，通威饲料慢慢地得到了农户的认可。刘汉元曾说："有谁因为质量问题而放弃使用通威饲料的，奖励1万元。"1998年，通威集团正式在武汉成立公司，成功地由"挟一个"进入"吃一个"阶段。之后两年，通威集团在北京、长春、苏州等地纷纷成立公司，形成燎原之势。

5.2.2 思路转换，万户共生

随着通威集团的扩张成功，刘汉元发现如何在新市场站稳脚跟和养殖户建立起长久良好的关系是一个十分重要的问题。为此，刘汉元提出了"全国万家重点用户共同成长计划"，将目光放在那些数量上占20%但可实现80%贡献率的大客户上，并以四川作为试点开始实行。万户共同计划就是根据"二八原理"，80%的销量通过经销商销售，20%的销量通过分公司、子公司周边的养殖大户进行直销。也就是在共生、共存、共赢理念之下，建立通威集团与大型养殖户的一种共同成长的新型战略合作伙伴关系，再根据养殖户的不同情况进行细节调整，以直销方式实现了更大程度的双赢。

刘汉元将培养的20%的养殖户作为通威集团的重点对象，将其看作通威集团以后发展的中坚力量，并坚信他们不但能保证基本的销量，还会在通威集团以后的发展中起到重要作用，最终实现养殖户与通威集团的一体化。刘汉元认为，万户计划可以起到弱化乃至消除中间环节的作用，从而把市场做深做透，将单位收益做大的同时把规模做大，通过这种方式在利润不高的水产行业中稳定发展，逐步扩大市场规模。随着时间的慢慢发展，我国畜牧养殖业规模逐渐扩大，养殖格局发生了根本变化，原来的散养模式开始逐步转换为规模化养殖模式，而刘汉元的万户培养计划中所培养的重点对象正是这些相对专业化、规模化的养殖户。这不仅培养了一批通威集团的"忠实粉丝"，也积累了大量与养殖户接触的经验，带动了企业发展。就像刘汉元所说，万户共同成长计划，培养了他们就培养了通威集团的未来。

5.2.3 全链出动，乘胜追击

随着通威集团的慢慢做大，刘汉元并没有止步于此。看着在饲料行业稳步前进的通威集团，一直以"让养殖户利益最大化"为经营理念的刘汉元开始陷入了沉思，现在的通威集团到底应该做些什么。

随着通威集团在全国的扩张，刘汉元发现一个问题越来越突出，那就是通威集团帮助养殖户养好了鱼，有时却因为鱼太多不能卖个好价钱，从而出现"卖鱼难"的现象。鱼养好了却不好卖，养殖户达不到收入预期，看似通威集团帮了"倒忙"。对此，刘汉元有一个"饭碗理论"："谁引导农民致富，谁就和农民一起致富；谁抢农民饭碗，谁就没有饭碗。"发现这个问题的刘汉元总觉得自己应该对此事负有一定的责任，不好卖鱼不如我们就帮他们卖鱼！这个想法一下子打动了刘汉元，现在的通威集团已经有了产业链上游的水产科技园、中游的饲料生产与销售，要是再开始卖鱼，不仅帮助了养殖户，还直接打通了水产产业链。有了想法就去行动，经过深入调研，2002年，通威集团正式开始了将水产产业链打通的尝试，在成都周边以"公司+农户"的方式与指定的养殖户合作，为养殖户提供优质鱼苗和通威饲料。凭着严格的标准和先进的养殖技术，"通威鱼"当仁不让地成为市场上品质最高的人工养殖商品鱼。

2002年9月18日，中国首批有品牌的无公害鱼——"通威鱼"在成都隆重上市。推出"通威鱼"是通威集团打通完整产业链的重要一环，通威集团不再是单纯地进行饲料生产与销售，而是开始着手苗种、养殖及水产品深加工的业务，业务扩展到整个水产品的产业链。以"通威鱼"为契机，刘汉元又开始了对产业链的详细打磨、查漏补缺，最终拥有了完整的水产养殖产业链。产业链上游是亚洲最大的通威水产科技园，给通威集团带来科技支持，进行水产技术研究；产业链中游是通威集团的"老本行"，水产饲料的生产与销售；下游是生产安全健康的"通威鱼"。通威集团水产养殖产业链如图 5-1 所示。

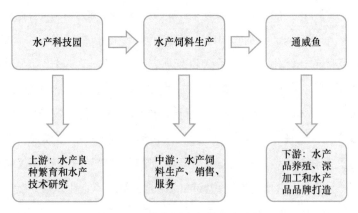

图 5-1　通威集团水产养殖产业链

5.3　谨慎多元，双链出击

当通威集团做大之后，"吃一个，挟一个，看一个"的战略思想再次活跃起来，只不过，刘汉元这次的目标不再是一个新地区，而是把眼光投向了另一个行业。刘汉元是技术员出身，年轻时就对电子芯片感兴趣，再加上前几年刚刚接触过多晶硅，决心进军多晶硅行业。

5.3.1　永祥生产法诞生

刘汉元曾说："如果纯粹因为有一个行业、有一个产品有利润机会，我们就头脑发热去投资。这样的机会太多了，但我们基本不可能去做。有没有足够的市场空间，能不能长期稳定地发展，这个行业的大趋势是否关系到国家社会未来的重大发展，在得出肯定回答的同时我们在这方面又比较有优势，这时我们才可能下手。"正是在这种思想的支持下，当大部分企业竞相在多晶硅下游市场投资时，刘汉元结合通威集团的地理优势（靠近三氯氢硅产地），来到了多晶硅的上游市场，开始生产三氯氢硅。

为了更好地抢占市场，刘汉元铺设了四条线，四管齐下，主动出击。

第一条线是原有的 PVC 生产，推进产能，从而使整个氯碱化工产业链的各个环节形成了足够大的规模。

第二条线是与巨星集团、中国成达工程公司签订合同，生产三氯氢硅，形成产业链规模，扼住上游市场。

第三条线是以自己的三氯氢硅原料为基础，选择合适的时机，会比别人更容易进入多晶硅生产领域。

第四条线是进入副产品电石渣水泥市场，着手进行生产，属于产业链的一环。

四条线相辅相成，帮助刘汉元扎稳了脚跟。经过两年的发展，刘汉元开始试产多晶硅，与政府签订了多晶硅项目协议后，用自己首创的方法，试验性地生产1000t，用最低的成本去看看技术上会出现什么问题。1个月后，生产完成，生产的首批多晶硅送去美国检验，检验结果完全达标并且接近电子级，刘汉元所用的生产方法成功了。

大功告成，刘汉元将这项世界首创的生产多晶硅技术，命名为"永祥多晶硅生产法"并申请了10多项专利。通威集团的这次技术创新，打破了欧美国家的技术封锁，走在世界前列，并为以后在光伏领域的发展打下了坚实的基础。

5.3.2 光伏新能源生产链

随着时代的发展，能源问题越来越突出。当煤、石油这些传统能源用完的时候，我们还能使用什么能源？还有什么能支持我们发展？核能过于危险，风能比较依赖地势环境，似乎只有太阳能的优势明显。太阳能分布广泛、取材难度低，无运输成本，对环境影响小，被公认为未来最有发展潜力的资源。通威集团正好靠近三氯氢硅产地，可生产多晶硅。多晶硅又正好可以利用太阳能来进行光伏发电，再加上"永祥多晶硅"生产法的成功，种种因素使一向冷静的刘汉元也开始激动起来，开始着手光伏新能源生产链的建设，进行光伏发电。

新能源生产链上游以多晶硅的生产为依托，经过通威集团旗下永祥股份的四次改造升级，现以拥有8万t高纯晶硅产能，位列全球第三。凭借"永祥多晶硅"生产法，生产的P型单晶甚至N型单晶都已达到电子级晶硅标准，"中国制造"的高纯晶硅走向国际市场。

新能源生产链中游主要是电池片的生产，通威太阳能现已实现总计20GW的电池片产能，并且对太阳能发电核心产品的研发、制造和推广都有研究。目前，通威太阳能电池片最高平均转换效率达到25%，质量更是达到行业一流，各项技术指标已达世界先进水平。

新能源生产链终端是光伏发电与现代渔业有机融合，也可以说是两条产业链终端的交汇——"渔光一体"创新发展模式。光伏科技加上"通威鱼"，技术创新的力量再一次显现，不仅带动了产业升级，还给养殖户带来了收益。目前，全国"渔光一体"基地规模占水面光伏市场10%以上，也是通威集团以后的重点发展项目。

在新能源主业方面，通威集团已经拥有了上游生产高纯晶硅，中游以高效太阳能电池片生产为主，终端以"渔光一体"模式为主，以及光伏电站建设与运营的完整光伏新能源产业链，如图5-2所示。该产业链拥有完整的自主知识产权，帮助通威集团在新能源方面成为垂直一体化光伏企业，在中国乃至全球光伏新能源产业都占有一席之地，是产业发展的重要参与者和主要推动力量。

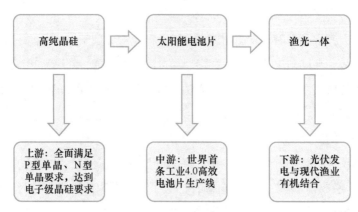

图5-2　通威集团光伏新能源产业链

5.3.3　双链融合，渔光一体

通威集团经过40多年的发展，已形成两大核心产业。一个是农业，水产饲料领域的产业链已被全部打通，水产饲料全国市场占有率连续领先。另一个是新能源，同样打通了产业链，在我国乃至全球光伏新能源产业中都占有一席之地。通威集团的两大核心产业，一个关注的是老百姓的餐桌，注重当下；另一个关注的是人类发展，注重的是未来。这两条全产业链的交汇处就是渔光一体。

1. 渔光一体

"我们特别欣慰，在石油经济不断勒紧中国发展的脖子时，通威集团在新能源领域的探索，为未来中国打开了一条永续发展的新能源之路。"——刘汉元

在水产养殖业中，传统养鱼不仅应该考虑水质、水的流速、水中含氧量等各种各样的因素，每天定时定量的投放饲料工作量都很大，如果用机器进行相应的工作，不仅增加了成本，还会对环境造成污染。在光伏产业中，建造大型光伏发电站需要占用大量的土地和丰富的日照资源，土地成本很高，因此大部分公司会选择西部地区廉价的荒漠化土地。但是由于西部地区离负荷中心路途遥远，远距离输电不仅对人力、物力有极高的要求，而且部分地区的光伏电站还会发生一直没有很好的解决方法的弃光问题。如选择东部地区，虽然能避免弃光问题的发生，但东部地区土地资源稀缺，建成大规模的光伏电站群并不容易且成本较高。两个行业各有各的难处，而"渔光一体"完美地对其进行了整合。

"渔光一体"其实就是通威集团在全球率先创造的一种创新发展模式，即水上发电，水下养鱼。在鱼塘水面上建立光伏电池板，水下养殖鱼虾，在利用了过去闲置的水面资源的同时减少了土地占用，实现了立体式发展。与单纯的"渔光互补"还不同，通威集团将几十年来发展的养殖技术和积累的养殖经验都应用到"渔光一体"项目中，把那些过去分散的水面，实现集约化养殖，增加养殖户的收益，再结合"互联网+"和先进的技术，促进传统渔业转型，大大提高产

品的国际竞争力。这一新模式的开发，创造性地将光伏新能源发电与水产养殖合为一体，使"鱼、光、电"三者相互融合，产生 1+1>2 的效果，在生产质量可靠的水产品的同时发展清洁能源，并促进水产养殖转型升级，具有广阔的发展前景。此外，渔光一体还能对我国的能源结构调整起到很大的作用，加速我国在新能源道路上的进程。

2. 六大创新

"渔光一体"模式是通威集团的一种大胆尝试，也是打造绿色食品和绿色能源的新起点。其投资建设部分主要是"光"，特点就是把光伏发电板建在水面，从而减少土地资源的占用并且避免了光伏发电板的并网问题发生，可以理解为某种意义上的水面光伏发电站如图 5-3 所示。这类发电站也曾有过，但"渔光一体"模式比起其他项目来，更创新的在于结合其在水产养殖上已有的技术和经验，形成六大创新点，在增加收益的同时提高了水产养殖效率，减少了对水资源的污染，促进水产养殖步入智能化和自动化时代。

图 5-3 水面光伏发电站

这"六大创新"，即水源保障、电化水杀菌、智能风送投饵、水底排污、智能复合增氧、智能渔业等六大方面的技术创新。

1）水源保障技术主要用来应对水源污染问题。鱼塘中布满光伏板，船进不去，鱼塘清理是个问题，需要在养殖区域建蓄水截污净化池，通过薄露进水、梯级增氧、缓流入池等一系列措施，减少池塘中的泥沙含量，将污水截住。该技术还可以减少农业残留，建造的蓄水截污净化池还可以发挥蓄水、防旱等作用，一池多用。

2）自主产权的电化水杀菌技术，用来保证水质安全与鱼类健康，与其他消毒方法相比成本大大降低，能够高效率杀灭鱼塘细菌，在确保用药安全的同时降低用药成本，保证鱼类健康，提升鱼类品质。

3）智能风送投饵也是因为渔船进不去鱼塘，无法大范围投饵而想出的解决方法，可以根据养殖品种、规格等信息，灵活掌握饲料投喂量、投喂时间等，而且机械化投喂很迅速，每次投 3~5min 即可完成，不仅实现精准投喂，还大大提高了劳动效率，降低了劳动成本。

4）水底排污是以改善养殖水域环境为目的，通过在池塘中建设排污系统，将养殖过程中产生的鱼体排泄物、残饵等垃圾移出鱼塘。移出来的池塘废水并不会直接排放，而是进入固液分离池，经过处理之后，会进入鱼塘进行二次利用，固体沉积物则会做成有机肥料，充分利用鱼塘垃圾的剩余价值，大大降低了污染。

5）鱼塘中布满了光伏板，大量遮挡了阳光，不利于水中植物进行光合作用制造氧气，造成大量鱼类死亡。智能复合增氧就是解决此问题的，通过实验检测光伏板对鱼塘中的浮游植物的具体影响，因地制宜地种一些喜阴的浮游植物，从而增加鱼塘中的含氧量，促进鱼类生长繁殖。

6）智能渔业技术则是在总体上对"渔光一体"模式进行技术把关，通过检测水质、控制设备等方式，对池塘里的含氧量、水温、pH值等数据实时监测，并能通过智能渔业技术对所有设备进行远程操控，大大节约劳动力，带动渔业养殖走向智能化。

六大创新点相辅相成，结合科学技术，覆盖到养鱼的各个方面，使"渔光一体"模式下的水产养殖步入智能化和自动化时代，达到了"渔光互补"的效果。智能化和自动化技术的应用也使"渔光一体"模式比起简单的水面光伏发电站有了更大的进步。这六大创新点也是"渔光一体"模式促进养殖业节能减排技术和集约化技术发展的最好证明。

3. 成效初显

有了六大创新点的加持，再加上不断实验，刘汉元信心满满，走向推行"渔光一体"模式之路。经过细心寻找，通威集团发现在江苏省射阳县的电力公司在水面上建了一批光伏发电板，正在对外出租鱼塘。租到鱼塘的渔民因为没有光伏板下养鱼的经验，个个损失惨重，这不正是"渔光一体"模式大显身手的好时机吗？

刘汉元立即组织专家去射阳县进行实地考察，根据养鱼中出现的问题，结合六大创新点和当地的实际情况，提出相应建议，打造"渔光一体"模式。在通威集团专家的指导下，射阳县的渔民很快扭亏为盈，"渔光一体"模式获得成功。2015年11月，"渔光一体"通过国家农业部验收。

通威集团产业链融合如图5-4所示。

在射阳县案例的指引下，越来越多的"渔光一体"模式投入使用。到2020年，"渔光一体"电站遍布全国，其中江苏、四川等地已初具规模，天津、山东、湖北等地也都在抓紧建设，发展势头十足。以江苏如东"渔光一体"示范基地为例，该基地占地面积2720亩，一期工程占地500亩，主要由1个蓄水沉淀池、3个养殖池、1个人工湿地组成，建设的光伏发电板投入约1.1亿元，每年的发电约为1300万kW·h。在光照较好时，日发电量可以达到7.8万kW·h，一期工程下来已经累计发电380万kW·h，除去自用电以外，剩余电能都输送到国家电网的线路上，输送的电能高达95%。

此外，"渔光一体"还有效突破了以往只能收取池塘租金的模式，每亩将为政府贡献税收4000~6000元，提高收益4~6倍。"渔光一体"模式与平常的鱼塘相比给养殖户带来了更高的收益，也为当地政府带来收入，在促进企业发展的同时带动地方经济的发展。

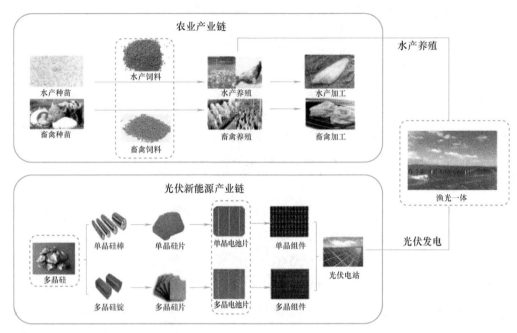

注：虚线框内为公司的核心主营业务

图 5-4 通威集团产业链融合

5.4 放眼未来，何去何从

通威集团在创业初期凭借辐射式扩张战略和万户共同成长计划在水产饲料行业站稳脚步、做大做强，紧接着进军多晶硅上游市场，凭借着四条进军路线和技术创新打通光伏新能源全产业链，最后两大主业结合，发展出"渔光一体"新模式，开辟出一条绿色农业和绿色能源双发展的道路。然而，一个企业要想在激烈的市场竞争中屹立不倒，就必须时刻保持创新和谨慎。"渔光一体"新模式虽已初见成效，但仍处于实验阶段，到底能否真正成为拉动通威集团发展的马车？"渔光一体"模式在给通威集团带来机会的同时会不会也带来巨大的问题？通威集团的双主业模式能否被模仿和超越？成为全球绿色农业和绿色能源引领者任重道远，一切问题的答案还需要留给时间来检验。

思考题

1. 通威集团为什么要打造位于产业链终端的"通威鱼"和"渔光一体"模式？

2. 通威集团是如何打造全产业链模式的？如何通过该战略创造竞争优势？

3. "渔光一体"是两条产业链的结合点，通威集团是如何聚焦于此的？聚焦于此的意义何在？

4. 分析通威集团"渔光一体"模式可能遇到的机遇与挑战。

附录

附录 A 与养殖户合作养殖"通威鱼"的步骤

第一步，为这些养殖户提供年底畅销鱼种的优质鱼苗。

第二步，确保使用不含任何激素、抗生素和违禁药品等的无公害通威饲料进行养殖，同时对整个过程进行监控。

第三步，鱼长成之后，通威又以每斤高出市场价 1~3 元的价格进行回购；回购时进行抽样检查，如果有一条鱼不能达到质量标准，整塘鱼将不予回购。

第四步，由于不同的养殖户鱼塘水质略有不同，为确保鱼的质量达到统一标准，回购的鱼再放进通威集团自己的特殊水环境里，通过生物技术对鱼进行 2~3 天的净养，以达到最优品质。

第五步，2~3 天之后进行检测，所有指标达到国家无公害环保标准之后，再以"通威鱼"品牌上市。

附录 B "渔光一体"模式发电量估计

据专家测算，我国共拥有养殖水面高达 1.2 亿亩，若将其中 4500 万亩精养鱼塘建成"渔光一体"电站，装机总量将达 1200~1500GW，相当于 2015 年全国发电装机总量，年发电收入高达 1.2 万亿~1.5 万亿元。若通威集团将其直接或间接拥有的鱼塘进行改造，打造"渔光一体"模式，就可建设 300~450GW 光伏电站，年发电量相当于三峡水电站的 5~8 倍，在日照充足的地区，每亩池塘的利润甚至可以提高 3 倍以上。更重要的是，"渔光一体"这种清洁、高效、低碳的创新模式使用太阳能发电，可以减少对煤的使用，减少二氧化碳的排放，实现绿色发展和经济的可持续增长。

附录 C "渔光一体"的背景信息

以通威集团为例，作为全球最大的水产养殖企业，若将其直接或间接拥有的全国 900 万亩优质鱼塘进行新建和改扩建并实施"渔光一体"项目，水产养殖年产量可高达 1350 万 t，同时可建设 300~450GW 光伏电站，年发电量相当于三峡水电站的 5~8 倍，年发电收入可达 2400 亿~6000 亿元。经测算，在我国年日照 2000h 以上地区的鱼塘，每亩池塘的利润可比单纯水产养殖提高 3 倍以上。除此之外，20~30 亩鱼塘水面上的太阳能电站可发 1MW，每年由此可节约标准煤 348t，减少二氧化碳排放达 1200t。可以说，大力发展和推广"渔光一体"这种清洁、高效、低碳的创新模式，不仅实现我国清洁能源与水产养殖转型升级的有机结合，还将为我国经济的可持续增长和绿色发展提供一条全新路径。

复旦大学新农村发展研究院副院长、国家现代农业光伏产业协同创新战略联盟执行主席孙耀杰教授在谈到"渔光一体"时指出，这种创新模式将直接降低水产养殖成本，保障水产养殖的顺利进行。针对增氧机、饲料投饵机等养殖设备的机械耗电，用水上的光伏发电，可有效减少这部分养殖成本，提高经济效益。此外，该模式还改变了传统池塘养殖模式，实现了大水面的规模化养殖，借助智能化、物联网等技术，有效提高了养殖管理水平。因此，发展这种模式是新型工业与现代设施农业的完美结合，不但实现了产业叠加和资源共享，更充分践行了习总书记所倡导的"创新、协调和绿色发展"理念，充分发挥了土地的综合利用效益。

具体而言，"渔光一体"的市场空间非常大：由于通威集团的饲料业务覆盖面较广，在全国范围内形成良好合作关系的养殖户超过30万户，估算养殖户池塘面积1000万亩，未来市场空间巨大。采用"渔光一体"模式，每亩池塘能够产生5万元左右的电力收入，同时能够产生1万~2万元的水产品收入，意味着一亩"渔光一体"池塘能够产生5亩甚至是10亩一般池塘的产出价值。从全国总量上来讲，全国有4500万亩池塘，2/3在中东部地区。这些池塘上如果都建成光伏电站，就可以和当前全国发电装机总量相当。"渔光一体"的实施，既可以推动清洁能源的发展、可再生能源的利用，又可以为经济发展方式的转变提供重要的产业支撑点。这次资本市场交易完成后，通威集团由原来单一的饲料制造商成长为具有较强竞争力的绿色农业供应商和绿色能源运营商，而其所创造的农业与光伏共生长的协同效应，将进一步提升通威集团的持续盈利能力和可持续发展能力。

资料来源：通威集团官网

【案例解析】

1. 通威集团为什么要打造位于产业链终端的"通威鱼"和"渔光一体"模式？

【理论依据】

全产业链。

产业链是产业经济学中的一个概念，是各个产业部门之间基于一定的技术经济关联，并依据特定的逻辑关系和时空布局关系客观形成的链条式关联关系形态。产业链主要是基于各个地区客观存在的区域差异，着眼发挥区域比较优势，借助区域市场协调地区之间专业化分工和多维性需求的矛盾，以产业合作作为实现形式和内容的区域合作载体，是在面向生产的狭义产业链基础上尽可能地向上下游拓展延伸。产业链向上游延伸一般进入基础产业环节和技术研发环节，向下游拓展则进入市场拓展环节，其实质就是不同产业的企业之间的关联。这种产业关联的实质则是各产业中的企业之间的供求关系。

全产业链是中粮集团提出来的一种发展模式，其实质是企业通过组织内部的管理协调来替代市场机制进行商品交换和资源配置的方式。采用全产业链战略会给企业带来多方面的积极影响，具体内容参见"牧原：从拥有 22 头猪的小公司成长起来的上市企业"的案例解析部分，在此不再赘述。

【问题分析】

"通威鱼"和"渔光一体"模式都属于产业链的下游，它们的成功标志着全产业链的打通，是企业向产业链的上下游拓展延伸，将原料供应、加工生产、仓储运输和产品销售等各环节均纳入同一企业内部的经济行为。

通威集团打造产业链终端的"通威鱼"和"渔光一体"模式主要有以下原因：

第一，更好地发挥战略协同效应。通威集团打造水产养殖产业链终端"通威鱼"是以帮助养殖户解决"卖鱼难"而开始的，直接服务于养殖户，打造方式是采用"公司+农户"与指定的养殖户合作。由于通威集团早已将水产养殖的上中游打通，对市场已经十分熟悉，也具备一定的影响力，在与养殖户接触时能更好地说服其加入"通威鱼"的养殖中来，能更快地占领市场，形成产业领导力，和其他企业相比更有成本优势，进而快速形成产业优势。整个集团形成了一个有机的整体，各环节都实现了合理的战略协同，从饲料到鱼苗相互配合，对市场进行了更好的把握。在食品安全问题被高度关注的今天，对于食品行业企业来说，全产业链战略是一项明智之举。通威集团从科学选苗一直到"通威鱼"养成，全程进行科学养殖和绿色养殖，打造出属于企业自己的水产养殖产业链。

第二，有利于发挥规模效应和成本优势。光伏产业链终端"渔光一体"模式比"通威鱼"更具有神秘色彩，在打造时难度更大，但此时的通威集团已经发明了"永祥多晶硅"生产法，生产多晶硅的技术已经十分熟练，有了上游供应链的优势，生产太阳能电池板的难度就比其他企业低。凭借着饲料起家的通威集团对鱼类养殖有着更丰富的经验，打造"渔光一体"模式更能吸引养殖户。此外，"渔光一体"模式涉及光伏发电，得到政府的大力支持，自 2012 年起，我国国家能源局等有关部门开始大力推广分布式光伏发电应用示范区，并陆续出台了相关支持政策和开展光伏发电产业扶贫工程。这使通威集团在打造"渔光一体"模式时更能发挥成本优势，不用担心原材料获取困难或者销售渠道不通顺等问题。

第三，有利于加速信息传递和打造品牌形象。"通威鱼"和"渔光一体"模式两者在打造过程中时机相同，都属于产业链的终端。在准备打造时，产业链的上游和中游均已全部打通，对整个市场已经十分熟悉，打造好后可以迅速占领市场，更快地形成产业领导力，和其他企业相比可以快速形成产业优势。两者的市场相似，具有重叠性，两者面对的都是养殖户，两者的市场有很大的交集，推行起来有一定的经验可以借鉴，同时可以快速传递消费者信息，随时调整养殖信息和光伏电池板的建设情况。两者的成功打造意味着两条全产业链的成功，首批无公害鱼——"通威鱼"和将绿色能源与绿色农业相结合的"渔光一体"模式，有利于树立通威集团绿色发展的品牌形象。这与通威集团致力于成为全球领先的绿色农业和绿色能源供应商的目标定位相互呼应，更好地提升了品牌影响力，表现出通威集团追求绿色发展的方向，加速推动通威集团逐步实现自己的定位。

2. 通威集团是如何打造全产业链模式的？如何通过该战略创造竞争优势？

【理论依据】

全产业链、一体化战略。

（1）**全产业链的特点**

全产业链作为一种新模式，具有以下特点：

1）公司产业链能往上下游延伸、附加值高、上下游资源配置平衡、创新与品牌贯穿始终。

2）是为同一个目标有意设计的多环节、多品类、多功能有机结合的、整体运作的组织，就像一部机器、一盘整棋。

3）对从源头到终端的每个环节进行有效管理，关键环节有效掌控。

4）各环节相互衔接，整个产业链贯通。

5）不同产品线之间的相关功能可以实现整合或战略性有机协同。

6）是以客户和消费者引领的产业链，在这个模式下，在中间环节会有多个"出口"，最终"出口"是消费品。

（2）**全产业链的形成**

构建全产业链不仅要考虑直接满足进行特定生产或者提供特定服务的内部各环节的关系，而且要满足特定需要或进行特定产品生产的所有关系主体的集合。这些主要涉及相关产业之间的关系，以及与产业市场、政府政策等相关的因素。从现实产业链环节来看，一个完整的产业链是指以价值增值为导向，并以某种方式涵盖原料生产、原料加工、中间制品、组装、销售、服务等上下游环节，以及交织影响这一链条的相关行业和政府政策等构成的经济关系。这种资源整合的方式既可以是纵向一体化的，也可以是契约等纵向约束模式，这也是全产业链形成的过程。

（3）**一体化战略**

企业一体化是将某种或某类产品的生产或交易的全过程纳入同一个企业来管理，是一种密集型发展战略组织形态。其目的是提高市场占有率，增强市场影响力和企业实力。企业一体化战略主要包括垂直一体化战略、水平一体化战略和混合一体化战略三种基本形式。垂直一体化战略又称为纵向一体化战略，是生产企业与原材料供应企业，或者生产企业与产品销售商联结在一起的组织形式。水平一体化战略又称为横向一体化战略，是指与同行业竞争企业之间进行的联合，目的是扩大生产规模、降低产品成本、提高市场占有率、强化竞争优势、增强控制市场的能力。混合一体化是指处于不同产业部门、不同市场且相互之间没有特别的生产技术联系的企业之间的联合，包括产品扩张型、市场扩张型和毫无关联型三种形态。

（4）**纵向一体化战略的优势**

1）有利于企业了解市场信息和提高产品差异化水平。向着最终消费者的一体化趋势越强，形成产品差异化的机会就越多，产品的附加价值就越高，给企业带来的经济利益也就越大，从而增强企业产品的市场适应性和竞争力。

2）有利于降低成本。企业自制零部件的成本一般低于外购，自营批发也可以增加盈利。在一体化的过程中会由于某些职能的集中而降低间接费用，提高整体协调效率和整体应变能力。

3）有利于加强生产过程的控制。纵向一体化可以避免由供应中断或销售变动造成的生产大幅度波动甚至被迫停工，可以削弱来自供应链上游和用户讨价的压力，获得原来难以得到的信息，从而有利于提高管理的效能。

【问题分析】

通威集团打造全产业链主要从以下几个方面入手：

第一，从中上游往下游延伸。全产业链的特点是一个整体性的公司，往上下游延伸、上下游资源配置平衡。水产养殖全产业链和新能源产业链都是在打通上中游的情况下开始对产业链下游进行建设。以"通威鱼"为例，通威集团通过与指定的农户合作，从选取优秀鱼苗开始，一直到养成无公害的"通威鱼"。通威集团全程进行指导和监控，层层把关，确保最终鱼的品质。由于早已将产业链的上游和中游打通，并与大量的养殖户建立了长久的合作关系，通威集团在打通产业链时效率大大提高。又因为通威集团的回购价格比市场要高，更激起了养殖户与通威集团合作的欲望，增强了公司与养殖户之间的信任度和凝聚力。"渔光一体"模式也是一样，多晶硅生产技术的成熟使生产太阳能电池板的压力大大减轻，而且通威集团的"渔光一体"模式并不局限于养殖哪种鱼，而是根据当地的气候特点，以及光伏板所建立的密度等因素具体分析，提出具体的建议，更容易让养殖户接受，加速新模式的推广。

第二，为同一个目标有意设计的多环节、多品类、多功能有机结合的、整体运作的组织，就像一部机器、一盘整棋。通威集团致力于成为全球领先的绿色农业和绿色能源供应商，这是通威集团一直以来的发展方向。从中国首批无公害"通威鱼"到"上产清洁能源，下产优质通威鱼"的"渔光一体"模式，通威集团一直在用科技推动企业绿色发展。"通威鱼"不仅使用无公害饲料进行喂养，还对水质进行多次勘测，利用生物技术对鱼进行静养，确保能够达到最优品质，使其达到国家无公害环保标准。在光伏新能源方面，太阳能分布广泛、取材难度低，无运输成本，对环境影响小，被公认为未来最有发展潜力的资源。绿色农业与绿色能源相结合，打造出"渔光一体"模式，使渔业和光伏行业融合，推动渔业走向智能化和自动化，两者形成良性互动，建立长久的合作关系，推动通威集团坚定地朝着自己的品牌定位一步步地打造全产业链。

第三，不同产品线之间的相关功能可以实现整合或战略性有机协同。在水产养殖全产业链中，上游的水产科技园帮助通威集团了解鱼类信息，合理调整饲料类别，为中游的饲料售卖提供理论支撑。有了好的饲料，下游的"通威鱼"更有竞争力，也吸引更多的养殖户去饲养"通威鱼"。新能源产业链也是如此，上游的多晶硅可用于生产中游的电池片，电池片可用来制作光伏电站。不同产品线相互整合、相互协同。此外，"渔光一体"模式与简单的水面光伏发电站不同，最显著的差别就在于"渔光一体"模式使用多种先进技术，结合了六大创新点。"通威鱼"

的养殖经验正好可以用来打造"渔光一体"模式，"渔光一体"模式又可以帮助通威集团拓展新的市场，吸引更多的人来养鱼。两条产业链之间也可以实现有机协同。"渔光一体"模式多建在农村鱼塘，帮助农民脱贫致富，响应国家助农号召，在与养殖户建立起更亲密关系的同时，拉动农村地方经济快速发展。

竞争优势：通威集团坚持不用任何激素、抗生素和违禁药品来生产无公害饲料，但饲料领域行业利润低，产品差异性不大，不存在明显的产品优势。通威集团将全产业链打通以后借助"通威鱼"引领产业链，快速形成产业领导力，将上下游形成一个有机整体，价值链各环节之间实现战略性有机协同，形成规模效应和成本优势，打造出无公害"通威鱼"品牌，加强对生产过程的控制，削弱了来自供应链上游的压力，也间接提升了无公害通威饲料的品牌形象。此外，在养殖"通威鱼"的过程中能直接与养殖户进行交谈，快速获取信息。"渔光一体"模式通过技术上改造升级，用技术带动创新，促进产业一体化，从而使整体协调效率提高，增强整体应变能力和生产均衡性，加速企业对市场的占领。"渔光一体"模式更是颠覆了传统光伏发电，将水产养殖与光伏发电创造性融合，发挥出横向产业协同效应，提高产品的附加价值，提高盈利能力和抗风险能力，巩固核心产业更快更好地发展。万户共同生长计划使通威集团直接与养殖户接触，服务好终端，多方获利，更快地抢占市场份额，加速新模式推广。此外，通威集团的技术创新使水产养殖走向自动化和智能化，减少了人力资本投入，节约了成本，同时也符合国家科技最新的发展方向，具有很大的发展潜力。

3. "渔光一体"是两条产业链的结合点，通威集团是如何聚焦于此的？聚焦于此的意义何在？

【理论依据】

产业融合理论。

(1) **产业融合**

产业融合是指不同产业或同一产业不同行业相互渗透、相互交叉，最终融合为一体，逐步形成新产业的动态发展过程。产业融合可分为产业渗透、产业交叉和产业重组三类。

(2) **产业融合的方式**

高新技术的渗透融合：高新技术及其相关产业向其他产业渗透、融合，并形成新的产业。例如，生物芯片、纳米电子、三网融合（计算机、通信和媒体的融合）；信息技术产业，以及农业高新技术化、生物和信息技术对传统工业的改造（比如机械仿生、光机电一体化、机械电子）、电子商务、网络型金融机构等。高新技术向传统产业不断渗透，成为提升和引领高新技术产业发展的关键性因素。高新技术及产业发展有利于提升传统产业的发展水平，加速传统产业的高技术化。

产业之间的延伸融合：通过产业之间的互补和延伸，实现产业之间的融合，往往发生在高科技产业的产业链自然延伸部分。这类融合通过赋予原有产业新的附加功能和更强的竞争力，形成融合型的产业新体系。这种融合更多地表现为服务业向第一产业和第二产业的延伸和渗透。

产业内部的重组融合：重组融合主要发生在具有紧密联系的产业或同一产业内部不同行业之间，是指原本各自独立的产品或服务通过重组完全结为一体的整合过程。通过重组型融合而产生的产品或服务往往是不同于原有产品或服务的新型产品或服务。

（3）产业融合的动因分析

技术创新：技术创新开发出了替代性或关联性的技术、工艺和产品，然后通过渗透扩散融合到其他产业之中，从而改变了原有产业产品或服务的技术路线，因而改变了原有产业的生产成本函数，从而为产业融合提供了动力。同时，技术创新改变了市场的需求特征，给原有产业的产品带来了新的市场需求，从而为产业融合提供了市场空间。重大技术创新在不同产业之间的扩散导致了技术融合，技术融合使不同产业形成了共同的技术基础，并使不同产业之间的边界趋于模糊，最终促使产业融合现象产生。

竞争合作的压力：企业在不断变化的竞争环境中不断谋求发展扩张、不断进行技术创新、不断探索如何更好地满足消费者需求以实现利润最大化和保持长期竞争优势。当技术发展到能够提供多样化的满足需求的手段后，企业为了在竞争中谋求长期的竞争优势便在竞争中产生合作，在合作中产生某些创新，从而实现某种程度的融合。利润最大化、成本最低化是企业的不懈追求。产业融合化发展，可以突破产业之间的条块分割，加强产业之间的竞争合作关系，减少产业之间的进入壁垒，降低交易成本，提高企业生产率和竞争力，最终形成持续的竞争优势。企业之间日益密切的竞争合作关系和企业对利润及持续竞争优势的不懈追求是产业融合浪潮兴起的重要原因。

对范围经济的追求：范围经济是指扩大企业所提供的产品或服务的种类会引起经济效益增加的现象，反映了产品或服务种类的数量同经济效益之间的关系。范围经济的根本内容是以较低的成本提供更多的产品或服务种类为基础的。范围经济意味着对多种产品进行共同生产，相对于单独生产所表现出来的经济，一般是指由于生产多种产品而对有关要素共同使用所生产的成本节约，降低了生产成本，通过业务融合形成差异化产品和服务，通过引导消费者的消费习惯和消费内容实现市场融合，最终促使产业融合化。

【问题分析】

通威集团之所以聚焦于此，有以下原因：

第一，技术创新因素。光伏新能源生产链与水产养殖生产链本来互不联系，两者之间的交集并不大，但通威集团依靠渔用饲料起家，水产养殖经验丰富，在布满光伏发电板的水塘中养鱼对通威集团来说并不是难事，所遇到的技术问题都能够解决。"渔光一体"模式里包含的水源保障、电化水杀菌、智能风送投饵、水底排污、智能复合增氧、智能渔业六大创新解决了在光伏板下养鱼出现的各种问题，促使两条产业链结合。高新技术将农业与光伏行业相结合，打造出"渔光一体"模式，促进产业结构升级，带动企业发展。用技术带动创新，促进产业一体化，属于高新技术式的产业融合，从而使企业整体协调效率提高，增强应变能力和生产均衡性，加速企业对市场的占领。此外，"渔光一体"模式将两者的市场结合在一起，都给对方的市场带来了新的需求，拓展出新的市场空间。

第二，对范围经济的追求。"渔光一体"模式将光伏发电与养鱼结合在一起，养殖户可以在自家鱼塘搭建光伏发电板打造"渔光一体"模式，已经建好发电板的池塘的主人可以在里面养鱼，两者相结合，用较低的成本生产多种产品。这种模式属于产业之间的延伸融合。打造"渔光一体"模式需要占用大量的鱼塘，通威集团打通了水产养殖的全产业链，在养殖户心中具有较大的影响力，在推广"渔光一体"模式时更能说服养殖户。水产养殖技术使位于光伏产业链终端的"渔光一体"模式有了新的附加功能和竞争力，而"渔光一体"模式因科学性和智能性使养殖户和通威集团建立更加紧密的合作关系，两条产业链相互借鉴、相互融合，上产安全清洁能源，下养安全放心鱼，引领绿色新发展。

第三，迫于竞争的压力。饲料行业竞争压力较大、利润不高，如何不断满足消费者需求，取得最大的竞争优势一直是个难题。通威集团的"万户共同生长计划"积累了一批优秀的水产养殖户，但仅凭此好像并不能完全在激烈的市场中保持优势，而"渔光一体"模式则打开了一个新的市场，将两个不同产业链的终端进行融合，实现市场扩大。通威集团凭借发展"通威鱼"积攒下的老客户慢慢打开"渔光一体"模式的市场，而"渔光一体"模式中高度的科学性又使养殖户更加依赖于通威集团，与通威集团建立更长久的合作关系，两者相辅相成、共同发展。

通威集团聚焦渔光一体模式的意义如下：

（1）保持和扩展企业的核心竞争力

企业的核心竞争力是指居于核心地位并能使企业超越竞争对手、获得较大利润的要素作用力。通威集团聚焦于"渔光一体"模式，是产业链的纵向延伸，在进军光伏行业的同时，通过自己在养殖业的优势带动"渔光一体"新模式的发展，保持了在水产业的核心竞争力，加速了渔业一体化和智能化，提升了在光伏行业的竞争力，给企业发展指明了新的方向。

（2）与目标客户建立更密切的合作关系

"渔光一体"模式不仅是简单的"上面发电，下面养鱼"，而且是在用光伏板发电的基础上，推动渔业走向智能化和自动化。该模式的建立将通威集团与最终客户——养殖户紧紧地联系起来，与之前购买饲料和鱼苗时不同，这种技术上的联系会更加紧密。通威集团专家与客户直接接触，因地制宜地提出具体意见，从而使竞争对手不容易介入，在推广"渔光一体"模式时，稳打稳扎，占领市场。

（3）带动农村经济发展，促进企业转型升级

通威集团的最终目标是成为全球领先的绿色农业和绿色能源供应商，"渔光一体"模式的推广就是通威集团进行企业转型的一大步。通过纵向一体化战略，打造光伏产业链绿色终端，再加上在早期已经和通威集团建立了良好合作关系的养殖户，两者一起带动通威进行企业战略转型。"渔光一体"模式的推广在为通威集团带来利润的同时，使养殖户的收益大大增加，带动了农村

经济发展，也为国家的能源建设贡献出自己的力量，真正实现了多方获利，承担了企业的社会责任，在带来经济效益的同时也带来良好的社会效益。

4. 分析通威集团"渔光一体"模式可能遇到的机遇与挑战。

本题是开放性题目，可进行发散式思考。

【理论依据】

蓝海战略。

蓝海战略（Blue Ocean Strategy）是由欧洲工商管理学院的 W. 钱·金（W. Chan Kim）和莫博涅（Mauborgne）提出的。

蓝海战略认为，聚焦于红海等于接受了商战的限制性因素，即在有限的土地上求胜，却否认了商业世界开创新市场的可能。运用蓝海战略是指跨越现有竞争边界，将视线从竞争对手移向买方，对不同市场的买方价值元素进行筛选和排序，从以往给定市场结构下的定位选择转变为改变市场结构本身。红海战略与蓝海战略对比见表 5-1。

蓝海以战略行动（Strategic Move）作为分析单位。战略行动包含开辟市场的主要业务项目所涉及的一整套管理动作和决定，在研究 1880 年—2000 年 30 多个产业、150 次战略行动的基础上，指出价值创新（Value Innovation）是蓝海战略的基石。价值创新挑战了传统的基于竞争的教条式思维，即只考虑价值和成本的权衡取舍关系，让企业将创新与效用、价格与成本整合为一体，不是比照现有产业最佳实践去赶超对手，而是改变产业情况重新设定游戏规则；不是瞄准现有市场"高端"或"低端"顾客，而是面向潜在需求的买方大众；不是一味细分市场满足顾客偏好，而是合并细分市场整合需求。

表 5-1 红海战略与蓝海战略对比

红 海 战 略	蓝 海 战 略
在已经存在的市场内竞争	拓展非竞争性市场
参与竞争	规避竞争
争夺现有需求	创造并攫取新需求
遵循价值与成本互替规律	打破价值与成本互替规律
根据差异化或低成本的战略选择，把企业行为整合为一个体系	同时追求差异化和低成本，把企业行为整合为一个体系

【问题分析】

发展"渔光一体"模式可能遇到的机遇如下：

1）通威集团口碑较好，在水产养殖方面有较大的影响力和较多的经验，群众基础较好。"为养殖户创造更多的价值"一直以来是通威集团坚持的经营理念。通威集团在水产养殖业中经过多年"摸爬滚打"，早已和众多的养殖户建立起了深度合作关系。这在通威集团推行"渔光一体"模式时是一笔无形的财富。通威集团更容易说服养殖户尝试"渔光一体"新模式，也更容易解决在光伏板下养鱼时遇到的各种问题。这是其他竞争对手在短时间内难以模仿和超越的。

2）当今市场竞争激烈，各大企业都在积极进行战略转型，将多元化战略和一体化战略与自身情况相结合。在当今市场环境下，一味地故步自封很难将企业发扬光大。此外，我国西部地区弃光问题难以解决，东部地区土地竞争压力大，通威集团便将鱼塘利用起来，摆脱土地领域激烈的红海竞争，另辟蹊径，走向蓝海。"渔光一体"模式将光伏发电的需求与渔民养鱼的需求结合在一起，把整个企业做成一个体系。通威集团打造"渔光一体"模式，结合大量的养殖技术与科技，将创新与效用、价格与成本整合为一体，差异化与低成本同时满足，创造出一个全新的需求空间。通威集团推行"渔光一体"模式，也是借助市场大环境并结合自身内部优势推动一体化进程，加速企业的转型升级。

3）太阳能分布广泛、就地可取、无须运输，对环境影响小，被公认为未来最有发展潜力的资源。"渔光一体"新模式上面产出清洁能源，下面养殖放心鱼，符合当下绿色发展的主题。在当今世界大势影响下，清洁能源一定大有市场，必然受到各个国家的青睐和支持。光伏产业的发展不仅仅是全中国，更是全世界和全人类的需要。"渔光一体"模式缓解了建设光伏发电板的土地压力，承担起了企业的社会责任。企业发展"渔光一体"顺势而为，大有前景。

发展"渔光一体"模式可能遇到的挑战如下：

1）随着"渔光一体"模式的普及，通威集团面临的局面越来越复杂，可能出现无法应对的情况，无法给出合理的养殖建议，使"渔光一体"模式成为简单意义上的水面光伏发电站。模式推广后期，基地规模越建越大，需要的专业型人才越来越多，也可能出现人才不足，影响企业的后续发展。

2）通威集团在水产养殖方面虽有良好的群众基础，但大部分人对光伏发电并不是很了解，觉得其过于神秘，因此在推广时可能还有些困难。此外，"渔光一体"模式的先期投入较大，95%的投入都在光伏板的建设上，虽有政府补贴，但成本依然较高。如果光伏板建设出问题，就会造成极大的损失。因此，在光伏基地的选择上需要十分谨慎。

3）光伏产业链终端"渔光一体"模式的成功，标志着一体化战略成功实施，但随着企业的转型升级，渔光基地的规模不断扩大，企业的组织管理难度不断升级，必须适时推动人员思想意识改变，对企业结构框架进行适当调整，在巩固好主品牌优势的同时，大力推进"渔光一体"模式，避免因企业发展过快而出现各种管理问题。

建议：通威集团在发展"渔光一体"模式时要一直保持创新，注重对人才的培养，不能故步自封，要有忧患意识。通威集团在推广"渔光一体"模式时应加大宣传力度，结合多种方式，减少"渔光一体"的神秘感，使人们更容易接受。在战略实施过程中，通威集团应学会审时度势，对战略进行长期监测和控制，当战略与企业资源不相匹配时及时进行调整。

参考文献

[1] 搜狐网.中国首个光伏行业新媒体联盟成立![EB/OL].(2019-05-13)[2020-10-05].https://www.sohu.com/a/313592361_468637.

[2] 通威集团有限公司.通威集团简介[EB/OL].[2022-03-17].https://www.tongwei.com/intro/index.html.

[3] 周唱,白勇,叶济德.财富之上:刘汉元和他的商业哲学[M].杭州:浙江大学出版社,2012.

[4] 刘汉元.通威刘汉元:有故事的人[BC/OL].(2011-02-24)[2020-10-14].www.feedtrade.com.cn/news/people/20110224185326_1902185.html?to=pc.

[5] 程子倩,张红霞,陈碧红."通威'渔光一体'模式:2%养鱼,98%发电,价值最高提10倍"[BC/OL].(2018-08-13)[2020-09-24].https://www.sohu.com/a/246940981_179360.

[6] 张立宽.渔光一体模式具有强大发展潜力[EB/OL].(2017-10-30)[2020-10-05].www.escn.com.cn/news/show-470294.html?from=timeline&isappinstalled=0.

[7] 搜狐网."渔光一体"成发展新模式,力推能源产业转型升级[EB/OL].(2016-05-10)[2020-09-18].https://www.souhu.com/a/74632329_362004.

第2篇 ▶

企业战略转型案例解析

恒瑞医药：创新与国际化驱动的转型升级

摘要：近年来医药行业的深度整改合规，4+7带量采购、仿制药质量一致性评价等政策的陆续出台，加剧了我国仿制药行业的洗牌进程。与此同时，科技创新及国际化在我国医药行业潮流渐显，共享经济下日趋激烈的竞争也对医药企业提出了更高的挑战与要求。在新时代背景下，恒瑞医药作为国内医药企业的龙头，在"创新"和"国际化"战略指导下，致力于从仿制药企向创新型药企转型，并积极参与国际化合作，实现产业转型升级。本案例全面梳理了恒瑞医药在新时代背景下面临的机遇和挑战，描述了它的转型升级历程，为传统医药企业的转型升级提供借鉴和参考。

关键词：医药创新　国际化战略　转型升级

6.0 引言

熟悉江苏制药行业的人都知道：北有恒瑞，南有扬子江。这两大品牌是江苏医药行业著名的两大制药公司。江苏恒瑞医药股份有限公司（简称恒瑞医药）坐落在连云港市，乳白色的厂房背靠云台山、面向大海，展示了一个成长型企业的勃勃生机。32年前，当十几位街道工人开办手工木梳社时，谁也没有料到它会成就今天的规模和事业。恒瑞医药在全国的名声逐渐壮大起来，成为国内医药创新及高品质药品研发的龙头企业。公司的抗肿瘤药、麻醉类用药、造影剂等创新专利药不仅为国内患者提供了更加优质的医药资源及服务，也致力于造福全球患者。近年来中国医药行业整体面临诸如药品质量无保证、创新能力差、流通成本高等问题。医药带量采购、仿制药一致性评价、营改增两票制等一系列改革政策使整个医药板块估值受到冲击，为企业的生产与发展提出了新的要求。与此同时，科技创新及国际化潮流在中国医药行业逐渐兴起，互联网经济下日趋激烈的竞争使企业面临更高的挑战与要求。作为国内创新医药的龙头企业，恒瑞医药自创办以来已经坚持了20余年的创新转型之路。恒瑞医药的创新究竟有何不同之处？俗话说，善始容易善终难。随着"盘子"越做越大，恒瑞医药如何在新时代背景下适应医药领域的发展要求，通过怎样的路径实现产业的转型升级并屹立于国际医疗企业之林呢？

6.1　步步为营，医药龙头的前世今生

恒瑞医药是一家从制药厂成长起来的国有制药企业。回顾其发展历程，成立初期主营一些基础用药（抗生素、眼药水），依靠低成本及营销优势奠定基础；中期加大研发投入，转向仿制药的研发与生产；后期至今专注于创新专利药的研发，并以创新药国际化为切入点逐步走向国际化道路。公司多年来坚持以创新及国际化作为发展的驱动力，通过不断调整经营模式与发展战略，目前已完成"由仿入创"的转变，成为国内创新医药的龙头企业。

6.1.1　从基础用药制造转向仿制药制造

恒瑞医药成立于 1970 年，成立之初主要以罐装的红药水及紫药水维持经营，生产设备仅为几口大缸。1970 年—1992 年，制药厂开始生产一些基础用药，主要用于常见病的治疗，但并没有创立产品品牌。1990 年，孙飘扬担任新任厂长，带领厂内为数不多的几个医药专业刚毕业的本科生开始进行资本积累，主要以原料药及仿制药剂为主。当时全厂处于职工文化水平低、生产规模小、生产力低下、利润微薄的境况，企业发展前景黯淡。

在这种困境中，新任厂长孙飘扬意识到：如果工厂想生产常规用药，将无法与那些"巨无霸"制药公司竞争；如果想以成本取胜，相对小型制药公司来说没有竞争优势。因此，恒瑞医药在大规模调查研究的基础上，确立了"做大工厂不愿做，小工厂不能做"的发展策略，决定以抗肿瘤药品作为突破口。在那个时代肿瘤患者寥寥无几，大型制药公司不会考虑这个领域，而小型制药公司因为有技术壁垒会受阻。这一决策足以体现孙飘扬决胜千里的智慧和远见。当时全厂的利润不足 100 万元，他拿出企业家的勇气与魄力向多家银行贷款 120 万元，向北京各高校购买抗肿瘤新药——异环磷酰胺的专利，并成立"药物研究所"研究该药品的生产工艺，从此开启了恒瑞医药的创新篇章。

1995 年，国家药品监督管理部门批准了抗肿瘤新药——异环磷酰胺的上市，恒瑞医药开始有了自己的仿制药品牌。此后，恒瑞医药将抗肿瘤药物作为主攻方向，结合企业自身情况，完成了从基础药物生产公司向仿制药研发公司的成功转型，并取得了较大的成就。

6.1.2　从仿制转向仿制与创新并重的平台

为了更好地研发抢仿类及创仿类仿制药，恒瑞医药投资建设了三个医药研发中心及一个临床医学部不断完善自身的研发体系。其一是连云港科研中心，成立于 1994 年，拥有 2 万多平方米的国际化标准实验室。不仅具备各种国家级创新药物的研发条件，是国家级企业的技术中心，也是国家博士后科研及靶向药物工程技术的研究中心。其二是上海创新药物研发中心，成立于 2000 年，拥有国际一流水平的实验装备及国际化标准大型实验室，主要致力于研究创新药的筛

选、新型化合物的合成及新剂型医药产品的生产。其三是在美国新泽西州设立的美国创新药物研究中心，成立于 2005 年，科研人员主要负责创新药物的研究，公司业务新增原料药（API）及简化新药（ANDA）申请美国市场的准入与销售。临床医学部是指北京医药部，主要负责创新药的临床及申报。恒瑞医药研发体系的不断建设与完善帮助其完成了抢仿类及创仿类创新药的研发，公司逐渐步入了创新与仿制并重的时代。

6.1.3 从本土仿制与创新转向国际创新

2014 年以后公司主要集中于创新药的研发。随着科技的进步与国际化进程的加快，公司的创新药研发水平从量到质上都有了明显的提升。如今公司发展态势良好，每年都有多项创新药申报临床，且每 2~3 年都会有新型创新药上市。此外，公司开始致力于创新药国际化，多个 1.1 类创新药已于美国或澳大利亚开展临床试验，PD—1 单抗联合阿帕替尼的国际多中心 III 期临床即将开展，未来几年公司有望将自主研发的创新专利药推向国际。未来，随着近几年来政府对医药创新的重视与扶持，以恒瑞医药为首的连云港创新医药产业必将进入一个更高更快的发展阶段。

恒瑞医药的创新发展历程如图 6-1 所示。

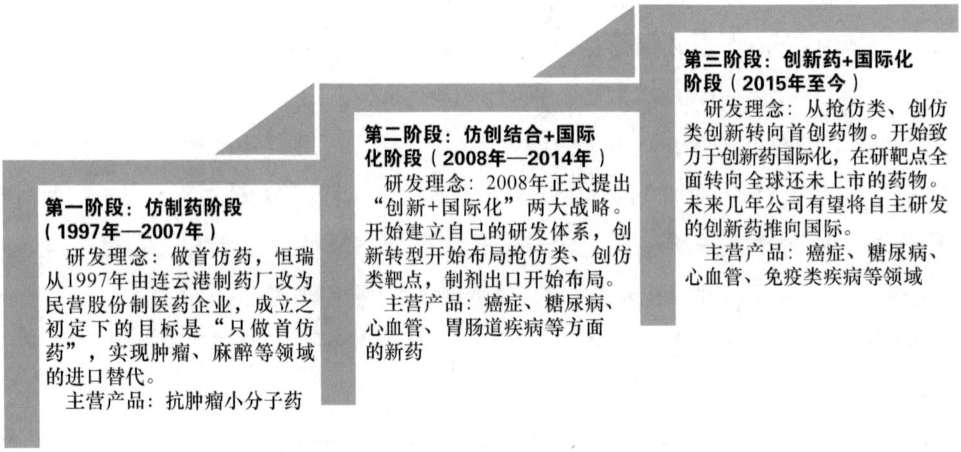

图 6-1　恒瑞医药的创新发展历程

6.2 风云变幻，机遇与挑战并存

6.2.1 政策变革，转型迫在眉睫

近年来，随着临床核查、"4+7"带量采购、一致性评价等一系列政策的出台，国内医药行业正发生深刻的变革。从政策内容来看，创新、质量、控费、合规是医药政策法规改革的主要着力点。国家对鼓励和支持创新、提升药品质量与合规经营的重视和要求前所未有，国内监管政策

和生态环境也快速向发达国家靠近。仿制药行业伴随改革进入洗牌和整合期：一方面国家的鼓励政策催生了一大批新生医药创新企业的诞生；另一方面传统医药企业开始思考如何在新时代背景下转型升级。企业开始需要创新、合规、低成本、高效率的经营模式。

从 2015 年以来影响较大的医药政策法规见表 6-1。

表 6-1　从 2015 年以来影响较大的医药政策法规

文 件 简 称	文 件 名
117 号公告	《国家食品药品监督管理总局关于开展药物临床试验数据自查核查工作的公告》（2015 年第 117 号）
国发〔2015〕44 号	《国务院关于改革药品医疗器械审评审批制度的意见》
国办发〔2016〕8 号	《国务院办公厅关于开展仿制药质量和疗效一致性评价的意见》
中办国办 36 条	《关于深化审评审批制度改革鼓励药品医疗器械创新的意见》
国办发〔2018〕20 号	《关于改革完善仿制药供应保障及使用政策的意见》

6.2.2　风起"云"涌，数字颠覆行业

在互联网时代背景下，新的技术与应用如雨后春笋般层出不穷，包括人工智能、大数据、传感器、3D 打印等。人类正在步入第三次技术革命时代，生产力与生产关系被分解和重构。在人们的传统印象中，制药企业庞大而笨重，其组织机构与职能架构臃肿、人员冗杂。与互联网随之而来的远程医疗、检测机构共享、电子病例共享及影响共享等，在数据的支持下形成了新的商业模式与盈利结构，正在颠覆整个医药行业。对制药行业领军企业而言，率先实践"数字化"，可以在企业数字化过程中挖掘新的价值创造模式，从而提高企业的按需生产规划能力、成本精细化管控能力，以及质量全生命周期的管控能力。据相关统计数据，在未来 5~10 年，我国医药企业在数字化的引领下发展速度将会提高 3~5 倍，数字化转型成功的医药企业将提前步入"高速公路"时代。

6.2.3　"一带一路"，医药外贸态势上升

"一带一路"倡议的提出，为促进我国医药产业与国际化接轨提供了新的发展机遇。一方面中国医药市场巨大的发展潜力为国外制药企业进一步深耕中国市场带来了巨大动力；另一方面随着中国市场的开放程度逐渐提高，制度环境不断改善及一系列医药政策的鼓励，国外医药企业进入中国市场也越来越有信心。中国医药保健品进出口商会的相关数据显示，2019年我国医药产品在"一带一路"沿线国家和地区的出口金额达 223.06 亿美元，增长 21.63%，占医药总出口金额的 29.1%，相对出口整体增速提升了 7 个百分点。其中，对越南、印度、泰国、俄罗斯及印度尼西亚的出口量相对较多，合计约占总出口量的 54.18%。现阶段，"一带一路"沿线国家和地区市场的医药外贸还是以仿制药为主，欧美大型制药企业，以及印度、

以色列等国的制药企业正在与我国本土的药品生产商逐鹿市场。随着我国创新医药的不断发展与进步，未来生物类药品及性价比较高的中国创新药也将进入"一带一路"国家和地区的医药市场。

6.2.4 群雄逐鹿，迎来新一轮"风口"

纵观国内市场，仿制药生产厂商数量众多。在经历国内医改的新一轮巨震后，医药行业正在迎来新一轮"风口"。据不完全统计，国内收入已超过100亿元的药企有中国生物制药、华润三九公司、恒瑞医药、上海医药集团、复星医药集团5家。毋庸置疑，随着我国医改政策的推进、资本运作的日渐成熟，以及药企之间并购的频率日益增加，会有越来越多的百亿规模医药上市企业。国内仿制药的生产有步入群雄逐鹿的"战国时代"之势，恒瑞医药在未来国内仿制药市场中将何去何从？

2018年各大制药公司研发费用及其营收占比如图6-2所示。

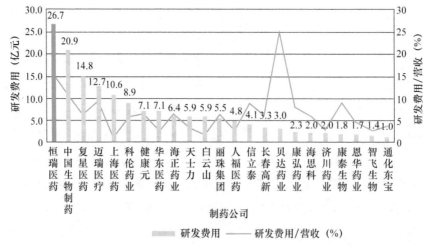

图6-2　2018年各大制药公司研发费用及其营收占比

6.3 修炼内功，持续创新转型

作为国内创新型医药企业的典型代表，自创办以来，恒瑞医药以国家生命科学及民生需求为立足点，积极响应国家供给侧改革号召，以创新及国际化战略对标国际先进标准，不断提升品牌品质。公司明确不仅要研发能力增强，还要将产品与国际接轨。在研发创新药的过程中，公司找到了既可以加快研发速度，又可以快速获取资金的模式——授权引进和对外授权相结合。恒瑞医药的创新研发经过多年的经验积累与不断探索，已逐渐形成了一套较为完善的研发体系，正在实现产品从仿制到创新的转变。

6.3.1 科研"砸"重金，打造创新研发体系

恒瑞医药在捞到第一桶金之后，开始渐渐意识到，仿制药还是要接着做，但是如果只做仿制药在未来不可能实现可持续发展。创新有两大基本要素：资金与人才。创新应该是全体系的创新，而不仅仅是简单的仿制与开发。恒瑞医药先后在全球建立了多个研发中心，覆盖了苏州、上海等以连云港为中心的高新科技企业集聚地，也包括美国及日本在内的国际成熟市场。

自 2015 年开始，随着国家鼓励创新药政策的陆续出台，恒瑞医药的研发支出大幅增加，加快了创新药物的临床试验，积极把握新时代背景下企业转型升级的机遇。近年来，恒瑞医药的研发投入持续增加，研发费用占营业收入的 10% 以上。2019 年，恒瑞医药持续加大研发投入，费用累计约 38.96 亿元，相比 2018 年增长 45.90%。恒瑞医药表示在 2020 年仍要继续加大研发投入，为创新专利药的研发奠定雄厚的物质基础。另外，恒瑞医药还十分重视国际高端人才的引进，如今恒瑞医药的研发团队已有 2000 余人，其中包含 1000 多名硕士、博士及 100 多名海外雇员。以专注于医药本源的骨干力量作为本土化团队，叠加部分国际海外人才，共同构成了恒瑞医药的高质量研发团队。2011 年—2019 年恒瑞医药研发费用及其营收占比如图 6-3 所示。

图 6-3　2011 年—2019 年恒瑞医药研发费用及其营收占比

6.3.2 恒心"克"难关，构筑数字化创新平台

残酷的市场竞争和多年的发展实践，让恒瑞医药真切地认识到技术创新是企业发展的根本动力。恒瑞医药在狠抓产品创新的同时，不断加大技术改造力度、强化管理创新，为企业技术创新构筑了一个高水平的保障平台。公司以市场为创新导向、以产品为创新龙头，摒弃"靠、等、要"的思想，克服资金、设备及人才等方面的困难，坚持把科技创新作为企业的生存发展之本。公司在发展自我的同时，注重向社会借智借力，扩展公司科技创新的空间，提升科技创新层次，加快科技创新步伐。

数字化技术正在兴起医药行业的新浪潮。恒瑞医药加强了与一系列智能化、数字化平台合作，以技术服务促进全要素生产力的提升。例如，公司联手 Medidata，将应用智能统一平台研发生产以缩短产品周期，加快试验进程；与浪潮云合作运用 ERP 平台将生产工艺流程数字化，助力公司增产降耗；携手 SCM 系统开启智能医药物流建设，实现医药产品供应一体化；启动 CRM 建设项目，通过微软 Dynamics 系统打造销售管理信息平台，同时进军新零售实现处方信息互联互通。通过这些数字化平台，恒瑞医药不仅开发了创新药物研发模式，降低新药面世时间和资源成本，也为公司内部的研发与销售实现了良好的数字化管理系统，帮助恒瑞医药科技创新又向前推进了一大步。

6.3.3 紧"咬"最前沿，丰富产品研发管线

恒瑞医药是国内著名的抗肿瘤药、麻醉类用药及造影剂研发公司，产品涉及抗肿瘤药、麻醉类用品、造影剂、特色输液及心血管用药等多个领域，目前已形成较为完善的产品研发管线。恒瑞医药快速跟进全球前沿靶点，经过不断学习，创新药产品布局已经从小分子靶向药转向大分子生物药，已掌握肿瘤免疫抗体系列的产品研发专有技术。创新模式从初期的抢仿类到创仿类再逐步走向自主创新，产品梯队丰富且清晰。公司在慢病领域的布局是其更长远核心竞争力和增长点所在，主要包括糖尿病、肾内科、风湿免疫等领域。另外，恒瑞医药在全面提升患者生活品质的手术、化疗、免疫治疗及辅助用药等用药与治疗环节都有自己的特色医药产品渗透，并形成了抗肿瘤治疗"抗肿瘤药+术前麻醉+辅助用药"的健康高效"闭环生态"。

近年来，生物医药产业被列为国家重点扶持的战略性新兴产业。生物大分子技术类医药产品已广泛应用于治疗癌症、糖尿病、心血管疾病、神经衰退性疾病、自身免疫性疾病、传染性疾病及多种遗传病。目前，恒瑞医药已有 30 多种生物大分子药物正在研发当中，不久前"19K"的成功获批是恒瑞医药在生物医药领域的一项重大创新突破。未来，恒瑞医药将对焦国际前沿科技，在基因治疗、溶瘤病毒疗法、免疫细胞治疗及 ADC（生物导弹）等领域加大投入，寻求新的突破。恒瑞医药产品线发展如图 6-4 所示。

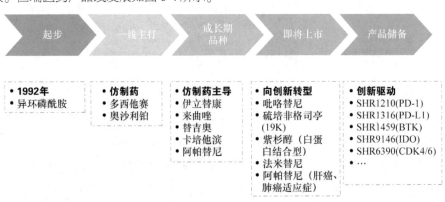

图 6-4　恒瑞医药产品线发展

6.3.4 专利"掀"波澜，全面布局产权保护

国内与国外药企之间的知识产权之争愈演愈烈，恒瑞医药也不免陷入专利纠纷。早在 2003 年，赛诺菲上诉法院称，恒瑞医药涉嫌侵犯"泰索帝"工艺专利。在 2006 年的一审中，赛诺菲胜诉，法院一审判决"艾素"构成专利侵犯。恒瑞医药不服判决，随即向上海市高院提起上诉。2007 年 7 月，上海市高院撤销了"艾素"构成专利侵权的判决，恒瑞医药反败为胜。2014 年，赛诺菲以侵犯专利为由，再次起诉。在后续诉讼中，恒瑞医药通过专利无效请求与申诉胜诉。判决宣告赛诺菲所拥有的第 02147245.9 号多西他赛发明专利权全部无效。

6.4 与时俱进，国际化再攀高峰

恒瑞医药从 2011 年开始布局海外市场，成为首家在美国获批生产注射剂的中国企业。2015 年医药政策改革以来，医药行业从医疗、医保、医药不同角度确立新的行业规则，其中重要特点是和国际接轨，建立新的标准，回归医药行业的本质，探索国际之路为企业做大做强提供更广阔的市场保证。同时，恒瑞医药在国家"一带一路"的倡议下，积极顺应国际产业发展新要求及生物医药产业演进新趋势，以满足民生需求和突破国家生命科学技术为核心，不断提升产品质量，打造高端品质，并致力于开拓全球市场，对标国际前沿科技水平，为公司外向型经济培育新的增长点，助力于公司的转型升级。恒瑞医药表示，未来将积极落实"引进来，走出去"的国际化战略，不仅要从国外引进先进的创新药品及技术，也要努力将自己的产品海外授权给国外公司。恒瑞医药希望借助当前欧美仿制药市场寻求快速发展，以及由化学制药向生物制药升级转型的产业机会，通过科技创新及国际化战略的实施，致力于成为一家面向全球的专利药创新企业。

6.4.1 质+量并举，双轮驱动

20 年的国际化之路，恒瑞医药既注重质量，又注重数量；既引进来，又走向高质量的国际化之路。在"质"的方面，一是加快海外认证的推进，力争使公司的所有主打产品都可以通过美国食品药品监督管理局或者欧盟的认证，为进一步开拓海外市场奠定坚实的基础；二是在国内创新研发的基础上，优先选择具有潜力的产品，有序推进海外临床的研究与开发。在"量"的方面，一是以通过欧美质量认证并达到国际一流水平的出口制剂作为突破口，加强国产创新制剂的全球化销售；二是选择在国外市场具有较大市场潜力的产品作为增长点，不断开拓新的利润增长空间。

6.4.2 设立海外子公司，蓄势待发

公司国际化战略的主要任务，就是在全球范围内建立大规模销售的渠道与网络。海外子公

司的设立有利于公司更加了解国际制药的发展进程，有效地推进新药研究的国际化交流，从而塑造公司的核心竞争力。同时，海外子公司了解当地政策，更有利于公司专利申请，以及相关认证工作，为海外子公司的人才引进提供了更加便利的条件。截至 2019 年 10 月，恒瑞医药设立了 9 家境外子公司，子公司以研发为主，致力于实现当地的临床试验工作。另外，恒瑞医药通过跨国合作，将自身的产品销售到国际市场，进一步加快了国际化进程。目前与恒瑞合作的跨国知名企业有 Sandoz、Teva、Sagent、Tesaro、Oncolys、BioPharma 等。

恒瑞医药坚持国内及国外两个市场并重，并且两个市场互为表里。一是在仿制药方面，布局好公司产品在中国香港、欧美及南美等地区的销售网络，促进公司的海外销售迈上一个新的台阶。二是在创新药方面，公司着力推进创新药在海外的研发与生产，以早日实现创新药的跨国上市销售。目前，公司的销售网络已经遍及全球，打造了更加专业、有序、完善、规范的销售体系；同时，公司形成了更加专业化、系统化的培训体系，努力为产品做大做强、市场做深做透的销售目标奠定坚实的基础。2014 年—2019 年恒瑞医药海外收入及其营收占比如图 6-5 所示。

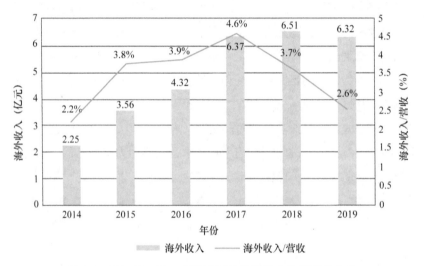

图 6-5　2014 年—2019 年恒瑞医药海外收入及其营收占比

6.4.3　集聚高层次人才，齐力闯关

恒瑞医药不断贯彻"人才是第一资源"的研发理念，积极引进海外高素质人才，发挥高层次人才的领军作用，致力于打造人才创新高地，推动企业的高速发展。历经多年的发展与积累，恒瑞医药逐步聚集了一大批高端人才，其中有"国家千人计划"2 人，江苏省的"双创计划"海外高层次人才 32 人，建立了一支含 75 名博士、约 400 名硕士在内的尖端人才队伍。其中可以直接参与美国 FDA 申报注册及认证工作的包括 42 名硕士、博士及海外专家。恒瑞医药创新各种形式以不断完善企业的人才培育机制，将吸引及培养人才作为公司创新发展的一项重要推动力，为员工营造更良好的发展环境。同时，恒瑞医药采用国际先进标准，建立高标准实验室，吸引科

研人才。恒瑞医药通过国际化人才战略的实施，形成更加完善的人才培育机制，引进具有国际化思维的人才；通过在美国、德国等发达地区成立研究型公司，吸收当地人才，促进人才交流。

6.5　方兴未艾，恒瑞医药任重道远

中国的医改之路是政府和市场"两只手"合力驱动的特色改革。2019 年是医药创新的转折点，从医改的角度看是三医联动及强监管年，仿制药步入微利时代，创新药及生物医药则进入黄金时代。恒瑞医药在医改浪潮下审时度势，通过科技创新及国际化战略的实施，让创新药物更快面世，同时高效管理公司，让公司运转自如。展望未来 10～20 年，恒瑞医药仍有以下战略问题需要解决：①未来中国乃至世界的医疗需求及疾病负担将如何演变，公司将在其中扮演何种角色；②需要哪些技术储备、优秀人才、管线布局、核心能力及基础设施建设，才能更好地帮助公司构筑新的竞争优势，从而实现以上战略目标；③还需要加强何种制度体系、企业文化及价值观等公司软实力的建设，使其以上竞争优势得到强化巩固、传承延续、发扬光大。未来 10 年能否顺利实现战略布局，迈上一个更高的的台阶，恒瑞医药依然任重而道远，让我们拭目以待……

思考题

1. 恒瑞医药面临的宏观环境和行业环境发生了什么变化？有哪些机遇和挑战？
2. 面对市场环境的改变，分析恒瑞医药战略转型的动因及布局。
3. 恒瑞医药是如何实现产业转型升级的？
4. 分析恒瑞医药转型升级成功的关键及对其他企业的借鉴意义。

附录

附录 A　背景信息

1. 新医改三医联动综合改革

在医药方面，近年来相关部门密集发布了一系列监管政策，可以说覆盖了医药全产业链，无论是研制、生产还是流通领域。这将鼓励企业重视研发创新和质量把关，提高药品的安全性和有效性。

主要政策如下：

1）提高质量：审评审批制度改革、仿制药质量一致性评价、临床实验数据核查、生产工艺核查、《药品生产质量管理规范（2022 年修订）》。

2）鼓励创新：注册分类改革、优先审评、上市许可人制度。

3）整顿流通：两票制、营改增、药品集中采购、二次议价、集团采购组织、三明限价采购。

2. 医药行业的数字化浪潮

新的技术和应用如雨后春笋般出现，包括传感器、物联网、人工智能、3D 打印、大数据等。

人类正在进入第三次技术革命时代，生产力、生产关系正在被分解与重构。技术的商业化带来制药行业的高度繁荣，在新技术驱动下，医药行业也正经历剧变。医疗健康行业正全面拥抱新技术，积极进行数字化转型。数字化工具将监管机构、医药工业、医药流通及零售、医疗服务、支付方、患者等联系在一起，重新构思医疗服务体系的搭建原则，全面推进医疗健康行业的发展。

3. "一带一路"沿线国家和地区新兴市场成为医药外贸新增长点

近几年，我国医药企业深耕"一带一路"沿线国家和地区新兴市场的成果显著，进入收获期。"一带一路"倡议的实施为提升我国医药产业国际化水平提供了新的历史机遇。未来，"一带一路"沿线国家和地区市场将成为我国医药外贸新的增长点。"一带一路"沿线国家和地区的市场将还是以仿制药为主，欧美大型仿制药企业，印度、中国、以色列和本地的制药企业等将逐鹿市场。同时，随着我国药物创新产出的进一步积累，更具性价比的中国创新药和生物类似药未来也有机会拓展"一带一路"沿线国家和地区的市场，并且已经看到了国内企业正通过多种方式积极开展实践。

附录 B　恒瑞医药全球研发体系

恒瑞医药在美国、日本和中国多地建有研发中心和临床医学中心，形成了分工明确、统一协作的创新体系，为新药研发奠定了坚实的基础。

1）美国研发中心（从事新药临床研究、新药技术项目引进或转让，并负责向美国 FDA 申报和注册药品）。

2）日本研发中心（负责高端制剂的注册申报、分装销售等）。

3）上海研发中心（负责寻找新化合物等创新药物研究的上游工作）。

4）上海临床医学中心（主要从事新药临床及申报等工作）。

5）连云港研发中心（从事药品产业化研制、开发，包括创新药、仿制药及国际市场产品注册研究等工作）。

6）成都研发中心（主要从事高活性、激素、造影剂等药物研发）。

7）南京研发中心（承接上海研发中心继续创新药筛选，包括原料药成盐、晶型筛选，制剂剂型筛选等）。

资料来源：恒瑞医药公司官网

【案例解析】

1. 恒瑞医药面临的宏观环境和行业环境发生了什么变化？有哪些机遇及挑战？

【理论依据】

PEST 分析、波特五力模型。

（1）PEST 分析

PEST 分析是指对宏观环境的分析，是战略外部环境分析的基本工具。P 代表政治

（Politics）、E 代表经济（Economy）、S 代表社会（Society）、T 代表技术（Technology）。在分析一个企业所处的外部环境时，通常通过这四个因素来分析。

P 即政治因素，是指对组织经营活动具有实际与潜在影响的政治力量和有关的法律、法规等因素。政治会对企业监管、消费能力，以及其他与企业有关的活动产生重大的影响。一个国家或地区的政治制度、体制、方针政策、法律法规等因素常常制约、影响着企业的经营行为，进而能够影响各个行业的运作和利润。

E 即经济因素，是指一个国家的经济制度、经济结构、产业布局、资源情况、经济发展水平，以及未来的经济走势等。构成经济环境的关键因素包括 GDP 的变化发展趋势、利率水平、通货膨胀程度及趋势、失业率、居民可支配收入水平、市场需求情况等。由于企业是处于宏观大环境中的微观个体，经济环境决定和影响其自身战略的制定，企业在各种战略的决策过程中必须关注、搜索、监测、预测和评估国家的经济情况。

S 即社会因素，是指企业所在社会中成员的民族特征、文化传统、价值观念、宗教信仰、教育水平，以及风俗习惯等因素。构成社会环境的因素包括人口规模、年龄结构、种族结构、收入分布、消费结构和水平、人口流动性等。其中人口规模直接影响着一个国家或地区市场的容量，年龄结构则决定消费品的种类及推广方式。

T 即技术因素，是指社会技术总水平及变化趋势。技术突破对企业的影响具有变化快、变化大、影响面大等特点。某项新技术的突破有时会造就一个新兴行业的诞生，也会影响产品的生命周期。科技不仅是全球化的驱动力，也是企业的竞争优势所在。

（2）波特五力模型

波特五力模型是波特于 20 世纪 80 年代初提出的。它认为行业中存在着决定竞争规模和程度的五种力量。这五种力量综合起来影响着产业的吸引力，以及现有企业的竞争战略决策。

1）现有竞争者：大部分行业中的企业，相互之间的利益都是紧密联系在一起的，作为企业整体战略一部分的竞争战略，其目标都在于使企业获得相对于竞争对手的优势。所以，在实施中就必然会产生冲突与对抗现象。这些冲突与对抗就构成了现有企业之间的竞争。

2）新进入者的威胁：新进入者进入某行业会与现有企业发生原材料与市场份额的竞争，最终导致行业中现有企业盈利水平降低，严重的话还有可能危及现有企业的生存。新进入者威胁的严重程度取决于两个因素：进入新领域的障碍大小与预期现有企业对新进入者的反应情况。

3）供方的议价能力：供方力量的强弱主要取决于他们所提供给买方的是什么投入要素，当供方所提供的投入要素的价值构成了买方产品总成本的较大比例、对买方产品生产过程非常重要，或者严重影响买方产品的质量时，供方对于买方的潜在讨价还价力量就大大增强。

4）买方的议价能力：买方主要通过其压价与要求提供较高的产品或服务质量的能力，来影响行业中现有企业的盈利能力。

5）替代品的威胁：两个处于同行业或不同行业中的企业，可能会由于所生产的产品是互为替代品，从而在它们之间产生相互竞争行为。这种源自替代品的竞争会以各种形式影响行业中现有企业的竞争战略。

【问题分析】

（1）宏观环境分析

1）政治：随着近年来医药行业的深度整改合规，审评审批制度改革、两票制、仿制药质量一致性评价等政策的陆续出台，国内医药行业正发生深刻的变革。在仿制药领域，受一致性评价、审批加速、带量采购等政策影响，仿制药降价趋势明确，药企利润空间受压缩，对市场推广降本提效的诉求逐渐升温；仿制药的盈利能力和估值水平正在发生深刻变化，整个医药板块估值受到冲击，给医药领域的研发、生产、流通都提出了高标准、严要求。同时，《药品生产质量管理规范》认证的提出，体现了政府主管部门规范我国药品执照、流通的决心。其结果促使企业开始寻求阳光透明、低成本、高效率的经营模式，同时通过优胜劣汰和市场整合的洗礼，将提高我国医药领域的健康发展。

2）经济：近几年是我国宏观经济持续向好、收效显著的几年。在这几年里，我国宏观经济政策保持稳定性和连续性，继续执行积极的财政政策和稳健的货币政策，推动国民经济在持续、健康、快速发展方面取得了非凡的成绩。另外，近年来，共享经济在全球范围内呈现井喷式发展，促进了分散的供需匹配，释放了经济活力。国际、国内宏观经济的向好，为医药产业经济增长形成积极有力的外部环境，使医药产业的有力带动作用不断显现。共享经济是以分散的社会闲置资源为基础、以提升资源利用率为核心的服务式经济。近年来，共享经济在全球范围内呈现井喷式发展，促进了分散的供需匹配，释放了经济活力。

3）社会：我国高度重视文化、教育、卫生等社会事业的发展，全国居民的医疗卫生条件明显改善，受教育机会不断增多，文化素质和身体健康水平持续提高，人口受教育程度显著提高，人口增速放缓及老龄化趋势明显。药品的需求与人口总数是成正比的，老龄化社会的到来标志着将有更多人需要维护健康，而城镇化水平提高在带来众多具有消费能力的消费者的同时也将推动当地医药终端的建立。这两者将直接导致医药产品需求的稳定增长，从而推动医药行业继续保持快速增长的良好势头。

4）技术：我国互联网的发展虽然起步稍晚，但发展迅速，已形成设施优势、用户优势和应用优势三大优势。一批企业跻身全球最大互联网公司行列，基于互联网的新业态、新模式层出不穷。医药产业经过多年发展，积累了经验和技术，在医药研发、生产、工艺方面取得了很大的突破。互联网经济背景下，以大数据、电子商务、人工智能等为代表的新一轮科技革命正在渗透医药大健康行业。医药产业的国际交流与合作成效更加显著、国际传播更加广泛，将在人类健康保健中发挥更加重要的作用。

恒瑞医药 PEST 分析如图 6-6 所示。

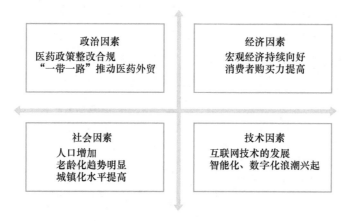

图 6-6　恒瑞医药 PEST 分析

（2）行业环境分析

1）现有竞争者：纵观国内市场，生产仿制药的企业数量众多。据不完全统计，至少已有中国生物制药、上海医药集团、恒瑞医药集团、复星医药集团和华润三九公司五家药企成药收入在100亿元以上，竞争激烈毫无疑问。随着我国医药改革的推进、资本运作的成熟及其带来的药企之间并购的日益频繁，上市公司中超百亿制剂药企未来会越来越多。

2）新进入者的威胁：制药行业是一个典型的技术密集型、资本密集型行业，进入壁垒较高。一个大型的、成功的制药企业，其成长往往需要经历几十年甚至上百年的时间。例如，美国的辉瑞、瑞士的罗氏、以色列的梯瓦、日本的武田等都超过100年的历史。然而，技术的进步带来医药产业革命性的变化，原来的小型生物技术公司可能通过基因编辑等领先的技术，进入生物制药领域，挑战现有传统的化学制药企业，从一定程度上降低了医药行业的进入壁垒。

3）供方的议价能力：医药行业是注重研发与销售的行业，生产环节相对不那么重要。医药生产环节上游供应商主要是较初级的石油化工产品（化药）与微生物或细胞培养基产品（生物药）。相对药品售价，这些产品成本较低，销售毛利往往超过80%。因此，公司对上游供应商的议价能力显得不够突出，对上游原材料价格敏感度较低。

4）买方的议价能力：恒瑞医药出品的几乎都是专科药，买方主要是国家和医院。由于国产药品绝大多数是仿制药产品，企业分散、同质化、专利保护较弱，其价格到大家都有能力仿制的时候只有原研药价格的1/10，此时买方的议价能力较大。仿创药因为有专利权保护，议价能力相比仿制药要强得多，配合国家鼓励专利新药的政策，国家药物价格限制的影响有限，企业的定价权较大。

5）替代品的威胁：替代品的威胁主要包括两个方面：一方面是行业内的产品替代，另一方面是行业外的产品替代。行业内的产品替代主要是仿制药对原研药的替代威胁，以及不同治疗方案之间的替代威胁，例如靶向治疗对放疗和化疗的替代等。行业外的产品替代，例如生物技术的兴起对传统化学制药的替代等。

恒瑞医药波特五力模型分析如图 6-7 所示。

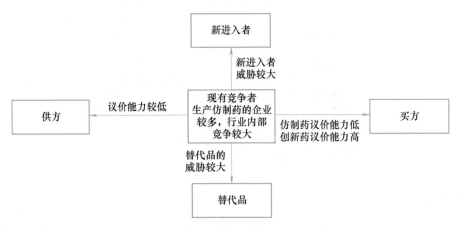

图 6-7　恒瑞医药波特五力模型分析

（3）机遇和挑战

总而言之，在"新医改+互联网"时代背景下，恒瑞医药机遇与挑战并存。机遇方面有互联网医药医疗行业的发展、医药产业加速发展的利好政策、经济发展带来的国际化市场潜力扩大，以及越来越先进的技术；挑战方面主要是市场竞争更激烈，潜在竞争对手不断增加以及新技术的不断发展加速行业的重新洗牌。

2. 面对市场环境的改变，分析恒瑞医药战略转型的动因及布局。

【理论依据】

SWOT 分析。

（1）SWOT 分析

SWOT 作为经典战略分析方法，可用来确定企业本身的竞争优势（Strength）、竞争劣势（Weakness）、机会（Opportunity）和威胁（Threat），从而将公司的战略与公司的内部资源、外部环境有机结合。作为用于考查企业如何在市场中获得持续竞争优势的分析框架，SWOT 分析的运用能够以相对简单明了的方式指出企业应当如何通过实施战略来获得持续的竞争力。

在该分析应用中，通常可将分析进一步简化为企业的优势与劣势及机会与威胁之间的匹配分析，并利用分析制定战略以开发其内部优势并规避内部劣势，利用外部环境所带来的机会抵消外部环境所带来的威胁等。优势和劣势是企业相对可以控制的，属于企业的内部因素，机会和威胁是由宏观和微观环境造成的。具体地说，优势是指那些能够让企业比其他竞争对于更具有竞争力的因素；劣势是指那些妨碍企业达成目标的缺陷、失误、约束等因素；机会是指企业所面临的外部环境中对企业有利或未来会对企业有利的因素；威胁是指外部环境中任何对企业不利的趋势和变化。

SWOT 分析模型见表 6-2。

表 6-2 SWOT 分析模型

分析维度	优　势	劣　势
机会	SO 战略（增长性战略）	WO 战略（扭转型战略）
威胁	ST 战略（多种经营战略）	WT 战略（防御性战略）

（2）战略转型

企业的战略发展过程就是不断对内外条件变化进行动态平衡的过程。当企业外部环境尤其是所从事行业的业态发生较大变化时，或当企业步入新的成长阶段需要对生产经营与管理模式进行战略调整时，或以上两者兼有时，企业必须对内外条件的变化进行战略平衡，选择新的生存与成长模式，即推动企业发展模式的战略转型。

企业战略转型是指企业长期经营方向、运营模式及其相应的组织方式、资源配置方式的整体性转变，是企业重新塑造竞争优势、提升社会价值，达到新的企业形态的过程。企业的战略发展过程就是不断对内外条件变化进行动态平衡的过程。当企业外部环境尤其是所从事行业的业态发生较大变化时，或当企业步入新的成长阶段需要对生产经营与管理模式进行战略调整时，或以上两者兼有时，企业必须对内外条件的变化进行战略平衡，选择新的生存与成长模式，即推动企业发展模式的战略转型。

战略转型是一场深刻的企业变革，企业进行战略转型需要结合企业内外环境来识别企业是否需要实施战略转型，以及时机是否恰当。企业要想进行战略转型，需要顺应环境变化，集中企业内外部资源，确定战略转型的方向，即进行产品转型、产业转型与地域转型，并制定战略决策和转型规划。

企业战略转型框架如图 6-8 所示。

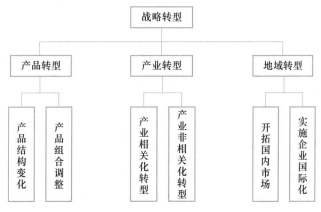

图 6-8 企业战略转型框架

【问题分析】

通过 SWOT 分析对恒瑞医药内部的优势及劣势、外部环境的机会及威胁等因素进行综合分析，再结合公司的内部资源与外部环境，可以得知恒瑞医药战略转型的动因及不同情境下的战略布局，见表 6-3。

表 6-3　恒瑞医药战略转型 SWOT 分析

	内 部 因 素	
外 部 因 素	优势（S）	劣势（W）
	1. 卓越的研发与创新能力 2. 产品梯队建设富有远见 3. 国内市场营销力强 4. 成本和药品价格低	1. 研发投入较高，结果具有不确定性 2. 产品研发周期较长 3. 与国外同行相比，原创性研发能力较弱，规模较小
机会（O）	SO 战略	WO 战略
1. 国家陆续出台鼓励自主创新的优惠政策 2. 数字化浪潮在医药行业的兴起 3. "一带一路"为医药外贸打开新市场 4. 欧美仿制药市场快速增长	1. 研发新药，加大科研投入，建立创新体系 2. 开拓欧美市场，实施国际化网络营销	1. 数字化转型精细管理 2. 进一步完善美国研究机构的建设，引进研发人才
威胁（T）	ST 战略	WT 战略
1. 医药市场竞争激烈 2. 一系列调控政策的影响 3. 知识产权保护体系不完善 4. 国外大型制药企业抢滩我国市场	1. 产品差异化、多元化发展 2. 响应政策，创新高质量发展 3. 加强品牌建设，趁机扩大市场	1. 向国外医药巨头学习，提升自身短板 2. 完善企业内部组织与结构

通过以上对恒瑞医药内外环境的 SWOT 分析，可归纳出其适合采用 S-O 战略，可选择产品转型和地域转型。

（1）产品转型：从仿制药到创新药

恒瑞医药推崇创新思维，不惜投入大量研发费用，致力于开发创新型药物，并注重创新药研发差异化、多元化。在国内药企研发投入普遍不足的情况下，恒瑞选择大品种用药市场为仿制及创新方向，通过长期高力度投入，以清晰明确的研发主线构建丰富的产品群，打造众多重磅创新药物。同时，恒瑞医药充分结合自主研发、外部合作与外部购买，在研发模式上将体制优势发挥到极致，实现研发效率最优化、研发成本最低化。公司不仅要研发能力增强，还将产品与国际接轨，在研发创新药的过程中，公司通过"license in"和"license out"相结合的模式，既可以加快研发速度，又可以快速获取资金。

（2）地域转型：从国内走向国际化市场

2015 年药审改革以来，医药行业在医疗、医保、医药不同角度确立新的行业规则，其中重要特点是和国际接轨，建立新的标准，回归医药行业的本质，探索国际之路为企业做大做强提供更广阔的市场保证。同时，恒瑞医药积极响应国家"一带一路"战略倡议，顺应我国生物医药产业发展的新要求和国际产业演进的新趋势，以突破生命科学重大技术和满足民生需求为核心，不断提高产品质量，逐步缩短与国际先进水平的差距，培育高端品牌，开拓全球市场，推动企业发展的转型升级，努力打造外向型经济增长极。希望借助当前欧美仿制药市场快速发展，以及化学制药向生物制药升级转型的产业机会，通过实施技术创新与国际化战略，成为一家全球性的专利药企业。

3. 恒瑞医药是如何实现产业转型升级的？

【理论依据】

产业升级。

目前，关于产业升级的研究主要聚焦于两大领域：一是宏观层面的产业结构调整，二是微观层面的高附加值产品增加。从微观视角而言，产业升级的实践主体是企业，产业升级是否能够实现最终取决于构成产业的微观企业的升级决策。产业升级有多种形式，英国萨塞克斯大学的两位学者 Humphrey 和 Schmitz（2000）总结了产业升级的四种主要模式：工艺流程升级（Process Upgrading）、产品升级（Product Upgrading）、功能升级（Functional Upgrading）和链条升级（Chain Upgrading）。

1）工艺流程升级：采用更先进的生产技术，使生产过程变得更加有效率，具体表现为企业不断降低消耗、改善传输体系、缩短生产时间、采用新型组织方式。

2）产品升级：不断研发新产品，实现产品更新换代，实现比对手更快的质量提升，具体表现为不断推出新产品、新品牌、提升产品附加值，引导消费，从而扩充和增加产品市场份额。

3）功能升级：改变企业自身在价值链中各个环节所属位置，向上下游价值链延伸，提升在价值链中的地位，专注于价值量高的环节，具体表现为由加工环节向研发、设计和营销、品牌等环节延伸，提升产业附加值。

4）链条升级：凭借一条价值链上的知识积累移向新的、价值量更高的相关产业价值链，具体表现为得到相关和相异产业领域的高收益率。

【问题分析】

通过对恒瑞医药的科技创新及国际化历程的整体分析，可以得知其产业升级的历程主要从以下几个方面实现：

（1）**工艺流程升级**

恒瑞医药紧跟行业数字化转型步伐，携手浪潮云 ERP 进行工艺流程的智能化，实现增产降耗。

浪潮通软《药品生产质量管理规范》质量管理系统中的业务数据与管理信息涵盖了企业《药品生产质量管理规范》管理实施的各个环节与方面，既实现了从原材料的供应商认证到材料的入库检验，成品的生产中控到成品的检验入库等业务流的管理，还提供了与生产过程质量控制相关的环境、人员、设备、仪器仪表、文件等诸多信息的翔实记录和统计，让各种管理信息与业务信息互相渗透，交织成网。另外，通过浪潮通软领导查询系统提供的信息查询统计、数据汇总与分析等功能，公司领导能够随时得到真实有效的业务管理数据，有利于及时准确地做出资金运作、成本控制、物料采购与存储、产品生产与销售策略等业务部署与调整，增强了公司市场竞争力，从而运筹帷幄。

（2）产品升级

恒瑞医药致力于从仿制药到创新药的转型升级。公司快速跟进全球前沿靶点，经过不断学习，恒瑞医药在研管线的创新模式已经从小分子靶向药转向大分子生物药，从初期的抢仿类、创仿类逐步走向源头创新。另外，恒瑞医药在手术、放化疗、靶向药、免疫治疗、辅助用药等帮助提高患者生活质量的各个治疗和用药环节，都有产品渗透，形成了特色的肿瘤治疗"闭环生态"。目前，恒瑞医药已经有30个多生物大分子在研发中，刚刚获批的"19K"是其在生物医药领域迈出的重要一步。未来恒瑞医药将聚焦国际前沿科技，在ADC（生物导弹）、免疫细胞治疗、溶瘤病毒疗法和基因治疗等领域进一步加大投入，寻求突破。

（3）功能升级

恒瑞医药主要通过国际化战略的实施实现价值链上下游的延伸。在价值链上游，恒瑞医药在美国的新泽西、波士顿以及澳大利亚的悉尼设立海外研发中心，并与MD Anderson、PROVI-DENCE、Yale Memorial Sloan Kettering等海外学术机构达成合作，探索新药研发模式，并加快了创新药品的研发进程；在价值链下游，恒瑞医药在海外设立子公司，向欧美市场推进，逐步在海外建立自己的销售队伍，实现了仿制药在全球的规模化销售，提升了产品的附加价值。另外，恒瑞医药在国内进军新零售，借助CRM实现营销一体化，通过微软Dynamics系统打造销售管理信息平台，实现处方信息互联互通，为客户提供了贴心精准的健康服务。

（4）链条升级

恒瑞医药积极进入特殊医疗食品领域。重大疾病如肿瘤患者营养不良发生概率达到70%～80%。对这些临床病人来说，现有自制食物无法满足其对营养的需求，这意味着特殊医疗食品有着巨大的市场缺口。恒瑞医药依靠在制药领域积累的资源，从传统医药制造业向特殊医疗食品领域进军。特殊医疗食品是针对健康或亚健康人群的一种营养补充。特殊医学用途配方领域在直接面对患者（Direct to Patients，DTP）合作模式上的营养筛查、评估、干预为更多患者提供营养科学，带来了康复获益。

恒瑞医药产业升级路径分析如图6-9所示。

4. 分析恒瑞医药转型成功的关键及对其他企业的借鉴意义。

【问题分析】

恒瑞医药由本土仿制药龙头转型为国际化创新药龙头的关键在于其将创新因子融入企业的"血液"。其核心因素在于不断加大研发投入力度、丰富产品管线，建立起自身创新药的产品矩

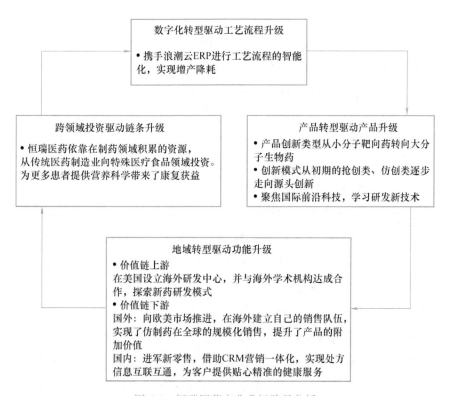

图 6-9　恒瑞医药产业升级路径分析

阵和研发体系。从产品矩阵上，恒瑞医药形成了自身的产品管线与竞争力，切实符合患者的需求，并与其他药企进行差异化竞争。公司产品涵盖了抗肿瘤药、手术麻醉类用药、特色输液、造影剂、心血管药等众多领域，已形成比较完善的产品布局，其中抗肿瘤、手术麻醉、造影剂等领域市场份额在行业内名列前茅。从研发体系上，恒瑞医药的创新模式方面从创新初期的抢创类、仿创类逐步走向源头创新，创新药布局从小分子药物向大分子药物转化，开发了具有自主知识产权的抗体毒素融合物（ADC）技术平台，此外还搭建了一系列研发平台，并在国内申请国际领先的抗体毒素偶联物 ADC 药物（生物导弹）。在创新人才方面，在围绕药物开发"创新+仿制药+国际注册"功能板块上，恒瑞医药加强研发队伍建设，引进人才充实研发队伍，以提升公司药物开发实力。在科技创新方面，恒瑞医药积极布局数字化转型，开发创新药物研发模式，降低新药面世时间和资源成本，为公司内部的研发与销售实现了良好的数字化管理系统，扩展公司科技创新空间，提升科技创新层次，加快科技创新步伐。在创新布局上，恒瑞医药对标国际一流创新水平，在全国布局研发中心，在美国成立了子公司，引进海外项目，开展海外临床试验等。

当前，医药产业既面临难得的历史机遇，又受宏观经济大环境的影响和国内药品注册审评系列改革等诸多挑战，大洗牌和大整合的新阶段即将到来。医药企业只有准确把握时代发展脉搏，抢抓当前医药产业发展新机遇，创新发展路径和模式，才能在新一轮竞争中抢得先机、赢得主动。总体而言，传统医药企业实现转型升级可以从如下几个要点切入：

（1）提升自身的核心竞争力

恒瑞医药的核心竞争力在于其对技术创新的持续不断投入，以低成本及规模化生产来抵御越来越激烈的市场竞争。恒瑞医药每年对于创新的投入占其收入的 8%~10%，远远超过同行的制药企业。众所周知，创新药所能够带来的利润甚至是仿制药的几十倍。只有创新才是企业生存的唯一之道。随着中国劳动力成本的不断上升，曾经生产简单的仿制药和原料药的企业面临着市场越来越小，生存日益艰难的困境。因此，只有拥有核心竞争力的企业才能在市场上立足，而对于制药企业来说，最主要的核心竞争力就在于源源不断地创新药物。

（2）敢于突破市场瓶颈另谋出路

在大多数企业在国内这片红海中疯狂厮杀的时候，恒瑞医药选择了国际化战略，选择了更广阔的国际市场。光有创新药还不足以获得持续领先的优势，只有整体市场扩大，利润才能获得质的提高。然而，国际化战略并不是盲目的冒险，企业应根据自身的情况，制定适合于企业自身的发展战略，做充分的准备，才不至于在国际市场这片汪洋中被风浪击倒。

（3）人才是企业持续发展的深层动力

古有刘备三顾茅庐，今有恒瑞医药引进郑玉群、张连山等高端人才。医药企业应深知技术型人才才是创新的基础，持续的研发投入为创新提供了不竭动力，而完善的新药研发体系则为创新的实施创造了环境。如果没有这些人才的加入，想必恒瑞医药也难以从传统药企成功转型做创新药。

参考文献

［1］恒瑞医药．江苏恒瑞医药有限公司官网［EB/OL］．（2019-07-26）［2020-03-28］．https://www.hrs.com. cn/index. html

［2］致远．仿制药市场大洗牌，国内数千家药企如何转型？［EB/OL］．（2019-02-08）［2020-03-27］．https:// mp.weixin. qq.com/s/B7gSBpV4jbBWvMRRDhphOw.

［3］一品医助．药企新风向：数字化转型成为必选，行业面临快速洗牌［EB/OL］．（2019-08-02）［2020- 03-28］．https://mp. weixin. qq.com/s/ou_xP9wA_0H4MDSjPltbFQ.

［4］网络．恒瑞医药将完成从仿制药向创新药战略转型［EB/OL］．（2016-07-15）［2020-03-28］．https:// m. 3156. cn/zixun/u74a197639. shtml.

［5］雪球今日话题．千亿恒瑞崛起史：如何从红药水厂成为新药研发龙头？［EB/OL］．（2019-05-14）［2020-03-28］．https://www.iyiou.com/p/100053. html? from＝timeline.

［6］司铁．恒瑞医药：研发一哥的转型之路［EB/OL］．（2019-07-16）［2020-03-28］．https://www.iyiou. com/p/105579. html? from＝timeline.

［7］小麦 Noor．恒瑞医药的野蛮成长之路［EB/OL］．（2019-10-21）［2020-03-28］．https://www.iyiou.com/ intelligence/insight11584html? from＝timeline.

［8］会会药咖．浅谈丨恒瑞医药的创新药研发管线［EB/OL］．（2019-10-17）［2020-03-28］．https://

mp. weixin. qq.com/s/Ta2MXbmjFcUAvVwNy7UrsA.

［9］ 天枢玉衡 . 恒瑞医药创新王者［EB/OL］. （2020-03-03）［2020-03-28］. https://mp. weixin. qq.com/s/m0nelXSmMePCFDcCb4Er2Q.

［10］ 鼎浩财富 . 医药之王：创新与国际化［EB/OL］. （2018-09-28）［2020-03-28］. https://mp.weixin.qq. com/s/BjL-HBvd37Ui9aFXvWUbAg.

［11］ 制剂汇网 . 恒瑞医药：制剂国际化典范，中美欧日等市场协同推进［EB/OL］. （2017-07-16）［2020-03-28］. https://mp. weixin. qq.com/s/wRurVpyxzF8ztajurBgOFQ.

［12］ 天枢玉衡 . 恒瑞医药：海外合作深化创新药国际进程［EB/OL］. （2020-03-03）［2020-03-28］. https://mp. weixin. qq.com/s/bysap_bYDPD1eeXrwKNCJA.

汉帛集团：从代工企业到行业领军的转型升级之路

摘要： 本案例主要讲述了汉帛集团从 1992 年创立至今，从一个代工制造企业用了 30 多年的时间不断自我调整经历了三次转型升级，在各个阶段的竞争当中突出重围，成长为国内服装行业领军企业的故事。汉帛集团在创业初期仅仅是个代工企业，但是由于国内代工企业一直处于微利化境地且竞争激烈，因此做出了向品牌运营型企业转型的决定。2010 年左右刚刚经历经济危机，电商的迅速发展又给服装行业带来了极大的威胁，此时汉帛集团又决定向品牌的大型孵化平台转型升级。之后，汉帛集团并没有停下主动求变的脚步，其在工业 4.0 时代来临之际又推出了服装行业的首个工业互联网平台哈勃智慧云。本篇案例讲述了汉帛集团发展历程中的这三次转型升级。

关键词： 战略转型　服装行业　工业互联网

7.0　引言

2019 年 4 月 17 日，汉帛集团在现任总裁高敏的主导下于北京举办了时尚行业首个工业互联网平台——哈勃智慧云的发布会。当天站在发布会中央的高敏激动且坚定地向在场的人们宣布道："柔性制造并不是简单的升级，而是彻底的转型。"

那么高敏所要建立的、让她引以为傲的哈勃智慧云究竟是什么呢？又将带领汉帛集团走向何方呢？汉帛集团总裁高敏表示，汉帛集团推出的哈勃智慧云主要是为了完善我国服装行业智能制造这一缺口，是为响应整个服装行业对柔性制造转型升级的呼声，其以四大能力矩阵"行业云""智造云""时尚云""文化云"为载体，从而致力于为服装行业提供智慧制造解决方法，帮助整个服装产业链实现互联、智能、精益赋能，助力服制造业迈向工业 4.0 时代，解决整个行业的痛点，实现整个行业的转型升级，从而推动我国服装行业的整体发展。

除了此次离我们较近的转型升级之外，纵观汉帛集团 30 多年的发展史，它在发展过程中一直在自我调整。汉帛集团在 1992 年成立时仅仅是个代加工企业，2002 年创始人高志伟第一次提出企业转型，开始创立自有品牌扩大企业经营范围。2010 年，汉帛集团在面对电子商务的冲击和行业竞争加剧时，决定另辟蹊径开始发展女装大型孵化平台。2015 年，传统服装行业备受电子商务及智能制造的冲击，在现任总裁高敏的带领下开始向柔性制造转型升级。在工业 4.0 的背景下，汉帛集团又独树一帜地投资建立了服装行业的第一个工业互联网平台。汉帛集团在发展中从未安于现状、止步不前，而是一直在根据企业生存的大环境优化调整、转型升级，才从一个代加工企业发展成为一个 360 度的全供应链平台。

7.1　匠心汉帛

汉帛（国际）集团有限公司（简称汉帛集团）创立于 1992 年，其前身为杭州汇丽绣花制衣有限公司，公司总部设在中国香港，办公大楼及其生产基地位于浙江杭州，其创始人是高志伟，但他于 2011 年不幸离世，其女高敏接班担任总裁。汉帛集团在业务上以服装为主导产业，当然发展到今天其旗下还有房地产公司、信息技术公司等子公司。汉帛集团在管理上以市场为导向、以客户为中心、以质量为重点。汉帛集团还于 2019 年成为 "2019 年度人民匠心品牌奖" 的候选企业。

7.1.1　初出茅庐——创业启航

1975 年，年轻的高志伟最初供职于浙江萧山花边总厂，并担任组长，其后他不断升职，从刚开始的组长到后来的车间调度，再到分厂厂长，但是后来由于他违反了当时厂里的规章制度而被辞退。

塞翁失马焉知非福，自此以后他凭借自己之前多年在制衣厂工作积累的经验开始了创业之路。1992 年，他以 40 万美元的注册资本创建了汉帛集团的前身杭州汇丽绣花制衣有限公司。但是，1995 年由于帮助朋友惹上了官司导致公司从 1996 年 5 月开始出现财政上的危机，但好在此时高志伟运筹帷幄力挽狂澜，1997 年重新开始盈利，销售额达到了 1.2 亿元，用一年的时间顺利实现了从亏损到盈利的逆转。公司于 1997 年经历亏损风波但转危为安之后，高志伟并没有因此止步不前，取而代之的是居安思危。他所做的第一步就是优化企业的生产技术，保持自己在加工制造上的优势、扩大企业经营业务和企业版图以支持集团发展，也为后来的转型升级打下了坚实的基础。

"工欲善其事，必先利其器"，经历过亏损风波的汉帛集团在风波平静之后首先做的就是集中精力扩大企业规模、引进先进的生产设备，为此集团先后进行过三次大规模的增资。汉帛集团在这三次增资当中引进了先进的设备以改进自己的生产工艺从而生产出一流的产品，维持自身在生产制造方面的优势。汉帛集团第一次增资是在 1997 年，投入资金 180 万美元，更新缝纫设备 500 台（套）；第二次增资是在 1999 年，增资至 400 万美元，建成标准服装生产流水线 30 条，年服装生产能力达到 1000 万件（套），款式 3000 多种；第三次增资是在 2000 年，增资至 700 万美元，并投资建立了现代化的纺织服装理化测试中心。汉帛集团除了增资引进先进设备外，也扩大了厂房的规模。继 1998 年收购了通惠路分厂的两幢 1.4 万 m² 的标准厂房以后，汉帛集团开始建设专属厂区——面积达 540 亩、采用了现代化的框架式结构的汉帛时尚产业园。就这样，高志伟带领着汉帛集团遵循自己一贯坚持的"不求最大，但求最好最精"的思想，逐渐建立起了属于自己的服装生产制造王国。这些基础设施的建设和升级无疑是为接下来的转型升级打下了基础。这便是汉帛集团在高志伟的手中从启航到步入正轨的故事。从 1992 年创立至今，这 30 多年来汉帛集团的发展也没有辜负创始人高志伟的期望。

7.1.2 得心应手——汉帛的传承

当然汉帛的发展并不是一帆风顺的，同其他家族企业一样碰到过许多挑战，其中一个巨大的挑战就是企业的传承。汉帛集团从高志伟手中顺利被高敏接手自有它的智慧。

首先，汉帛集团在接班人的选择上也与其他家族企业一样希望能够子承父业，早年高志伟便有意培养他唯一的女儿高敏。高敏曾在美国留学 8 年，在这 8 年中她游走于世界各大顶级时装周和时尚发展的前沿地区，积累服装时尚知识。除了知识的积累，高敏与其父亲高志伟在思想意识上也保持了一致，交流方式也是平等的，几乎看不到父女之间的代沟。高志伟在女儿还在海外求学时就已经开始和女儿探讨一些关于企业未来发展路径的问题。其次，高敏体现出了强烈的接班意愿，例如高敏很早就体现出了对企业发展强烈的使命感。在一次谈到行业责任时，高敏说："几年前和爸爸聊天，爸爸说他在服装行业打拼了十几年，到底可以为中国时尚产业带来一些什么改变？这句话给我带来的印象很深刻。我想，和爸爸一样能够为中国服装产业做出贡献，应该同样是我在这个行业的使命。"

2007 年，高敏毕业以后并没有急于进汉帛集团等着接父辈的班，而是进行了一系列的管理实践。她率先引进先进的运作模式，开创了属于自己的品牌集中店。直到 2009 年，高敏才正式成为汉帛集团的一分子，主要负责品牌营销和管理方面的事务。高志伟对于女儿的乐意加盟感到非常骄傲和欣慰，而高敏进入集团后的表现更让高志伟觉得欣慰。可是就在高敏进入集团不久之后的 2011 年 3 月 12 日，汉帛集团创始人高志伟突发心源性疾病逝世。高志伟的突然离世对其家人、企业及其他同仁都造成了很大的打击。2012 年 7 月高敏担着企业的责任，正式进入汉帛集团的管理层，在经营管理上磨合推进，带着和父亲一样的使命感继续领导汉帛集团前进。

7.1.3 披荆斩棘——造就今日汉帛

在高敏带领下的新一代汉帛集团的核心理念和价值是以"ZHI"（质量、智慧、智能）时尚为基础的，汉帛集团正在用一个崭新的视角去诠释其未来业务形态，构建自己的"ZHI"时尚产业链，其目标是逐步成为服装行业 360 度全供应链服务的平台商。

今天的汉帛集团在企业规模上相比创业时有了很大的突破，它已经不再是当年那个为国外品牌提供加工制造服务的单一型企业了，而是一个集服装设计、加工制造和线下运营于一体的大型服装生产平台，并且除服装产业以外，旗下的子公司还涉及房地产、信息技术、文化传媒等多个行业。除此之外，汉帛集团还与时尚界联手，举办中国国际青年时装设计师作品大赛，于2002年设立"汉帛奖"。中国国际青年时装设计师作品大赛是我国目前最高水准的服装设计大赛。汉帛集团还两度与著名刊物《周末画报》联手探索城市美学。

回顾汉帛集团30多年的发展历史，它从刚开始的一个单一的代加工企业发展到一个全面、大型、现代化企业绝非易事。在这30多年来汉帛集团没有停止过前进的脚步，经过了多次业务扩张、转型升级才发展到今日行业领军的地位。汉帛集团的每一次转型升级都要对企业的发展战略进行仔细的调整，都是在仔细地分析下做出的战略决策，这其中不乏艰辛与困苦、未知与挑战。我们一起来看一下汉帛集团发展史上的这3次重要转型升级是在什么背景下开展的，以及如何展开的。

7.2　冲破枷锁——从代工企业到自有品牌

由于我国的服装行业起步比较晚，所以在发展初期很多企业都是利用廉价的劳动力资源给国外品牌做代工的，汉帛集团也不例外，在其成立之初就为国外品牌做代工。但是由于单一的代工企业普遍缺乏核心技术和自主品牌而无法获得主动权，所以在国际大买家的压榨和俘获下始终处于"微利化"的境地，难以实现转型升级，并且随着代工行业竞争者日益增多，本就被国外大企业压制的代工企业更是无利可图。所以，此时的高志伟意识到要想翻身走出困境，在激烈的竞争和残酷的压榨中脱身，就必须转型升级做自己的品牌，掌握核心技术。面对这种情形，汉帛集团在高志伟的领导下主动求变，于2002年开始了自己的第一次转型升级：由单一的代加工型企业向品牌运营型企业转型。

7.2.1　打破桎梏——自有品牌开发

因为成立初期的汉帛集团是一个代加工型企业，主要负责为其他品牌提供代加工服务，没有自己独立的品牌也没有自己独立的服装设计，发展空间有限，并且当时的创始人高志伟非常清楚地意识到了只做代工的局限性：人力密集的工作将来势必会被智能机器取代，所以探索企业新的运营模式势在必行，于是汉帛集团在三次增资优化生产技术之后便正式开始了由代加工型企业向品牌运营型企业转型。

2002年起汉帛集团便开始筹备经营自有品牌。此时的高志伟已经带领汉帛集团整整做了10年的品牌代工了，为什么转型呢？用高志伟自己的话来说就是，他认为对企业来说能够兼具创新和稳步发展十分必要，在汉帛集团于服装行业有了足够经验、经营策略、合作关系之时，已经具备可以转型升级创品牌的条件。在服装行业经历了10多年打磨后的汉帛集团，在做原始设备制造商的同时，也确实应该向品牌运营方面发力了。除了考虑企业自身问题以外，当时我国刚刚加入 WTO，这对我国服装行业来说不仅仅是机遇，也是一种挑战。此时，高志伟便决定顺应服装行业趋势，试水品牌运营领域。

于是汉帛集团于 2002 年开始增加研发设计环节并以年龄和消费者需求进行市场细分，以消费人群的年龄和消费者需求为切入点，先后成功开发了自有品牌高档女装 HAILIVES 和专门针对都市职业女性的 HEMPEL，并且于 2006 年引进了符合年轻女性审美品位品牌的 NANCY.K，还邀请了日本著名设计师田山淳朗先生的团队为品牌运营以及服装设计做指导。三大自有品牌在服装设计和销售上经过市场细分之后，分别对应三类不同的消费群体，各有特色。HAILIVES 来自美国的时装聚集地第七大道，该品牌定位的主要消费群体是 35~45 岁的现代都市独立女性，服装剪裁上简洁与繁复恰到好处，配色上以黑色和灰色为基本色调，讲究简单干净，另外配上棕色或红色来衬托成熟的都市女性美丽内敛和冷艳的独特气质。另外一个品牌 HEMPLE 是针对 25~35 岁的职场女性打造的，主要想体现年轻职业女性的帅气、时尚和干练。NANCY.K 主要针对的消费群体是 18~30 岁的年轻女性，她们大多经济独立、受教育水平较高、对时尚有自己的见解。这个品牌通过将各种时尚单品自由组合，从而将女性高贵、优雅的气质充分地展现出来。这些品牌的创立便标志着汉帛集团转型的开始，高志伟于 2005 年在浙江服装论坛上说起汉帛集团这三年的品牌运营之路时颇有感慨地说："三年前，我还是原始设备制造商的企业老板，而三年后，你们称我为汉帛公司的老总。"

除了自有品牌的运营之外，汉帛集团凭借其在服装销售方面的能力，在接下来的几年里乘胜追击，先后成功代理销售了法国高级女装品牌 LA FEE MARABOUTEE、ZAPA、FLEUR DE SEL、COTELAC、德国高级女装品牌 FRANK WALDER 和英国品牌 NEXT。而且随着企业经营规模的扩大、品牌运营经验的积累，以及转型升级的推进，现在汉帛集团所运营的品牌也逐步丰富，意义更加深厚。例如，灵感源于英国品牌 Topshop 的 ARRTCO 品牌，其以时尚和创意为品牌核心，主张将原创新颖的设计、摄影作品及独立音乐等艺术形式添加到该品牌当中，期望能够通过这些创意与品牌的结合成为时尚潮流与创意的发声平台。凭着这些品牌的运营，汉帛集团的发展也向前推进了一步，远离了低利润且竞争激烈的单一代工企业行列。

7.2.2 开疆拓土——企业版图扩大

为支持企业向品牌运营型企业的转型升级并实现企业的进一步发展，汉帛集团在实施转型升级的同时也继续开疆拓土，扩大企业版图和经营范围。2002 年，汉帛集团持注册资金 6000 万元投资成立旗下第一家房地产行业的公司——杭州瑞博房地产开发有限公司，以此来拓展自己的业务。公司主要开发了林之语嘉园项目，此项目位于杭州的钱江科技城。林之语家园项目约达到 25 万 m^2，并于 2007 年推出了它的第一期。

2006 年，汉帛集团出资购入了上市公司"中国服饰"29.9% 的股份，博得了"中国服饰"

第一大股东的地位。此时汉帛集团已经走出了转型升级的第一步棋，已经开始由一个代加工型企业逐渐向品牌运营型企业转变。同年，汉帛集团收购秋林上市公司试图进入商业领域，并且在这一年正式转型开发自主品牌以做外销。此时，创始人高志伟还洞察到了周围的社会状况，以及生产制造的发展趋势，他预料到智能化的机器在将来可能大规模地取代人工，于是他把劳动密集型产业加工业务向人口大省河南转移（闻名遐迩的电子代加工企业富士康在河南也设有分部），杭州主要用于经营当时刚刚兴起的电子商务方面的相关业务。

为了更好地拓宽公司的发展，做服务于面向世界的服装市场，推动服装市场国际化程度，辅助服装产业升级，发展自有的品牌，汉帛集团还对其旗下面向于国际市场的汉帛（中国）有限公司、面向国内市场的杭州汇丽制衣有限公司，以及为企业提供配套印染整理服务的浙江汇丽印染整理有限公司这三大企业的生产体系进行了完善和进一步部署，辅助企业转型升级和发展。其中汉帛（中国）有限公司主要针对的是国际市场，其主要凭借卓越的生产设备和精巧的检测设备，为很多我们熟知的国际品牌进行代工（OEM 服务）。在管理方面公司采用了 ISO9000 体系来管理质量，用"5s"系统来管理。杭州汇丽制衣有限公司拥有一流的加工工艺，可以为集团提供多样的加工服务。在市场方面，其主要针对的是国内市场。浙江汇丽印染整理有限公司主要负责为集团服装加工提供配套服务，辅助集团发展，该公司拥有先进的印染设备，占地 20 公顷（1 公顷 = 10000m²），年生产能力 3000 万 m，保证了总公司服装印染和整理这些基本工作的顺利进行。

10 年后的 2016 年，汉帛集团继续在扩展自己业务的道路上不断前进着。杭州一伙人文化传媒有限公司和杭州耀誉信息技术有限公司均诞生于 2016 年。其中，杭州一伙人文化传媒有限公司，凭其拥有的品牌包装和推广经验以及艺术设计等资源，主要为总公司提供品牌策划、视觉包装、活动企划、新媒体传播等服务，以此提升品牌和公司的影响力。杭州耀誉信息技术有限公司为了帮助集团跟上线上购物的脚步主要负责软件开发、各类网络工程、材料存储和线上销售等业务，是为消费者提供从信息化到仓储到线上销售的一体化体系。

7.3　另辟蹊径——从自有品牌到品牌的大型孵化平台

"我们正在努力打造一个 360 度女装产业服务中心，从设计研发到生产物流，搭建出完善的体系，同时以时尚潮流文化为主线，带动整个平台。"汉帛集团现任总裁高敏这样说道，于是在汉帛集团的筹备之下一个女装的品牌大型孵化平台应运而生。

7.3.1　运筹帷幄——品牌大型孵化平台的产生

2010 年，电子商务在国内异军突起，又由于全国经济刚刚受到经济危机的重创，公司决定顺应潮流加入电子商务发展，以低成本切入国内市场，但是此时的汉帛集团苦于没有电子商务相关的技术和经验无法以低成本切入市场，于是汉帛针对自身现状另辟蹊径找到了一个适合汉帛集团现状的解决方法——成为品牌的大型孵化平台。从电商品牌孵化和多品牌孵化入手，扶持电商品牌和其他品牌发展。高敏表示，对于这个发展战略的整体规划主要包括三大部分：①在品牌运营和销售上，在零售终端做多品牌集成店的服务输出，向入驻园区的国内外品牌提供品牌支持和服务，给品牌的代理商和加盟商提供一些品牌咨询上的服务和品牌运营方面的指导。②在原材料寻找与供应上，与优秀大型女装供应链、原材料供应商或者是工厂进行合作，致力于服务中小型品牌，以及设计师品牌。③在生产制造方面，依托自有的智能工厂解决方案，将传统工厂升级为智能工厂。同时，集团还着手推出多品牌集成店，联动 70 余个电商女装品牌入驻园区。在此期间，汉帛集团邀请一些业绩较好的服饰卖家进驻自己的服装园区，给他们提供办公室、仓库等基础设施，还提供从设计到采购再到加工制造的整套服务。在延伸配套服务方面汉帛集团做的也十分周全，例如让工商局（2018 年撤销）、税务局、会计事务所等机构进驻园区，打造一个具有完整产业生态系统的"时尚硅谷"，进一步利用其电商平台，将其旗下的中国网商城打造成一个影响力较强的女装平台。2015 年、2016 年这两年对于汉帛集团此次转型升级来说十分重要。汉帛集团总裁高敏表示，汉帛集团目前的发展战略变得更加坚定和清晰，那就是从以前的以发展自有品牌为主变成了致力于成为品牌的大型孵化平台，打造一个大的产业服务中心。一路走来，汉帛集团始终坚持"不求最大，但求更精"的理念。正如高敏所说，汉帛集团并不追求盲目扩张而是要专注每个项目的落实，做出好口碑，方能提升行业影响力。

7.3.2 锦上添花——携手时尚界助力汉帛的发展

2002 年，汉帛集团开始进入时尚界，其投入 2000 万元参与举办大规模的服装设计方面的比赛，例如中国国际青年时装设计师作品大赛，其奖项以汉帛集团的名字命名为"汉帛奖"。汉帛集团也因此与中国国际时装周结缘，此次活动是与中国服装设计师协会合作举办且为期 10 年，并且这个比赛是当时中国水准最高的服装设计大赛。2012 年，"汉帛奖"在高敏的带领下继续与汉帛集团进行深度合作，为来自世界各地的青年设计师提供一个交流、成长、切磋的平台。

2013 年 10 月，为了使青年设计师在每年中国国际时装周上能够有发表自己独立作品的机会。汉帛集团旗下子公司浙江汉帛服饰营销管理有限公司再度与中国服装设计师协会携手，举办了第一届 HOW！（Hempel Original Workroom，汉帛原始工作室）号集-汉帛设计师沙龙联合发布会。

2014 年，汉帛集团携手《周末画报》，想要在大城市人们生活普遍忙碌的情况下，让人们发现生活的美。汉帛集团提出"中国城市生活美学"这样一个构想，并在城市中探寻城市生活能体现美学范畴的核心人物和热门事件，再以全媒体报道、活动、论坛等形式把这些体现美学范畴的人物和事件呈现出来，想要在中国掀起一场关于"生活方式"的革命，让城市生活美学融入当代人忙碌的日常中，在忙碌中发现生活质朴的美，缓解当代城市居民的生活和工作压力。

2015 年，汉帛集团再次携手《周末画报》，挖掘北京、上海、广州、天津、杭州、重庆、深圳、台北、香港这九座潮流城市中最能够体现该城市文化和特点的区域，例如各种街区、餐馆、咖啡馆、图书馆、美术馆甚至机场，借此让读者能够在繁忙的都市生活中感受当代城市文化和别样的生活趣味，以及发现自己生活的城市的深厚文化内涵和独特的历史底蕴。

7.4 独树一帜——从品牌的大型孵化平台走向工业互联网

过去服装产业的时尚制造主要关注的客户群体是能够给企业带来稳定的大批量订单的大客户，也就是只需要几个核心大客户便可以维持一家服装制造企业的生存。但是，随着互联网的普及以及电子商务的发展，客户流逐渐碎片化、客户需求逐渐多元化，这种转变在制造业中主要体现为过去服装制造企业所赖以生存的大客户的订单开始逐渐减少，取而代之的现象是大量网红、淘宝品牌、社区电商、独立设计品牌等小众、个性化的订单开始出现。新出现的个性化订单也不再像过去的订单一样稳定且数量大，相反这些新的订单数量不大、批次高并且在不断变化当中。这种情况的出现提醒服装时尚制造业从刚性制造向柔性制造的转型升级是很必要的。高敏认为"信息的透明化、标准化、系统化是柔性制造的核心，这并不是一个在传统服装交易体系里就能够自己所生成的东西。"正是基于这样的思考，在时尚制造行业探索了 20 多年的汉帛集团推出了该领域首个工业互联网平台——哈勃智慧云以帮助整个服装行业解决行业痛点，实现转型升级。

7.4.1 高瞻远瞩——哈勃智慧云的诞生

"服装行业的首个工业互联网平台诞生"，"汉帛集团总裁高敏宣布与富士康达成合作，富士康将柔性生产与智能制造能力导入汉帛生产体系中，努力打造服务行业首个工业互联网平台"。此消息一出，便迅速吸引了社会各界的目光，那么这个服装行业的首个工业互联网又到底如何呢？会给整个服装行业带来怎样的影响呢？此次和富士康的跨界合作又会向什么方向发展呢？

这一切都要从高敏投资创办首个服装行业工业互联网——哈勃智慧云开始说起。据高敏所说，创办哈勃智慧云的初衷就是要解决行业痛点，例如缺少智能制造、缺少供应链整合、信息数据难以获得，以及缺少当下能够满足客户个性化需求的优秀内容和产品等问题。哈勃智慧云想要以智能制造为核心引擎，基于"全要素、全产业链、全生命周期"的理念，搭建服装行业云及智能制造云，把产业链的最小单元整合到其中，从而助力整个服装行业完成转型升级。哈勃智慧云主要包括四大能力矩阵，它们分别是行业云、智造云、时尚云和文化云。行业云是一个标准的上下游进行合作的接口。对上游来说，它可以给许多不停接入的供应链合作伙伴提供一个标准化的接入接口平台；对下游来说，它可以把平台上的订单用不同于过去的自动化的新形式发给下游负责生产制造的工厂，而且能够智能地把供应链和工厂的信息匹配在一起；智造云是一个成本较低的大批量的智能制造方案。它通过智能采集、处理、传输、分析、反馈产能端的数据信息，以实现与行业云所提供的订单数据和供应链数据的匹配。时尚云是我国第一个为时尚行业提供赋能产品、内容、供应链等核心资源的一站式解决平台。文化云是我国第一个集服装时尚设计元素于一体的平台，可以实现许多已提出的概念设计。目前，时尚云和文化云需要共同发力，再通过这四朵云共同撬动整个时尚行业，从而带领整个时尚行业向产业互联网和智能制造方向转型升级，共同迈向工业4.0时代。

7.4.2 深谙其道——哈勃智慧云的运作

"哈勃智慧云可以说是汉帛集团通过27年的行业积累，写成的一张漂亮答卷。哈勃智慧云平台覆盖了服装行业生产中档乃至高档产品所需要的业务环节，并提供成熟合理的报价体系，可细分到每一项具体业务。"高敏表示。

那么哈勃智慧云到底是怎么运作的呢？首先，具体的研发设计平台接收到客户提出的需求，并开始运作。这个平台设计研发的运作和传统的设计平台有很大区别，它的运作是结合已经收集到的供应链和产能方面的信息数据，以及客户提出的需求开始设计研发的。但是，所要研发的式样、所需的面料和辅料、工艺工序必须满足哈勃智慧云的供应链及产能。接下来如果客户也认可给出的设计，便可以开始进入协同交易平台，然后下达订单。在这个订单生成之后，系统便开始自动进行智能匹配，要想最终确认订单，需要结合供应链、产能和客户的需求来进行双向选择。最终确定订单之后，在调配物料和人员上需要依靠哈勃智慧云的智能生产单元进行订单确认并进行调配，并且依据生产工序工艺特性向工人下达生产指令，生产进度需要随时报告。哈勃智慧云在服装行业内首次把服装行业比较分散的这些业务聚合在一起，用这种一站式交易的形式提供服务，解决服装行业现存的问题。同时哈勃智慧云四大能力矩阵中的智造云可以将生产周期缩短，用传统生产方式生产的大订单的生产周期通常在3个月到半年左右，但是智造云可以把订单的生产周期从之前的3个月缩短到15天甚至3~7天。除了可以缩短工期之外，由于对生产制造过程中全部数据的真实掌握，智造云还能够精确地计算产品不良率，甚至可以知道是什么工序造成这种情况。据悉，哈勃智慧云在降低产品不良率上至少可以达到20%，还有可能更高。除此之外，哈勃智慧云在提高生产效率和降低成本上也颇有成效。哈勃智慧云的这些智能属性在面对突发情况对服装产业的冲击时也可以为服装产业减轻一定的压力，例如在造成服装面料难以购买的问题时，哈勃智慧云就可以顺利解决这种服装行业存在的供应链卡壳问题。高敏强调，哈勃智慧云的建立就是怀着助力服装领域中小企业实现转型升级的初心，为服装行业梳理并打造一个共赢共生、柔性高效的良好环境，从产业链上下游不同参与者的角度和立场审视存在的问题，从而找到相应的应对策略，解决服装行业存在的真实痛点，助力服装行业迈向工业4.0时代。

7.4.3 意外贡献——哈勃智慧云在疫情中的作用

2020年年初，一场突如其来的疫情席卷全球，这一场百年不遇的"黑天鹅"事件对各行各业都造成了不小的影响，服装行业也不例外。在疫情的影响下缺少布料是服装行业不少中小企业面临的一个问题。这些企业和大品牌不同，它们大多采用中小批量、快周转的制造方式，因此它们缺少资金储备面料和辅料。根据这些中小企业的生产流程来看，它们平时所用的原料都是订单确定后再去采购的。这种用料的灵活性使它们可以在短时间内生产出各种各样的女装，随时接到订单，随时开始采购生产，但是这也使服装中小企业大多严重依赖这种稳定的供应链。然而，由于疫情的发生使这些中小企业第一次有了物料方面的担心。哈勃智慧云由于通过智能制造而能掌握产能数据，在其平台上已经管理着超过 270 家服装面辅料企业的供应，并协调着 180 多家企业的下单生产。这使哈勃智慧云能在疫情中发挥出人意料的作用帮助中小企业解决面料的问题。在面料市场歇业，中小企业无法快速进行面料采购的情况下，哈勃智慧云可以结合各方要素，与会员单位协调，在档口闭店的情况下，从各面料商总部仓储中心直接发货，解决采购难的问题。并且哈勃智慧云于 3 月 6 日正式上线"享拼"小程序，在线就能找到相应的面辅料资源，操作简单，不仅可以帮助中小企业快速获取面料资源，还可以通过拼单降低成本。

疫情对于服装行业的冲击除了体现在物料难寻上之外，还带来了库存压力以及现金流压力。为了帮助各服装企业缓解库存压力，哈勃智慧云在整合服装制造全产业链资源、设计、原材料、生产等各环节均有成型解决方案。明确交期与快速生产的这种模式适合网红、独立设计师、电商社区等依赖小批量、快速反单的新型客户，有效满足其低库存与快速流量变现的需求，赋能服装中小企业、帮助意见领袖品牌化。所以服装企业在疫情复工有困难、供应链上下游卡壳的情况下，通过哈勃智慧云一站式就可以解决问题，从而助力中小服装企业供应链更高效、专业地完成生产。高敏带领汉帛集团投资设立的第一个工业互联网平台哈勃智慧云在其仅仅面世 1 年左右的时间里就已经体现出了它对服装行业的作用。

7.5 运筹帷幄，汉帛集团的故事还在继续

从 2002 年开始向发展自主品牌转型升级，到建立大型的品牌孵化中心，再到如今 360 度女装产业服务中心，以及对哈勃智慧云的投资建立，汉帛集团一直没有停下过前进的脚步，一直在自我改变以适应内外环境的变化。在讲到目前汉帛集团在行业内所处的地位时，高敏表示："汉帛集团并不是仅仅做单一产品，更多的是倾向于技术含量较高的时尚产品。在汉帛集团一路前行的过程中汉帛集团不断突破自我转型升级，引领国内整个服装行业的发展，符合民营企业以及时尚产业的发展路径。汉帛集团一直在做一些新的尝试和新的想法。"

哈勃智慧云的创立为汉帛集团，甚至为整个服装行业的发展开启了新的篇章，在疫情中对服装行业发挥了重要作用。汉帛集团也在不断完善和发展，作为一个创立于 1992 年的服装领军企业，它不断在发展过程当中探索新的道路，不忘初心，用高敏的话来说就是汉帛集团的目标是要做中国的"第一"。但是现如今哈勃智慧云的创立对于汉帛集团来说不仅仅是机遇也是挑战，

要做服装行业第一个吃螃蟹的企业，建立首个服装行业的工业互联网实属不易，不仅有技术方面的难题，同时让工人的思维意识转变更加困难。

尽管如此，哈勃智慧云仍在克服困难中不断完善，汉帛集团也在以新的姿态不断地向前迈进，汉帛集团的故事还在继续……

思考题

1. 请结合战略管理的相关理论知识对汉帛集团三次转型升级的动因进行分析。

2. 请结合战略转型的相关理论知识，分析汉帛集团第三次转型的类型，并分析汉帛集团为何进行第三次转型。

3. 请结合企业发展战略的相关知识，分析汉帛集团三次转型升级的发展战略框架。

4. 请结合战略管理的相关理论知识，分析汉帛集团为何能够通过三次转型升级从代工企业变为行业领军企业。

附录

附录 A 汉帛集团的发展历程

汉帛集团的发展历程见表 7-1。

表 7-1 汉帛集团的发展历程

年 份	重 大 事 项
1992	创始人高志伟创建了汉帛集团的前身杭州汇丽绣花制衣有限公司
1997	投入资金开始更新生产设备，优化生产技术
1998	开始收购厂房，建立汉帛时尚产业园区
2000	增资至 700 万美元，并投资建立了现代化的纺织服装理化测试中心
2002	中国国际青年时装设计师作品大赛设立"汉帛奖"与中国国际时装周结缘；持注册资金 6000 万元投资成立杭州瑞博房地产开发有限公司；自 2002 年起开始筹经经营自有品牌，增加研发设计环节
2005	2005 年年初，汉帛时尚产业园区的一期建设完成并正式投产，令汉帛集团的年服装生产能力提高到 1500 万件（套）
2006	购进上市公司"中国服饰"29.9% 的股份，成为该公司第一大股东迈出转型第一步，已经开始由一个代加工型企业向品牌运营型企业转变；同年，收购秋林上市公司试图进入商业领域，并且在这一年转型开发自主品牌以做外销
2008	汉帛集团时尚产业园二期完成并投产，成为杭州萧山女装园区规模最大的生产基地
2012	"汉帛奖"在高敏的带领下继续与汉帛集团进行深度合作
2013	由汉帛集团旗下子公司浙江汉帛服饰营销管理有限公司发起，与中国服装设计师协会共同合作举办了第一届 HOW！（Hempel Original Workroom，汉帛原始工作室）号集-汉帛设计师沙龙联合发布会。
2014	汉帛集团携手《周末画报》，将"中国城市生活美学"作为一个长期课题，在我国掀起一场关于"生活方式"的革命，致力于在当代人紧张忙碌的生活之中发现生活本身之美

（续）

年　　份	重大事项
2015	传统服装行业备受电子商务及智能制造的冲击，在高敏的带领下开始向柔性制造转型升级；整个集团的发展战略变得更加清晰：成为品牌的大型孵化平台，打造一个大的产业服务中心。汉帛集团再次携手《周末画报》，向读者展示当代城市文化和生活趣味，以及每个城市深厚的文化内涵和独特的历史底蕴
2016	汉帛集团旗下杭州一伙人文化传媒有限公司和杭州耀誉信息技术有限公司诞生。其中，杭州一伙人文化传媒有限公司为总公司提供品牌策划、视觉包装、活动企划、新媒体传播等服务，以此提升品牌和公司的影响力。杭州耀誉信息技术有限公司为消费者提供从信息化到仓储到线上销售的一体化体系
2019	为解决行业痛点帮助整个行业实现转型升级投资成立服装行业的首个工业互联网平台——哈勃智慧云。哈勃智慧云以智能制造为核心引擎，基于"全要素、全产业链、全生命周期"的理念，搭建服装行业云及智能制造云，助力服装领域中小企业实现转型升级

附录 B　汉帛集团旗下的子公司

汉帛集团旗下的子公司见表 7-2。

表 7-2　汉帛集团旗下的子公司

名　　称	业　　务
汉帛（中国）有限公司	面向国际市场，主要是凭借拥有的先进生产设备和检测设备，为很多我们熟知的国际品牌进行代工
杭州汇丽制衣有限公司	凭借先进的加工工艺服务于国内市场，提供多种加工服务
浙江汇丽印染整理有限公司	主要负责为集团服装加工提供配套服务，例如高档织物面料的印染及整理加工，销售本公司的产品等
浙江汉帛服饰营销管理有限公司	推出了汉帛集团旗下的三个自有品牌：HAILIVES，HEMPEL 和 NancyK
杭州一伙人文化传媒有限公司	凭其拥有的品牌包装和推广经验以及艺术设计等资源，主要为总公司提供品牌策划、视觉包装、活动企划、新媒体传播等服务，以此提升品牌和公司的影响力
杭州耀誉信息技术有限公司	为了跟上线上购物的脚步主要负责软件开发、各类网络工程、材料存储和线上销售等业务，为消费者提供从信息化到仓储到线上销售的一体化服务
杭州瑞博房地产开发有限公司	是汉帛集团旗下的一个负责房地产开发的企业，开发了林之语嘉园项目。此项目位于杭州的钱江科技城，大约可以达到 25 万 m^2，并于 2007 年推出了它的第一期项目
杭州宝灿商贸有限公司	主要经营业务包括软件技术开发、网络技术开发、服装信息技术咨询服务、网络工程开发服务和纺织服装产品技术研发与质量检测等
杭州衣维展服装设计有限公司	主要经营业务包括服装设计、包装设计、文化艺术策划（除演出中介）、批发、零售等

附录 C　哈勃智慧云的运作

哈勃智慧云的运作流程如图 7-1 所示。

哈勃智慧云的运作效果如图 7-2 所示。

哈勃智慧云的交易协同平台如图 7-3 所示。

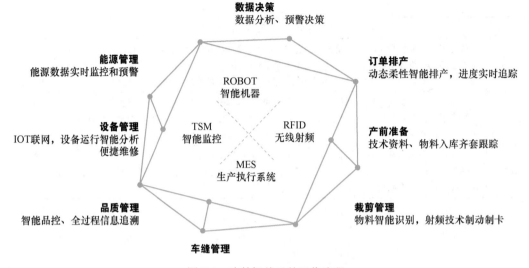

图 7-1　哈勃智慧云的运作流程

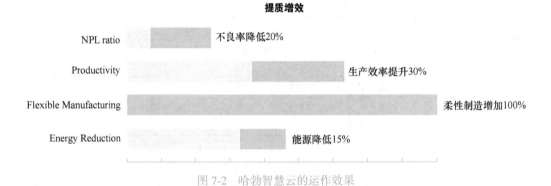

图 7-2　哈勃智慧云的运作效果

交易协同平台

平台提供多种合作模式，不论是否具备款式开发能力，都能将创意与流量变现

全案策划

适用于只有销售、流量或其他需要完整服务的需求方，提供从策划、设计、打样、生产的完整服务流程。

款式定制

具有款式设计能力的需求方，提供能打版、制样、工艺设计、面料选购、生产导入等批量生产辅助服务。

选款生产

选择自有款式、设计师推荐款式推荐贴牌生产，以及后续的快反生产服务。

静默下单

为具有系统接入能力的在线平台提供众筹销售、快反订单等静默下单接口。

图 7-3　哈勃智慧云的交易协同平台

哈勃智慧云的智能工厂三化改造如图 7-4 所示。

哈勃智慧云的全流程透明供应链如图 7-5 所示。

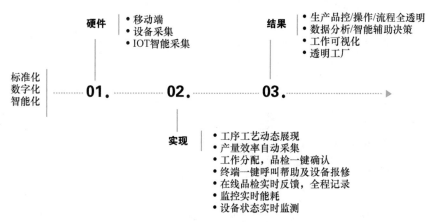

图 7-4　哈勃智慧云的智能工厂三化改造

图 7-5　哈勃智慧云的全流程透明供应链

哈勃智慧云的一站式管理如图 7-6 所示。

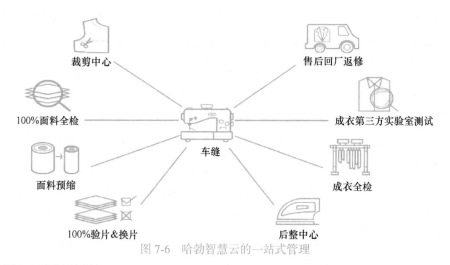

图 7-6　哈勃智慧云的一站式管理

资料来源：汉帛集团官网

【案例解析】

1. 请结合战略管理的相关理论知识对汉帛集团三次转型升级的动因进行分析。

【理论依据】

PEST 分析。

PEST 分析是宏观环境分析工具，是指通过政治（Politics）、经济（Economy）、社会（Society）、技术（Technology）这四个因素来分析企业所面临的外部宏观环境。具体内容参见上一篇恒瑞医药案例的理论依据说明，在此不再赘述。

【问题分析】

对汉帛集团的三次转型分别进行 PEST 分析。汉帛集团三次转型的 PEST 分析如图 7-7 所示。

汉帛集团第一次转型，由代工企业到开始设计经营自有品牌是在 21 世纪初期。对汉帛集团的第一次转型进行 PEST 分析：在政治方面，我国的经济由于改革开放和加入世贸组织飞速发展，我国对于服装产业的政策制度相对宽松，对于民营企业也是大力扶持，政治环境利于当时企业的发展。在经济方面，就国内情况来看，经济制度利于企业发展，加入世贸组织资源优良，经济处于高速发展当中，居民可支配收入在逐渐提高，市场机制逐渐完善，人们对服装的要求越来越高，需要有多样化的新品牌产生。就国外的经济情况来看，21 世纪初期越来越多的服装品牌、服装公司兴起，国外经济发展整体来说处于稳定状态。在社会方面，社会成员的受教育水平在逐渐提高，从事体力劳动和机械化工作的群体在逐渐减少。这些改变将会导致从事加工工作的人员在年龄结构上以中年人为多，企业如果只从事机械化的代工，就会导致企业缺乏活力、缺乏创新、不能跟上当时服装界的脚步。在技术方面，随着计算机技术和电子产品的兴起和发展，当时的行业运作、整个行业的竞争情况，以及消费群体的消费模式、消费理念都在随着技术的发展而改变。消费者相对于国外价格高昂的品牌需要更多来自国内的、符合他们消费水平以及审美的服饰。在技术上对于加工企业来说比较致命的一点是，给外国企业做代工本身就处于微利化的境地，再加上技术的升级导致加工工作更容易被机器代替，在行业中的生存岌岌可危。

汉帛集团第二次转型，以研发设计和推出自有品牌为主要任务。在此次转型期间汉帛集团推出了一系列的自有品牌，在我国服装品牌的起步阶段就在服装市场中占据一席之地，但是 2010 年电商异军突起对于汉帛集团的发展有很大的影响。对汉帛集团的第二次转型进行 PEST 分析：在政治方面，当时其所处的宏观环境方面法律法规并未对服装行业做出重大调整。在经济方面，由于受到 2008 年次贷危机的影响，经济增长放缓，就业形势严峻，实体经济面临巨大的压力，大量的中小型加工企业倒闭。严峻的经济形势给同属制造业的汉帛集团带来了很大的冲击，此时必须放缓品牌研发设计的推进，不能完全依靠实体经济维持生存。2010 年，电商异军突起，汉帛集团瞄准了时机想要以低成本切入国内的电商市场，但由于缺乏经验及技术支持，因此汉帛集团决定从电商品牌孵化及多品牌孵化入手，扶持电商品牌和其他品牌发展，成为品牌的大型孵化平台。

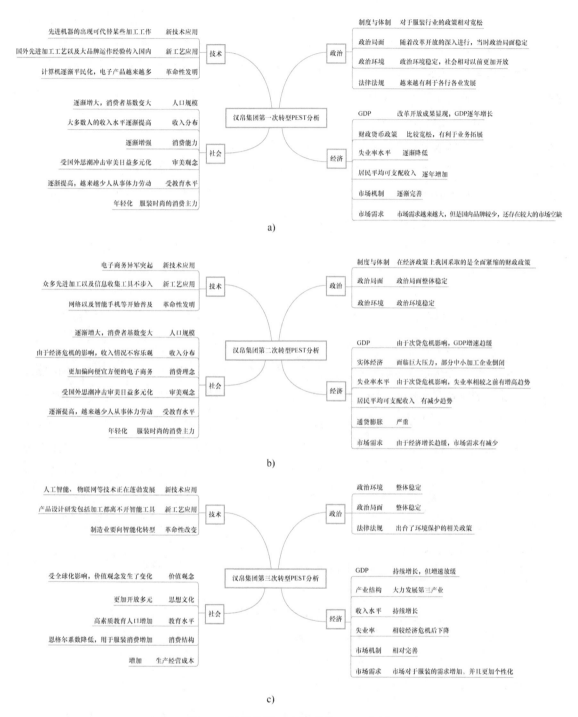

图 7-7 汉帛集团三次转型的 PEST 分析

汉帛集团第三次转型，汉帛集团与富士康形成战略联盟，于 2019 年推出了服装行业首个工业互联网平台——哈勃智慧云。在这次转型之前汉帛集团已经经历了两次转型，在服装行业已经占据了一席之地，当然这对汉帛集团来说是远远不够的。对汉帛集团的第三次转型升级进行

PEST 分析：在政治方面，我国整体发展平稳，经济由高速增长转为中高速增长，但是由于国家方面对于环境保护的重视，发布了许多关于企业绿色生产的政策条款，这就要求汉帛集团也要尽量节能绿色生产。在经济方面，我国 GDP 持续增长，近些年增速放缓，人民收入水平和消费能力持续增长，在产业结构上大力发展第三产业，失业率相较金融危机时大大降低，市场机制相对完善，市场对于服装的需求增加。在社会方面，在全球一体化的大背景下，思想更加开放，文化更加多元，消费结构中恩格尔系数降低，生产经营成本增加，高素质教育人口增加。在技术方面，我国已经步入工业 4.0 时代，人工智能、物联网等新技术正在蓬勃发展，智能工厂越来越多。工业 4.0 时代主要是要将制造业向智能化转型。汉帛集团的发展一向是赶在时代前列的，为赶上工业 4.0 革命，汉帛集团势必要向智能化转型引领行业发展。

2. 请结合战略转型的相关理论知识，分析汉帛集团第三次转型的类型，并分析汉帛集团为何进行第三次转型。

【理论依据】

企业战略转型、数字化转型、SOWT 分析。

（1）企业战略转型的分类

企业战略转型是指企业长期经营方向、运营模式及相应的组织方式、资源配置方式的整体性转变，是企业重新塑造竞争优势、提升社会价值，达到新的企业形态的过程。战略转型的表现形式既包括战略内容的改变，又包括战略制定过程的改变。战略内容的改变侧重于企业战略定位、竞争手段与战略行为变化。战略制定过程的改变强调企业战略形成与实现，由一系列战略制定与执行的具体活动构成。按战略转型的方向和剧烈程度两个维度可以将战略转型划分为四种类型：激进型战略转型、渐进型战略转型、侵蚀型战略转型与结构型战略转型。按战略定位的改变可以将战略转型划分为一体化战略转型、国际化战略转型、差异化战略转型、多元化战略转型、数字化战略转型、专一化战略转型等。战略转型的分类如图 7-8 所示。

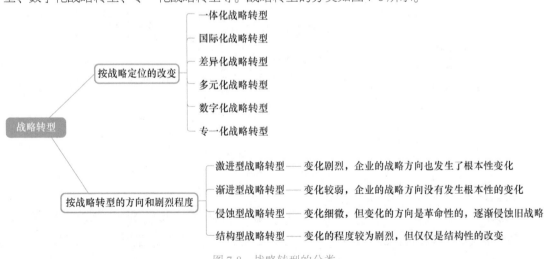

图 7-8　战略转型的分类

（2）数字化转型

数字化转型是指通过利用现代技术和通信手段，改变企业为客户创造价值的方式。如今，数字技术正被融入产品、服务与流程当中，用以转变客户的业务成果及商业与公共服务的交付方式，这就是数字化转型。这通常需要客户的参与，但也涉及核心业务流程、员工，以及与供应商及合作伙伴的交流方式的变革。数字化转型是建立在数字化转换、数字化升级基础上的，又进一步触及公司核心业务，以新建一种商业模式为目标的高层次转型。根据高德纳（Gartner）咨询公司的 IT Glossary（信息技术词汇表）给出的解释：数字化转型反映的是"信息的数字化"，是指从模拟形态到数字形态的转换过程，例如从模拟电视到数字电视、从胶卷相机到数字相机、从物理打字机到 word 软件，其变革的本质都是将信息以"0—1"的二进制数字化形式进行读写、存储和传递。相比而言，数字化升级强调的是"流程的数字化"，运用数字技术改造商业模式、产生新的收益和价值创造机会，例如企业资源计划（Enterprise Resource Planning，ERP）系统、客户关系管理（Customer Relationship Management，CRM）系统、供应链管理（Supply Chain Management，SCM）系统等都是将工作流程进行了数字化，从而倍增了工作协同效率、资源利用效率，为企业创造了信息化价值。然而，高德纳给数字化转型下的定义是开发数字化技术及支持能力以新建一个富有活力的数字化商业模式。

（3）SWOT 分析

SWOT 分析（也称 TOWS 分析法、道斯矩阵）即态势分析法，20 世纪 80 年代初由美国旧金山大学的管理学教授韦里克提出，经常被用于企业战略制定、竞争对手分析等场合，包括分析企业的优势（Strength）、劣势（Weakness）、机会（Opportunity）和威胁（Threat）。因此，SWOT 分析法实际上是将对企业内外部条件各方面进行综合和概括，进而分析组织的优势和劣势，面临的机会和威胁的一种方法。SWOT 分析法可以帮助企业把资源聚集在自己的强项和机会最大的地方，并让企业的战略变得明朗。

【问题分析】

汉帛集团第三次转型升级的类型。

汉帛集团第三次转型升级是从品牌的孵化平台向投资创办工业互联网的转型升级，但是这次升级对哈勃智慧云的投资建立是建立在原来的基础业务包括加工制造、品牌运营，以及品牌孵化都不摒弃的基础之上的，是对这些业务起到极大提升作用的技术升级，就此来说此次转型属于渐进型战略转型，变化较弱且企业的战略方向没有发生根本性的改变，企业的根本目标仍然是打造一个 360 度的女装产业服务平台，想要通过哈勃智慧云以智能制造为核心引擎，基于"全要素，全产业链，全生命周期"的理念，搭建服装行业云及智能制造云，把产业链的最小单元整合到其中，从而助力整个服装行业完成转型升级。汉帛集团第三次转型升级投资创办工业互联网哈勃智慧云主要是运用先进的互联网技术，以及将智能的电子设备和服装行业的生产制造结合在一起，帮助服装行业整合原材料信息、时尚信息、加工制造信息等，期望帮助整个服装行业实现转型升级。所以，汉帛集团的第三次转型升级就战略定位来说，商业模式发生了变化，属于数字化转型。用 SWOT 分析法分析汉帛集团第三次转型见表 7-3。

表 7-3　用 SWOT 分析法分析汉帛集团第三次转型

优势分析（S）	劣势分析（W）
（1）30 多年来立足于服装行业的经验 （2）与智能制造富士康的战略联盟 （3）创办大型孵化平台的基础 （4）与时尚界的合作	（1）缺少相关计算机方面的技术 （2）缺少高科技人才 （3）企业工人对柔性制造思维转变的困难
外部机会（O）	外部威胁（T）
（1）消费者需求的转变呼吁柔性制造转型升级 （2）哈勃智慧云诞生于工业 4.0 时代 （3）服装行业的工业互联网是一片蓝海 （4）服装行业整体具有转型升级的需求	（1）同行业国内外竞争者带来的威胁 （2）外界对于服装行业工业互联网的陌生

汉帛集团第三次转型升级，即创办服装行业的首个工业互联网平台的优势：首先，汉帛集团作为一个立足于行业 30 多年的企业，经历了多次战略调整，在服装行业经验丰富，既有原始设备制造商的基础，又有品牌运营的基础；其次，它此次与拥有柔性制造体系的富士康合作，在一定程度上能够缓解技术上的压力；再次，它之前有创办大型孵化平台的基础，已经掌握了关于服装运营方面足够的知识和技术；最后，它与时尚界的合作可以解决哈勃智慧云时尚知识的搜集问题。汉帛集团实现此次转型的劣势：首先，是技术问题，汉帛集团不同于阿里巴巴等电子商务企业有强大的互联网技术方面的支持；其次，高科技人才比较少，并且在人才引进上存在困难，据高敏说那些高科技人才一听是服装企业就不想来了，所以汉帛集团在计算机方面的高科技人才引进上有很大的劣势；最后，因为在之前服装行业一直是刚性生产，现在突然转变思维引进柔性生产，对工人来说思维一时难以改变。

对于汉帛集团来说，此次转型升级既有外部机会又有外部威胁。外部机会主要体现在由于随着互联网的发展人们的需求也发生了很大的改变，以前的订单是大批大量的，由于现在消费者的需求是个性化的、小众的，所以订单也变为小批量的、动态的，这些情况的出现呼吁整个服装行业进行柔性制造转型升级。近几年互联网及电子计算机技术高速发展，各行各业都在逐步进行数字化转型，服装行业同样也有这个需求，所以处于工业 4.0 时代这一背景也推动了汉帛集团此次的转型升级。对于服装行业来说，工业互联网是一片蓝海，对其进行开发不仅可以规避现有的竞争，还可能引领整个行业的发展，获得意外的收获。当然就汉帛集团的此次转型升级来说，也有一定的外部威胁，首先是国内外同行业竞争者带来的威胁；其次是服装行业工业互联网作为一个新兴事物外界对其比较陌生，从接触到熟悉需要一定的时间。这都可能会对汉帛集团的此次转型造成威胁。

3. 请结合企业发展战略的相关知识，分析汉帛集团三次转型升级的发展战略框架。

【理论依据】

发展战略。

发展战略是指关于企业如何发展的理论体系。发展战略就是一定时期内对企业发展方向、发展速度与质量、发展点及发展能力的重大选择、规划及策略。企业战略可以帮助企业指引长远发展方向，明确发展目标，指明发展点，并确定企业需要的发展能力。战略的真正目的就是要解决企业的发展问题，实现企业的快速、健康、持续发展。发展战略包括四部分：愿景、战略目标、业务战略和职能战略。愿景为企业指明了发展方向，战略目标明确了企业的发展速度与发展质量，业务战略明确了企业的战略发展点，职能战略确定了企业的发展能力，通过四个上下相互支撑的组成部分，形成了能够解决企业发展问题的发展战略理论体系。如果企业要实现发展，就需要思考以下四个问题：

1）企业的发展方向，也就是企业未来要发展成为什么样子？

2）企业的发展速度与质量，也就是企业未来以什么样的速度与质量来实现发展？

3）企业的发展点，也就是企业未来从哪些发展点来保证这种速度与质量？

4）企业的发展能力，也就是企业未来需要哪些发展能力支撑？

这四个问题是以企业发展为导向的。这四个问题的答案能系统解决企业的发展问题。它们分别解决企业的发展方向、发展速度与质量、发展点和发展能力问题。如果这四个问题都能有效解决，那么企业的发展问题就能系统地、有效地解决并能形成一个战略解决方案。发展战略由愿景、战略目标、业务战略和职能战略四部分组成。

1）愿景：企业未来要成为什么样的企业？

2）战略目标：企业未来要达到什么样的发展目标？

3）业务战略：企业未来的发展点是什么？需要发展哪些产业、哪些区域、哪些客户和哪些产品？怎样发展？

4）职能战略：企业未来需要什么样的发展能力？需要在市场营销、技术研发、生产制造、人力资源、财务投资等方面采取什么样的策略和措施以支持企业愿景、战略目标、业务战略的实现？

发展战略框架是一种良好的战略方法论体系，它通过明确企业发展方向、发展速度与质量、发展点和发展能力等战略问题，帮助企业真正解决发展问题，实现企业的快速、健康、持续发展。发展战略框架分析如图7-9所示。

【问题分析】

对汉帛集团这三次转型的发展战略框架进行分析：在汉帛集团进行第一次转型升级，也就是由一个单一的代加工型企业向品牌运营型企业转变时，这个阶段的愿景体现在对企业利润、生存、发展壮大的追求上。第一次转型的最主要动因是当时给国外做代工一直处于微利化的境地，并且就行业发展情况来看，向品牌运营型企业转型升级有更大的发展空间。这时候企业的愿景是能够获得更高的利润，在竞争中生存，成为一个集研发、设计、制造为一体的服装企业。在战略目标上，企业希望拥有自己的核心技术和自主品牌以摆脱微利化的境地，实现企业发展。在业务战略上，企业只有通过研发自有品牌向品牌运营型企业转型升级，才能在当时加工企业的竞争中胜出。在服装品牌上，汉帛集团以消费人群年龄和消费者需求进行市场细分，以消费人群的年龄和消费者需求为切入点，先后成功开发了多个针对不同消费群体的自有品牌。在人才引进方面，汉帛集团邀请了日本著名的服装设计师对服装的设计工作进行指导，通过这些

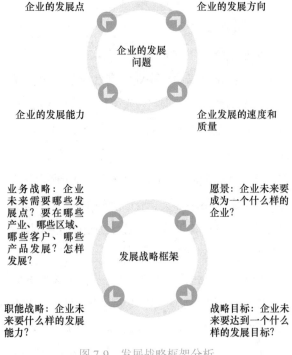

图 7-9 发展战略框架分析

品牌的推出以期逐渐扩大企业规模。在职能战略上，企业需要开拓自己的品牌市场，需要有自主设计的能力，所以企业对于现有市场进行了市场细分，并且引进了相关的服装设计和品牌运营的人才。企业还需要具有一定的营销能力，在这方面汉帛集团与中国国际时装周形成战略联盟，设立汉帛奖，相当于为汉帛集团打了广告。

在汉帛集团第二次转型升级，也就是由品牌运营型企业向品牌的大型孵化平台转型升级时，这时候一方面是传统的服装行业遭到电商的冲击，另一方面由于经济危机给服装制造业带来了冲击。汉帛集团在第二次转型升级时对于自身发展战略的考量包括：在愿景方面，汉帛集团一直以来希望打造一个360度女装产业服务中心，从设计研发到生产物流，搭建出完善的体系，同时以时尚潮流文化为主线，带动整个平台。在这一个阶段的战略目标是首先建立一个品牌的大型孵化平台，在经历了经济危机和电子商务的冲击之后希望通过扶持电商品牌和其他品牌的方式以低成本切入国内市场，从制造到零售端全程包揽，打造一个大的产业服务中心；在业务战略上，企业的主要着眼点在于从电商品牌孵化及多品牌孵化入手，扶持电商品牌和其他品牌发展；在职能战略上，在这一阶段的转型升级，由于是要扶持其他品牌的发展，所以在职能战略方面汉帛集团需要有从服装生产原材料供应到生产制造再到零售端这一整个过程的运营能力。正因为对职能战略做了分析，汉帛集团在实施转型升级时，整体的规划分为了三大板块，并且考虑到营销方面的问题，与中国国际时装周、《周末画报》等形成了战略联盟，扩大了知名度。

汉帛集团第三次转型升级，也就是从建立品牌的大型孵化平台到推出服装行业的首个工业互联网——哈勃智慧云。这次转型升级是发生在工业 4.0 背景之下，旨在助力时尚制造行业实现从刚性制造到柔性制造的转型。汉帛集团第三次转型升级的发展战略分析如下：在企业愿景方面，汉帛集团期望通过哈勃智慧云以智能制造为核心引擎，基于"全要素，全产业链，全生命周期"的理念，搭建服装行业云及智能制造云，把产业链的最小单元整合到其中，从而助力整个服装行业完成转型升级。这个阶段的战略目标是解决时尚制造业的痛点，实现转型升级。在业务战略上，汉帛集团着眼点在于与富士康形成战略联盟，富士康将柔性生产与智能制造能力导入汉帛集团的生产体系中，打造服装行业首个工业互联网平台，解决缺少智能制造、供应链整合等行业痛点。在职能战略上，汉帛集团首先需要解决的是技术问题，于是选择与富士康形成战略联盟，而且与富士康的联盟也是利用事件营销的方法做了一次宣传，并且要开发一个如此强大的产业互联网，自然需要强大的技术能力，以及搭建技术团队的组织协调能力。

汉帛集团三次转型的发展战略框架分析见表 7-4。

表 7-4　汉帛集团三次转型的发展战略框架分析

转型阶段 发展战略框架	向品牌运营型企业转型升级	向大型品牌孵化平台转型升级	向建立工业互联网平台转型升级
愿景	在竞争激烈的加工企业中生存发展	希望打造一个 360° 女装产业服务中心	期望通过哈勃智慧云以智能制造为核心引擎，助力整个服装行业完成转型升级
战略目标	拥有自己的核心技术及自主品牌，摆脱微利化的境地，实现企业发展	建立品牌的大型孵化平台，通过扶持电商品牌和其他品牌的方式以低成本切入国内市场	通过哈勃智慧云的推出，解决时尚制造业的痛点，实现转型升级
业务目标	通过研发自有品牌向品牌运营型企业转型升级	主要着眼点在于从电商品牌孵化及多品牌孵化入手，扶持电商品牌和其他品牌发展	打造服务行业首个工业互联网平台，解决缺少智能制造、供应链整合等行业痛点
职能目标	需要有自主设计品牌的能力、运营能力，以及营销能力	需要有从服装原材料供应到生产制造再到零售端整个过程运营的能力	汉帛集团首先需要解决的是技术问题，其次是对营销方法的选择问题，最后是组织协调能力问题

4. 请结合战略管理的相关理论知识，分析汉帛集团为何能够通过三次转型升级从代工企业变为行业领军企业。

【理论依据】

微笑曲线、蓝海战略、创新战略。

（1）微笑曲线

国内重要科技业者宏碁集团创办人施振荣，在 1992 年为了"再造宏碁"提出了有名的"微笑曲线"（Smiling Curve）理论，以作为宏碁的策略方向。后来，在实践中，施振荣先生将"微笑曲线"加以修正，推出了施氏"产业微笑曲线"以作为我国台湾各种产业的中长期发展策略的方向。

　　微笑曲线，两端朝上。在产业链中，附加值更多体现在两端：研发和营销，处于中间环节的制造附加值最低，如图 7-10 所示。微笑曲线中间是制造；左边是研发，属于全球性的竞争；右边是营销，主要是当地的竞争。当前制造产生的利润低，全球制造业已供过于求，但是研发与营销的附加价值高，因此产业未来发展趋势应向微笑曲线的两端发展，也就是在左边加强研发，在右边加强客户导向的营销与服务。微笑曲线有两个要点：第一个是找出附加价值在哪里，第二个是关于竞争的形态。微笑曲线的孕育因素包括竞争压力、周期压力、生存压力、附加价值、发展趋势和发展环境。

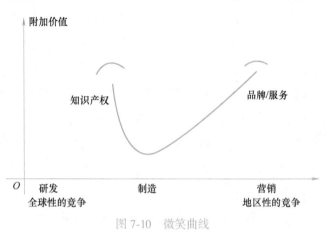

图 7-10　微笑曲线

　　微笑曲线给企业的启示：首先是企业的产品与服务要有持续性的附加价值（盈余），企业才能够生存下去。其次是企业要有高附加价值的产品方向与服务，才能有高获利的潜力，方能确保企业的永续经营。

　　（2）蓝海战略

　　蓝海战略（Blue Ocean Strategy）是由欧洲工商管理学院的 W·钱·金（W. Chan Kim）和莫博涅（Mauborgne）提出的。

　　蓝海战略认为聚焦于红海等于接受了商战的限制性因素，即在有限的土地上求胜，否认了商业世界开创新市场的可能。运用蓝海战略，视线将超越竞争对手移向买方需求，跨越现有竞争边界，将不同市场的买方价值元素筛选并重新排序，从给定结构下的定位选择向改变市场结构本身转变。价值创新（Value Innovation）是蓝海战略的基石。价值创新挑战了基于竞争的传统教条，即价值和成本的权衡取舍关系，让企业将创新与效用、价格与成本整合为一体，不是比照现有产业最佳实践赶超对手，而是改变产业景况重新设定游戏规则；不是瞄准现有市场"高端"或"低端"消费者，而是面向潜在需求的买方大众；不是一味细分市场满足消费者偏好，而是合并细分市场整合需求。

　　构思蓝海的战略布局需要回答以下四个问题：

　　1）哪些被产业认定为理所当然的元素需要剔除？

　　这个问题促使企业剔除某些和其他企业的竞争元素，虽然这些元素经常被认为是理所当然的，但是它们不再具有价值了。

2）哪些元素的含量应该被减少到产业标准之下？

这个问题促使企业审视现有产品或服务是否在功能上设计过头，是否只为打败竞争对手，徒然增加成本。

3）哪些元素的含量应该被增加到产业标准之上？

这个问题促使企业发掘产业中消费者不得不做出的妥协。

4）哪些产业从未有过的元素需要创造？

这个问题帮助企业发现买方价值的全新源泉，以创造新需求改变产业战略定价标准。

（3）创新战略

创新战略是以产品的创新和产品生命周期的缩短为导向的一种竞争战略，采取这种战略的企业往往强调风险承担和新产品的不断推出，并把缩短产品由设计到投放市场的时间看成自身的一个重要目标。创新战略又称"结构性战略"或"分析性战略"，是企业依据多变的环境，积极主动地在经营战略、工艺、技术、产品、组织等方面不断进行创新，从而在激烈竞争中保持独特优势的战略。它包括产品创新、生产技术创新、组织与管理研究创新和研究开发创新。根据创新的难度和特点，创新可以分为领先型创新、跟随型创新和依赖型创新三种。

创新战略的内容、创新的分类及特点分别如图7-11、图7-12所示。

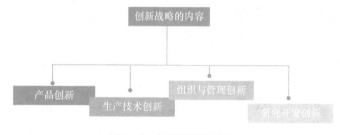

图7-11　创新战略的内容

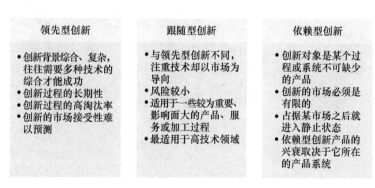

图7-12　创新的分类及特点

【问题分析】

汉帛集团能够从一个代工企业发展到现如今行业领军企业与其发展历程当中的这三次转型

升级有着非常重大的关系。在汉帛集团第一次转型升级当中，从一个代加工型企业向品牌运营型企业转变，此次转变主要是由汉帛集团的创始人高志伟领导的。这次转型的主要原因是由于国际大买家的压榨使本就利润微薄的代工企业更是无利可图，再加上由于我国服装行业起步较晚，当时代工行业竞争非常激烈。结合微笑曲线可知，企业要想在国内外竞争中生存下来，提升附加价值和利润、用研发掌握核心技术、一直拥有自己的品牌和运营体系是十分重要的。在微笑曲线当中，我们也可以看出，只靠生产制造所能带来的附加值远低于研发和品牌带来的附加值，所以当时高志伟恰恰是知道了要从激烈的竞争中脱身就必须转型做自己的品牌、掌握核心技术、实现转型升级。

汉帛集团的第二次转型升级，即从发展自有品牌向品牌的大型孵化平台转型时，面临的情况是电子商务在国内异军突起，再加上全国经济刚刚遭受重创，所以这个阶段社会消费群体更偏向新颖、便捷并且价格低廉的消费方式。此时的汉帛集团想要加入电子商务的潮流以低成本切入市场，但是从2002年开始一直倾向于自有品牌的研发与销售，技术方面也没有类似阿里巴巴等电商企业的强大技术支持和经验。汉帛集团为了摆脱电商领域激烈的红海竞争，另辟蹊径，决定开辟品牌的大型孵化平台这一蓝海去规避竞争，获取新的品牌孵化需求，从而用实行蓝海战略的方式，以低成本切入了市场。

在汉帛集团第三次转型升级当中，其与富士康合作开创了服装行业的首个工业互联网平台——哈勃智慧云。此次汉帛集团的大胆作为旨在解决行业痛点，例如缺少智能制造，缺少供应链整合，信息数据难以获得，以及缺少当下能够满足消费者个性化需求的优秀内容和产品等问题，从而带领整个时尚行业向产业互联网和智能制造方向转型升级，共同迈向工业4.0时代。我们结合蓝海战略可以看出，此次转型升级同样为汉帛集团开拓了新的战略蓝海，哈勃智慧云是我国服装行业第一个工业互联网平台，因此建立这个工业互联网平台可以很好地规避当时来自电子商务，以及快时尚企业的激烈竞争，同时可以创造并获取新的需求，追求差异化和低成本。再结合创新战略来看，此次转型升级属于在技术和经营战略上的创新，从而再一次在激烈竞争中保持汉帛集团独特的优势。汉帛集团此次推出的哈勃智慧云，由于是中国服装行业第一个工业互联网平台，开创了我国服装行业工业互联网的先河，创造了一个全新的需求空间，因此按照创新的分类应该属于难度最大的领先型创新。创新是现代管理的精髓，也是汉帛集团成功的关键因素之一。

参考文献

[1] 潘安成. 企业战略变革动因理论的述评与展望 [J]. 预测，2009，28（1）：1-8.

[2] 薛有志，周杰，初旭. 企业战略转型的概念框架：内涵、路径与模式 [J]. 经济管理，2012，34（7）：39-48.

[3] HUNGER J D，WHEELEN T L. 战略管理精要第：英文版 第5版 [M]. 栾玲，译. 北京：中国人民

大学出版社，2012.

［4］ LEVY A，MERRY U. Organizational transformation：Approaches，strategies，theories ［M］. Santa Barbara，California：Greenwood Publishing Group，1986.

［5］ 姜勇，修国义. 企业战略转型的本质及其影响因素分析 ［J］. 科技与管理，2007（2）：51-53.

［6］ 邓少军，焦豪，冯臻. 复杂动态环境下企业战略转型的过程机制研究 ［J］. 科研管理，2011，32（1）：60-67；88.

［7］ 杨锡怀，王江. 企业战略管理：理论与案例 ［M］. 4 版. 北京：高等教育出版社，2016.

［8］ 唐孝文，刘敦虎，肖进. 动态能力视角下的战略转型过程机理研究 ［J］. 科研管理，2015，36（1）：90-96.

［9］ 金京，戴翔，张二震. 全球要素分工背景下的中国产业转型升级 ［J］. 中国工业经济，2013（11）：57-69.

［10］ 杜传忠，杨志坤. 德国工业 4.0 战略对中国制造业转型升级的借鉴 ［J］. 经济与管理研究，2015，36（7）：82-87.

［11］ 童有好. "互联网+制造业服务化"融合发展研究 ［J］. 经济纵横，2015（10）：62-67.

［12］ 张利瑶. 快时尚下服装企业库存管理的问题与对策 ［J］. 中国商贸，2014（31）：173-174.

［13］ 彭丽娟. 快时尚消费观对服装市场的影响研究 ［J］. 戏剧之家，2017（22）：236.

［14］ 破"疫"复工"新基建"按下快进键 ［J］. 通信世界，2020（7）：13.

［15］ 蒋雅丽. 抗"疫"之下"新基建"的意与益 ［J］. 通信世界，2020（7）：14-15.

［16］ 天极网. 哈勃智慧云在京发布　携手合作伙伴掘金服装产业互联网 ［EB/OL］. （2019-04-18）［2020-02-27］https：//baijiahao. baidu. com/s？id＝1631121318804983343&wfr＝spider&for＝pc.

［17］ 汉帛国际. 汉帛（国际）集团简介 ［EB/OL］. （2019-03-17）［2020-02-27］. http：//www.hempelgroup.com/.

［18］ 搜狐网. 创业家，"汉帛集团有限公司董事长：高志伟先生的创业路" ［EB/OL］. （2018-12-11）［2020-03-28］. http：//www.sohu.com/a/281054056_117373.

［19］ 穿针引线网. "中国时尚 20 年｜汉帛集团：身肩行业使命　砥砺前行" ［EB/OL］. （2017-08-22）［2020-03-28］. http：//www.eeff. net/wechatarticle-154428. html.

［20］ 徐宁，皮建才，刘志彪. 全球价值链还是国内价值链：中国代工企业的链条选择机制研究 ［J］. 经济理论与经济管理，2014（1）：62-74.

［21］ 百度网. 李瀛寰. "对话汉帛总裁高敏：哈勃智慧云撬动时尚业向产业互联网转型" ［EB/OL］. （2019-04-19）［2020-03-28］. https：//baijiahao.baidu.com/s？id＝1631226775394733501&wfr＝spider&for＝pc.

［22］ 砍柴网. "当富士康遇见缝纫机　哈勃智慧云就这样来了" ［EB/OL］. （2019-04-22）［2020-03-28］. https：//baijiahao. baidu. com/s？id＝1631493606905372268&wfr＝spider&for＝pc.

［23］ 哈勃智慧云. 哈勃智慧云官方网站：领先的服装领域工业互联网平台 ［EB/OL］. （2019-10-24）［2020-03-28］https：//www.huberbuy.com/.

［24］ 东方网. 哈勃智慧云：破局疫情下的中国服装产业 ［EB/OL］. （2020-02-25）［2020-03-28］. https：//capital. huanqiu.com/article/9CaKrnKpAqH.

［25］ 居新宇，潘钦栋，穆祥滨，等. 圆梦汉帛 ［J］. 中国纺织，2006（9）：50-59.

煌上煌：鸭王争霸中的数字化转型

摘要：本案例主要讲述了煌上煌集团在面临业绩大幅度下降、行业竞争越来越激烈的困境时，通过在数字化生产、数字化销售、数字化促销以及数字化办公等方面的数字化转型战略的不断推进，逐步化解危机，形成独特的竞争优势并大力发展等内容。本案例以煌上煌集团发展过程中的数字化转型过程为主线，探究其如何将数字化融入企业运行的方方面面。本案例涉及了当前企业发展的热门话题，即在互联网大力发展的今天，企业是如何利用数字化转型找到自己独特的发展道路并持久发展的，希望给其他传统食品企业提供一定的借鉴。

关键词：卤味行业　数字化转型　战略转型

8.0 引言

2012 年 9 月 5 日，是徐桂芬多年后也难以忘记的一天。如同细心培养的孩子终于长大一般，由徐桂芬自 1993 年开设的仅有几十平方米的南昌煌上煌烤禽社（简称煌上煌）在经历近 20 年的艰辛发展后，终于首次于深圳中小板成功上市，代码 002695，首次发行 3098 万股，发行价格 30 元/股。作为农业产业化国家重点龙头企业，煌上煌成为当之无愧的"中国酱卤第一股"。"股票代码 95，上市日为 9 月 5 日，敲钟在 9 时 25 分，非常好。"煌上煌副董事长褚建庚觉得这一切浑似天成。听着丈夫的话，徐桂芬也感觉煌上煌的未来一片光明。

然而好景不长，2016 年的某一天，徐桂芬刚接受完采访回到办公室，回想煌上煌过去 20 年的种种过往，深感这一路创业艰辛。然而，在看到桌上摆着的 2015 年年报数据后，忧愁顿时涌上心头。数据显示，2015 年企业实现归属上市公司股东的净利润 6088.06 万元，同比减少38.27％；每股收益 0.48 元，同比减少 40％。相比之下，卤味行业的其他两大领军企业周黑鸭和绝味鸭脖的营收相差不大，煌上煌的营收却仅占绝味鸭脖的 1/3，这个最老牌的卤味企业不知从何时起已经掉队很远。徐桂芬很清楚地意识到，在经历了 20 多年的飞速成长后，如今的煌上煌正处于其发展的低谷时期。到底是什么原因造成了这种局面？又该如何解决面临的这一困境而重获新生呢？徐桂芬陷入了沉思。

就在这时，徐桂芬的儿子褚浚走了进来，显然他也看到了年报数据。看到母亲一片愁容，褚浚将自己数字化转型的想法告诉了徐桂芬。听了儿子的一番讲解，徐桂芬茅塞顿开，深刻认识到了此时进行数字化转型的重要性和急迫性，立刻召开了紧急会议，开始了严密的部署……

8.1　白手起家，逆袭人生

1968 年，年仅 17 岁的徐桂芬作为知青来到江西省奉新县的一个贫困乡村，并在那里度过了一段艰辛的日子。正是这段经历让徐桂芬在今后面对磨难的时候一直保持积极的心态，一次次打破困境。1973 年，徐桂芬因病返回了南昌。刚回南昌时，徐桂芬没有一份正式工作，只能到处打工，过得十分辛苦。直到 1976 年，因为父亲的公司招工，徐桂芬才终于获得了一个职位：南昌一个菜市场的销售人员。1979 年，由于为人热情大方、销售业绩好、表现出众，徐桂芬进入南昌市食品公司，转为正式员工。

1993 年，徐桂芬迎来了人生中的一次严峻挑战。由于食品公司的发展越来越差，徐桂芬下岗了。但长期在艰苦条件下生活的徐桂芬早已养成坚忍的意志，并没有就此一蹶不振。相反，在这个契机下，徐桂芬开启了创业道路。由于在原来的公司工作了很久，徐桂芬对食品行业十分了解。她首先在本地的菜市场开展了一次调研，很快察觉到很多菜市场里都开着卤味店，也有大量的消费者前来购买卤味食品。但神奇的是，整个南昌却没有一家当地特色的卤味店，而现存的这些卤肉店大多是从温州和潮州拓展过来的。同时，这些卤味也存在一些不足之处，例如温州人售卖的卤味食品多样化，但对南昌人来说其口味太淡；而潮州的卤味基本是一些海鲜食品，品种过于集中。徐桂芬认为，如果将这两种卤菜产品取长补短，研究出符合本地特色的卤味产品，一定会在南昌甚至整个卤味市场中杀出重围。

1993 年，徐桂芬在绳金塔开设了仅有几十平方米的南昌煌上煌烤禽社。由于徐桂芬研究出的卤味相比原本的卤味产品更能满足本地人喜欢吃辣的口味，其烤禽社在刚开业的小半年里办得风生水起。但这时的煌上煌还没有建立起自己的优势，随时都有可能前功尽弃。在一段时间的经营中，徐桂芬开始想到，只有设计出不同于其他同类企业的特色产品，与其他企业区别开，才能逐渐在激烈的竞争中脱颖而出。于是在 1993 年夏，徐桂芬辗转多地，上门学习，请教众多著名的卤味名师，学到了不少独门技艺。回到煌上煌后，她把新研究出的酱鸭作为煌上煌的主推食品，并在初期免费发放给路人，这一促销手段在此之前还没有多少人尝试过，徐桂芬的决策很快扩大了煌上煌的口碑，很多人因品尝了其制作的酱鸭而逐渐发展为忠实客户。自此之后，靠着口口相传，很多人慕名而来，煌上煌开始快速发展。

从 1995 年开始，为了扩展市场份额，徐桂芬先后在南昌市创建了很多家煌上煌烤禽分社。紧接着，煌上煌的卤味食品开始向省内进军，并逐渐发展到省外的许多城市。1997 年，徐桂芬继续加快开店速度，为了降低成本，她直接花费 100 多万元创办了自己的农夫养殖合作社，并将饲养种类、交易数量、交货期限等一系列条款都做了明确的规定。靠着这一做法，煌上煌顺利渡过了 2005 年的禽流感危机，并在这一危机过后，瞬间吸引了上千个农户前来开展合作，最终构建了"公司+经济合作社+农户"的养殖模式。靠着这一模式，仅一年时间，煌上煌就已经开设了 130 多家分店。自此，煌上煌开始迅猛发展，并于 2012 年 9 月作为卤味行业的首家企业成功上市，市值超过 25 亿元。

8.2　内忧外患，风险重重

随着企业的快速发展，煌上煌迎来了发展瓶颈期，其 2015 年的营收与卤味行业其他两个巨头绝味鸭脖、周黑鸭相差甚远，仅占绝味鸭脖的 1/3。然而就在 3 年前，煌上煌才正式成功上市，成为卤味行业的第一家上市公司，"在短短几年的时间里为何就迎来这样大的发展瓶颈？是什么原因造成的？"徐桂芬陷入了沉思。

8.2.1　企业外部，危机四伏

1. 消费升级首轮红利基本消散

在煌上煌刚刚成立的时候，随着当时经济的发展和社会的进步，人们的收入在不断增加，产品选择和购买方式也更加多元化，相比之前开始对新产品有了更多的好奇心，再加上人们永无止境地对更高生活条件的渴望，随着恩格尔系数逐步降低，更多的人开始关注基本饮食以外的消费产品。煌上煌的成立恰好赶上这轮消费升级，于是它抓住这一机会，从成立之初就开始迅猛发展。然而随着生活水平的进一步提升，人们对煌上煌的新奇感逐渐降低，转而去寻找其他替代品，再加上诸如周黑鸭、绝味鸭脖等强大竞争者的出现，煌上煌已经难以获取首轮红利带来的利益，其营收、净利润的增长速度都在逐年下降。

2. 大众消费文化逐渐转型

在当今时代，年轻消费者群体已成为各大企业争抢的对象，掌握了年轻消费者群体的喜好，就掌握了未来企业发展的方向。由于煌上煌是定位于餐桌文化发展起来的，这就导致了煌上煌的消费者基本集中于 40 岁、50 岁等年龄相对比较大的消费者群体，且这一群体相对比较稳定，并随着时间的推移逐渐趋于平缓，难以帮助煌上煌取得进一步的发展。在这种情况下，如何抢先一步争取到年轻消费者群体才是化解危机、赶超竞争对手的关键，煌上煌已刻不容缓。伴随着消费升级，各大产品都已朝品牌化、年轻化、时尚化转变，从普通的饱腹产品变为可随时随地享用的休闲产品，过去路边的各种小摊已经逐渐被外观精美、风格各异的专卖店取代。因此，煌上煌这种卤味食品企业要想继续快速发展，不仅需要依靠保证产品质量、价格等基本需求的吸引力，还要将产品赋予更深层的内涵，以求契合年轻消费者的消费喜好和生活习惯，从餐桌消费文化到休闲零食文化的转型已刻不容缓。

8.2.2　企业内部，问题频发

1. 内部沟通渠道与执行机制尚未形成

煌上煌是从一家小小的门店，通过不断加盟扩张发展起来的，由于发展过于迅速，其沟通途径基本都是自发产生的，并未做明确的规定，涉及的方式过于繁杂，企业还尚未形成高效率的交流反馈途径，上下级等成员之间不能有效地协同配合；同时由于沟通效果不佳，再加上没有制定明确的考核机制，决策的下发与实施效率不高，效果也难以保证。因此，在原材料供应商、原材料质量的管理，生产线的管理，新产品研发和食品安全质量的管理等方面，煌上煌都无法及时控制和联动，以至于很难形成周密的管理模式，让企业付出很多不必要的成本支出。而且一旦企业在运转过程中有某个部门产生问题，造成食品卫生隐患，还可能会增加企业的成本或减少收入，甚至影响企业的品牌形象和大众口碑。

2. 信息化、网络化手段发展滞后

对于企业来说，面对瞬息万变的市场，有时候制定一个好的策略并不是最主要的事情，感知到市场的快速变化才最为关键。只有抓住市场的变化趋势并及时做出反应，企业才能灵活地应对各种可能发生的事件，有时甚至能拯救整个企业。煌上煌近年来发展的过于迅速，很多运行与经营环节还依赖原始手段进行操作，对网络化手段尚未产生足够的重视，导致企业内部运行效率不高。而随着近年来互联网的大力拓展，人们对产品的需求日新月异，及时发掘并设计出人们需求的产品便成为企业的当务之急。由于煌上煌的网络化手段相对滞后，相比其他企业，其感知和应对市场变化的速度就大大落后，因此，煌上煌正面临被市场淘汰的严峻挑战。

3. 急速拓展的加盟模式面临严峻的考验

对煌上煌这样的食品企业，加盟模式做出了不少的贡献。能在周黑鸭、绝味鸭脖之前抢先上市，成为卤味食品行业的第一家上市公司，这种加盟模式立下了汗马功劳。但从食品卫生方面来看，加盟店比直营店多了些无法预料的事情。煌上煌是一家销售酱卤制产品的企业，以鸭肉的加工为主。这种酱卤制做法使产品在制作期间容易被污染，更不必说日常的销售环节了。如果放置时间太久，保存方式不当，进而将受到污染的产品销售出去，不仅会增加赔偿支出，还会造成大众的信任流失。自 2011 年深圳市市场监督管理局检测出煌上煌的产品安全质量不过关后，广东煌上煌也屡屡被检出问题。煌上煌品牌下的加盟店频繁出现问题，正是由于大力拓展的加盟模式导致其尚未构建完善的监管体系，对加盟商的监管不到位，从而产生食品安全问题，即使事后追责也无法抵消先前犯下的过错。一次次问题的出现让消费者对煌上煌的信任逐渐消失，转而购买其他品牌的产品，这对煌上煌的发展产生了严重的阻碍。面对大众的质疑，煌上煌如何处理加盟模式所带来的食品安全隐患并重新获得大众的认可成了企业发展的重中之重。

另外，随着煌上煌加盟店的不断扩张，其员工分散在各地。虽然这种加盟模式可以使门店数量快速增加、业绩加速提升，但会给企业带来管理上的极大困难。例如，加盟店与总公司的沟通不畅，总部不能及时支持；在总部做出一些培训或促销活动的决策时，加盟店不能及时响应；加盟者经验不足，即使能通过参与专业的训练来获取高级技术和店面经营管理能力，但这些能力很大程度上还是要通过长时间的亲身体验才能形成。由于煌上煌的加盟店在其总门店数中占有很大的比例，其战略与文化传播非常不及时，触达率也很低，需要煌上煌尽快找到良好的解决办法。

8.3 全面数字化，开启新征程

"确定了企业存在的各种问题，接下来就该开始改变了。"徐桂芬在心里暗暗下定决心，"这次一定会成功！"

2020年4月21日，煌上煌数创中心在杭州成立，这表明煌上煌真正开启了全面数字化转型的征程。杭州不但风景优美，享有人间天堂的美誉，还是国家信息化试点城市，拥有电商之都、创新之都的名号，是企业未来数字化转型的中心。煌上煌在这里创办数创中心，是企业领导者对创新精神的追求，也是富有远见的表现。杭州数创中心将作为煌上煌全面数字化转型的起点和中心，带领企业不断探索和实践，学习运用各种全新的理念和技术，帮助煌上煌探索新一轮的发展升级。

8.3.1 数字化+生产

1. 抓住趋势，拓展市场

对于食品行业来说，对市场变化趋势的捕捉必不可少，掌握了当前的时尚潮流就意味着掌握了产品设计的目标。随着互联网科技的进步，消费者的消费重心逐渐转向网络平台，互联网给消费者提供便捷的同时，也同样让企业在大量的数据面前乱了阵脚。运用网络购物的消费者越来越多，企业可以收集的数据也成倍增长，但如此大量的数据在多数情况下难以被直接使用，所以怎样处理这些数据，怎样在大量的数据资源中找到有用的数据并合理利用便成为如今各大企业都难以避免的难题。

2018年12月，煌上煌上线了客户管理项目，这一项目以管理消费者数据为主，收集企业在生产销售与促销等过程中消费者产生的各种行为方式和消费习惯，以及对企业举办活动的反响，运用先进且适合的数据分析模型分析各种场景下产生的数据，帮助领导者更准确地制定下一步决策方案。通过这一系统，煌上煌成立了专属的会员数字化运营平台，不仅可以对企业会员进行更加优质的管理和服务，还能借助系统收集消费者信息，精准地掌握消费者的消费习惯和市场流行趋势，为产品研发和销售提供准确的思路和手段。

针对自身信息化、网络化发展滞后的严峻问题，为了及时感知市场变化，除了上线CRM系统，煌上煌还利用 App、小程序等各种消费渠道，收集消费者登录、浏览、购买、评价等一连串的消费活动信息，并及时将以上渠道收集的数据加以分析研判，从而更加精确地掌握消费者的行为习惯，为企业设计独具特色的产品和服务提供坚实有力的数据支撑。

随着科学技术的发展，食品企业逐渐研发出更完善的包装，再加上对食品冷冻技术的学习掌握，越来越多的餐桌食品逐渐演变得更方便，人们不再仅仅是为了吃饱饭而购买食物，更多的是为了休闲。2019 年，中国休闲卤制品行业市场零售规模达 1100 亿元，同比增长 20%，预计到 2020 年，卤制品零售额将达到 1235 亿元。我国商务部发布的《消费升级背景下零食行业发展报告》指出，零食行业已经成为未来快消品市场中最具有前景和活力的行业。通过 CRM 项目与各种大数据埋点，煌上煌很快便捕捉到了这一趋势，并做出将自身酱卤制产品转为日常零食类产品的大胆决策，以求吸引更多大城市中的年轻消费者。自 2017 年以来，煌上煌不断地在地铁、机场等重要的交通要道，为自己最新研发的具有食品包装的特色产品打开市场，将传统餐桌上的卤味转变为可随时随地品尝的休闲零食化食品，为自己的发展打开了更年轻化的市场。

2. 保质保量，降本增效

近几年，煌上煌开始转移发展重心，不再执着于最初的连锁店扩展，而是潜心学习新技术，引入新设备、构建新系统，旨在利用机械自动化、信息智能化来创建智能化传输线生产工厂。

2018 年 12 月，煌上煌作为中国卤味食品行业的第一家，开始在生产线上使用制造企业生产过程执行系统。运用这一数字化生产系统，企业可以依据现有的销售信息，以及对不同设备、不同阶段具体情况的分析，做出最优的生产方式决策。除此之外，在引入智能设备之前，加工后的产品一般需要自然降温，不仅造成效率的降低，产品也极易发生污染。新构建的智能生产系统很好地解决了这一问题，通过这一系统调配生产出来的产品在半小时内就能迅速降温到合适的温度，极大地提升了生产效率，也解决了日渐严峻的食品安全问题。受益于这一系统的使用，煌上煌目前的生产速度有了很大的提高，每个产品也都附上了独一无二的产品二维码，便于随时查验，让企业便于管理，让消费者安心享用。

经过近几年数字化生产系统的不断建设，以及各种先进系统和生产线的全面融合，煌上煌整个生产系统的计划层、执行层和控制层已经全线贯通、无缝对接。从对消费者购买信息的收集分析，到对产品原材料的购买使用，以及根据不同机器的具体情况而设计的全方位智能化生产流程，都在数字化信息系统的帮助下流畅地进行。同时基于数字化信息系统的应用，煌上煌对全体员工在各大指标上强化监督机制，成功地完善了对各项生产流程的成本控制，也就成功地提高了利润。

通过这一数字化改进，煌上煌成为行业中唯一集组织养殖、屠宰、初加工、深加工、销售网络为一体的数字化运营企业，生产流程顺畅，员工管理便捷，抵御风险能力强，企业的经营实力不断发展壮大。煌上煌酱卤制品完整的产业链如图 8-1 所示。

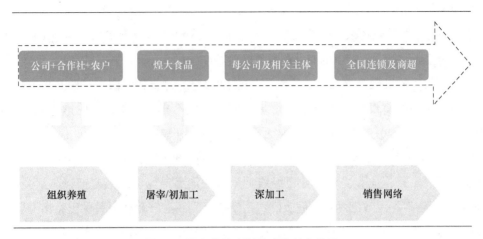

公司+合作社+农户 　　 煌大食品 　　 母公司及相关主体 　　 全国连锁及商超

组织养殖 　　 屠宰/初加工 　　 深加工 　　 销售网络

图 8-1　煌上煌酱卤制品完整的产业链

8.3.2　数字化+销售

1. 拓宽渠道，线下新零售

研究表明，经过长时间的发展，国内卤味市场中的企业均已从以产品为中心转为拓宽渠道的策略上来，把握好渠道优势是未来争夺市场份额的有效手段。如今各大企业都面临一个巨大的难题：线下门店、专柜等销售渠道所承担的租金、人力成本等负担越来越重。行业数据显示，店租、人工成本约占企业总收入的 8%~10%。线下销售的成本负担早已成为各大行业当下急需解决的难题，拓宽渠道已刻不容缓。当下社会，网购或外卖逐渐兴起且愈演愈烈，这种省事省力的消费方式获得大量年轻消费者的喜爱，即使是喜爱线下购物的消费者，为了节省时间，也更喜欢使用移动支付，于是无人零售近几年逐渐在国内流行起来。煌上煌抓住这一时机，立即着手打造无人零售平台，开创数字新零售模式。

2017 年 12 月 31 日，煌上煌创建的卤味行业首家无人智能店在南昌万达茂成立，如图 8-2 所示。与传统店铺相比，这种无人智能店不招员工，消费者自行在货架上拿走所需的产品，也不需要排队等候结账，走出店门后用手机就可以自动付款。无人店一般 24 小时营业，最大限度地提升了店铺的利用率，消费者也可以随时购买，减少不必要的时间浪费。煌上煌开无人智能店的消息激起了大量消费者的好奇心。开业当天，众多消费者专门前来体验、购买，当日销售额就突破了 1 万元。打造无人智能店这一做法从此在卤味行业兴起。这种数字化系统，成本低、速度快，可以快速将实体零售店进行全数字化的智能改造，让煌上煌能够全面收集消费者购买的全部信息。同时，无人店还使用热力图分析、面部识别等高科技手段，将消费者的行动路径、停留点、挑选的物品等信息都记录下来，掌握消费者的购物偏好和习惯，进一步改进产品与服务，提升消费者的消费体验；同时也准确地记录产品的销售情况，自动补货，节约了人力等各种成本支出。2018 年，煌上煌与函数空间共同对全国 300 多家店面进行全面的技术升级，极大地降低了人工、店面成本。

图 8-2　煌上煌首家无人智能店

为了节省成本，一般的线下零售店空间都不大，也很少给消费者留下休息的场所，因而消费者基本上都是买完东西就走，不会对品牌有很深的印象，难以保证二次消费。考虑到这一缺陷，煌上煌开始着手打造消费者购后可以聊天休息的场所，致力于将店铺改造成一个可供休闲交流的空间。

2020 年 5 月 1 日，煌上煌在江西南昌打造了第 6 代品牌终端体验店。这一体验店不但在视觉体验上进行了创新性的提升，也为消费者打造了宾至如归的服务体验。除了构建 24 小时营业时间、完善的休息区、提供免费 Wi-Fi、充电接口等各方面的细心服务外，还让消费者感受到不同于传统零售店的体验。这个体验店的建成也给煌上煌带来了持续创新的能力，给更多的传统品牌开拓了新的思路，带领行业走上了数字新零售时代。

2. 渠道融合，全网销售

为了避免过于依赖线下渠道，煌上煌也在不断开拓全新的渠道，由单纯的线下销售转至全网销售，持续开展多渠道融合策略。如今大多年轻消费者的消费方式仅凭借一部手机就能完成，于是煌上煌近几年多次与饿了么、美团等平台进行大量合作，希望能与年轻消费者群体有更多的交流。2019 年 "双 12"，煌上煌销量单日突破 2000 万元，超过平日的 200 倍，其中 60% 是年轻消费者消费的。如今在饿了么，煌上煌超过 65% 的用户年龄在 30 岁以下，将近 30% 为 "95后"。2020 年的疫情给各行各业都带来了严峻的挑战和打击，不少企业因此受到重创，甚至倒闭。但与此同时，巨大的危机中同样也会蕴藏无限的机遇，大量公司尽力用不同方式打造线上消费平台，以抵消疫情对线下业务的冲击。煌上煌也不例外，通过淘宝、饿了么等线上手段，使企业在这一困难时期仍维持着净利润的增长，线上销售额甚至能占总销售额的 35%。同时，随着互联网营销、新零售模式的不断完善，煌上煌也开始加快步伐，打造了以无人智能零售、多点位自动售卖机、线下实体门店、网络电商、外卖平台和线上商城为中心的六位一体全网销售模式，成为卤味行业第一个开展全渠道新零售模式的企业。线上与线下的多渠道融合策略，让煌上煌在年轻消费者群体中开拓出新的发展空间。在煌上煌的眼中，线上渠道的拓展并不会因此掠夺大量的线下利润，反而能挖掘到更多的消费者群体，有利于丰富品牌的客群构成，提升企业竞争力，形成自身独特的竞争优势。

8.3.3 数字化+促销

随着社会的发展和经济的进步，传统的促销手段与模式越来越难以吸引当代的年轻消费者。作为成立至今已有30多年的传统卤味品牌，煌上煌在战略转型趋势的推动下，决定以全新的数字化营销模式，加强与年轻消费者的联系。

2020年，受疫情的影响，大多数消费者很少甚至不再进行线下消费活动，全面转战线上，直播电商行业由此成为企业销售的主要渠道。煌上煌了解了这一市场趋势，抓住时机，开始在直播电商平台加大力度，并与一些具有较大号召力与影响力的关键意见领袖合作，借助网络的力量扩大品牌覆盖面，充分发挥粉丝经济的作用，并尽力提升他们的忠诚度，激励他们重复购买。经过一段时间的尝试，这种线上直播销售的全新消费形式已经成为煌上煌业绩增长的最大动力来源。

2021年3月，煌上煌凭借与广东卫视《见多识广》节目的合作案例，斩获由成都举办的2020中国数字化营销大会的"最佳整合营销传播奖"，表现出煌上煌这些年在数字化营销方面所做的巨大努力和无限的潜力。通过借助《见多识广》节目的IP资源，煌上煌将品牌与节目IP全面结合，不仅在节目上自然融入个性化的品牌宣传，在节目外还使用限量发放联名礼盒，开办"见多识广"主题店、路演活动等各种新奇的营销手段，最大化地利用节目的宣传优势和粉丝经济，大范围地获取目标消费者的关注，并激发其购买欲望。通过一系列热门话题，煌上煌越来越频繁地出现在人们的视线中，在电视台和互联网的共同作用下，节目收视人次达1.72亿，内容传播全国覆盖人次高达2亿，全面扩大了煌上煌的品牌影响力和覆盖面。

除此之外，煌上煌还与百事可乐联名打造了"玩味概念店"这一线下娱乐社交沉浸式体验场景（见图8-3）。百事可乐活力自由的品牌定位，以及其在年轻消费者群体中的认知度和感召

图8-3 煌上煌与百事可乐联名打造"玩味概念店"

力，让煌上煌逐渐在年轻群体中传播开来，并树立了一个年轻化的品牌形象，以求彻底将这个传统品牌年轻化，使其重新焕发新生。通过食品+饮料这一顺理成章的组合形式，创造一个年轻化的购物体验环境，真正实现了 1+1>2 的品牌协同效应。另外，这一快闪店所营造的沉浸式互动体验，以及一些热门明星和关键意见领袖的现场宣传，激起了年轻消费者的极大兴趣和好感，通过他们自发的口口相传，煌上煌顺利向年轻化迈进，迎来了新一轮的发展高峰。

8.3.4 数字化+办公

对食品企业来说，要想在保证食品质量的同时节约成本，产品的周转速度极为重要。这就意味着其货物产销过程中的各环节都极为复杂。如果企业内部还未形成效率高的沟通渠道，也没有制定强硬的执行机制，就会导致总部与各种运营环节难以沟通联动、员工效率低下，不但会增加不必要的成本支出，还可能导致企业难以开展各种销售手段。

针对这一难题，煌上煌通过接入云之家智能协同办公云，将企业内所有的沟通决策等数据集中在一起，并将内部不同部门的决策部署分门别类、集中下发，员工只需要在自己的运作页面内就能及时了解掌握，有效简化了办公程序，提升了工作效率。如今，煌上煌仅利用手机就能随时随地处理企业事务，以便及时控制企业运作，预防突发事件。手机端集成 OA，则可以帮助企业摆脱纸质文件，员工请假、考勤等日常情况的进展也能自行查看。不仅如此，通过云之家同事圈，员工无论在何处都可以随时分享工作点滴。员工们乐于将自己的日常工作、企业发展和最新信息进行分享，煌上煌则通过这些信息，随时掌握各地员工的工作状态、做出良性引导、倡导全员分享，再通过趣味互动的方式，生动传播企业文化、活跃氛围、增强员工的参与感、凝聚人心、形成良好的企业文化氛围、激活组织。

目前，煌上煌正在加快完善信息化运营，规划建立"六三一"工程，即建立 CRM、POS、ERP、MES、WMS、SRM 六大业务系统，HR、FMS、BI 三大管理系统和 OA 统一门户，实现以效率驱动为目标的公司整体信息化升级和落地。通过这项举措，煌上煌能够更有指向性地促进其管理的科学化，改进过去的管理方式，帮助企业长久健康地发展。

8.4 未来发展，亟待考验

从年报数据来看，2017 年—2019 年，周黑鸭营收分别为 32.49 亿元、32.1 亿元和 31.86 亿元，煌上煌营收分别为 14.78 亿元、18.98 亿元和 21.17 亿元；周黑鸭净利润分别为 7.62 亿元、5.4 亿元和 4.07 亿元，煌上煌净利润分别为 1.4 亿元、1.73 亿元和 2 亿元。从这些数据可以看出，自煌上煌进行数字化转型起，其发展就有了明显的改善。2020 年，绝味鸭脖、周黑鸭、煌上煌全年营收分别为 52.76 亿元、21.82 亿元和 24.36 亿元，净利润分别为 7.01 亿元、1.51 亿元和 2.82 亿元。这一年，与绝味鸭脖净利润下滑、周黑鸭业绩三连降相反，煌上煌实现了营收、净利润双增长。需要特别注意的是，这一年无论是营收还是净利润，煌上煌都反超了周黑鸭。

在面临困境、难以持久发展的情况下，煌上煌巧妙地抓住时机，毅然选择走上了数字化转型的道路，通过在数字化生产、数字化销售、数字化促销以及数字化办公等方面的不断推进，逐渐打造起自己独特的核心竞争力，成功地化解了危机，在短短几年内就追赶上了绝味鸭脖和周黑鸭这两个行业巨头，表现出非同一般的潜力。然而，一个企业若想在市场的浮沉中始终屹立不倒，就必须不断学习、不断探索更加适合企业的发展道路。数字化转型虽然帮助煌上煌转危为安并大力发展，但也存在诸如数据不准确、数据易被盗取、消费者难以形成信任等难题，需要煌上煌保持重视、积极解决。在未来的发展中，煌上煌怎样运用数字化战略进一步发展呢？这条路到底结果如何？还有待时间的验证。

思考题

1. 什么是数字化转型？结合煌上煌当时面临的内忧外患，说明其数字化转型的动因。

2. 结合数字化转型理论，分析煌上煌是从哪几个方面进行转型的。

3. 结合煌上煌数字化转型后的发展态势，谈谈数字化转型能帮助企业产生哪些优势。

4. 结合数字化转型的相关理论，你认为煌上煌的数字化转型战略能给其他企业带来哪些启示？

【案例解析】

1. 什么是数字化转型？结合煌上煌当时面临的内忧外患，说明其数字化转型的动因。

【理论依据】

（1）**数字化转型**

前面"汉帛集团：从代工企业到行业领军的转型升级之路"的案例解析中谈到了数字化转型的概念。数字化转型是指运用当今的先进技术和营销理念来优化企业从生产到售后的运作全过程。也即将数字化手段与产品生产、销售、促销，以及员工办公等程序相结合，来帮助企业实现竞争模式、品牌定位等的全方位变革。这种数字化手段能让企业拥有源源不断的能量，不同于以往只是单纯修理机器或补充数量，而是帮助企业重塑发展运行的创新价值观，授之以渔，而不是授之以鱼。随着转型的一步步推进，企业的运作与消费者的消费过程都逐渐变得便捷且配合默契，实现双赢。狭义来说，数字化转型也可以定义为利用互联网运作的无纸化手段或者在体育、医疗等不同范畴中运用的技术向数字化方向转变的程度。这种转型涉及参与变革的企业的方方面面。其关键点在于确立了数字化转型实际上是一场变革，而不是简单意义上对某一方面不足的改善。所以，企业在决定进行数字化转型之前，一定要仔细学习、了解引导企业变革方面的理论知识，以此作为转型基础。

（2）**数字化转型的原因**

市场环境是在不断变化的，企业仅靠一种管理运营模式不可能适应所有的市场环境。当外部环境尤其是企业所处的市场形势突然出现巨大的变化，企业现存的管理运营模式无法适应，或者需要进入更高层次的阶段时，就需要对现存的运营管理模式做出战略调整或转型升级，以保证能够更加平稳顺利地生存发展。具体而言，企业进行数字化转型的原因主要包括以下几点：

1）外部环境发生转变。随着全球经济增速的逐步放缓，我国经济的发展重心逐渐由高速增长向高质量发展转变，众多实体企业将会卷入比过去更激烈的市场竞争中，尽快找到一种更具竞争力的发展战略势在必行。在这种情况下，随科技发展而不断转型升级的数字化技术就为企业在生产方式、商业模式、企业管理等方面，开拓了一条全新的发展路径，使企业得以立于不败之地。

2）市场形势发生转变。互联网的快速发展转变了过去的市场形势：方便快捷的线上渠道掠夺了大量的线下消费群体，共享模式抑制了消费者的购物需求与欲望，丰富的线上资源改变了大众的娱乐习惯等。此外，近几年突如其来的疫情同样让市场形势产生了巨大的变化，线上办公、线上学习、线上消费等一系列新兴企业如雨后春笋般涌现，给传统企业造成巨大的冲击，众多企业正在利用数字化手段进行商业模式重构，以抵御这一严峻形势。

3）消费者的需求发生转变。随着互联网对大众生活的持续影响，各大消费服务渠道想方设法地采取各种手段来加深与消费者的联系、交流，不断提升其产品质量与服务水平。消费者的各项需求都能被及时满足，购物欲望空前高涨。但与此同时，消费者对产品的要求也在不断提升，由过去的质量、价格发展到如今的设计性、便捷性、个性化等，市场竞争越来越激烈。面对消费者的个性化要求，企业不能仅依靠过去的集中生产方式，而是要借用数字化手段，利用大数据软件对消费者信息进行研判，准确掌握消费者的购买偏好，为消费者设计出独一无二的产品，提升企业的市场竞争水平。

4）生产要素结构发生转变。在企业的发展运作过程中，一切与之相关的因素都可以称为企业的生产要素。从生产所需的原材料、生产设施，到销售所需的人员、平台等，每个因素的变化都能对企业的发展产生较大的影响。然而，由于企业运作的各环节结构分离，过去这些生产要素一般杂乱无章地存在于各个环节中，难以及时控制联动，从而产生很多不必要的成本支出。如今，数字化技术的发展加快了这些生产要素结构的转变，企业通过对生产、运输、销售等全方位的业务流程进行数字化改造，将整个运作系统联动起来，从根源上提升了效率。

【问题分析】

随着企业的快速发展，煌上煌迎来了发展瓶颈期，内忧外患的严峻形势迫使其尽快进行数字化转型，具体原因可以总结为以下几点，见表 8-1。

表 8-1 煌上煌数字化转型的原因分析

原　　因	现　实　情　况	动　　因
外患	消费升级首轮红利基本消散	外部环境变化
	大众消费文化逐渐转型	用户需求变化

（续）

原　因	现实情况	动　因
内忧	内部沟通渠道与执行机制尚未形成	要素结构变化
	信息化、网络化手段发展滞后	市场形势变化
	急速拓展的加盟模式面临严峻的考验	用户需求变化 要素结构变化

（1）外患

随着全球经济发展的放缓，中国经济的发展重心逐渐由高速增长向高质量发展转变，人们早期对煌上煌产生的新奇感也在逐渐降低，使其成立之初获取的首轮红利逐步消失。这种外部环境的变化使煌上煌这一实体经济面临更激烈的竞争，迫使其通过数字化转型为企业提供新的发展机遇。此外，互联网的高速发展使消费者有了更多的选择空间，在保证质量和价格的同时，他们更愿意购买设计好、适合自己、更有吸引力的产品。煌上煌受限于早期的发展路线，其消费群体还多集中于四五十岁较高年龄段的群体，要想长久保持发展，尽快争取到年轻消费者群体已经成为当下要解决的首要难题。在这种情况下，煌上煌必须依靠数字化转型战略，打造出满足年轻消费者个性化需求的产品和销售模式，以应对消费者需求变化对市场产生的巨大影响。

（2）内忧

早期的快速发展使煌上煌还未形成高效的内部沟通渠道与执行机制，企业在运行的很多方面会产生不必要的成本支出和安全隐患，同时，发展过于迅速也使其在很多运行与经营环节没有对网络化手段产生足够的重视，在感知和应对市场变化的速度方面大大落后于其他企业。所以在数字化时代到来之时，煌上煌有必要抓住机会将传统生产要素向以数据为关键的生产要素转变，大力推进互联网手段的构建，从根本上实现效率提升和成本结构优化，并做到对市场形势变化的及时响应。

此外，为了应对来自绝味鸭脖和周黑鸭这两个强大竞争者的威胁，煌上煌大力发展加盟模式，使其对其他方面有所忽视，产品的质量产生了很大程度的下降，食品安全问题频发；企业内部沟通执行的方式也还未完善，运行效率不足。如今消费者的需求转向对食品安全问题的重视，一次次食品安全问题的出现已经降低了消费者对煌上煌整体品牌的好感度与忠诚度，煌上煌的数字化转型已刻不容缓。

2. 结合数字化转型理论，分析煌上煌是从哪几个方面进行转型的。

【理论依据】

数字化转型。

（1）数字化转型的角度

数字化转型是在信息通信技术提供的一系列帮助的基础上，将企业运行的整个流程与信息技术相结合而完成的。具体而言，数字化转型包括以下三个角度：

转换——将过去比较落后的信息技术蜕变为如今先进的并且还在飞速成长的数字化信息技术，帮助企业完成科技系统的提升。

融合——将客观存在的事物由网络中的数字代替，从而将原本难以合作、耗时耗力的流程转变为自动化、数字化的流程，达到实时共享的效果，在真正意义上做到业务管理与数字技术的融合。

重构——为应对科技的发展进步，在不断学习数字化技术的同时，企业要尽快对生产、销售、促销、管理等整个运营流程做出整体变革。

（2）数字化转型的方式

企业数字化转型可以从以下五个方面入手：

1）企业战略数字化。在真正实行数字化转型之前，企业不仅要制定每一步数字化的战略决策，更重要的是对企业自身做出整体改变，并让上到领导层面、下到员工层面的每个人逐渐树立起数字化思维和工作习惯，调整现有的企业内部结构和业务流程，直至可以满足企业正式实施数字化战略决策，形成新的商业运行模式。企业应该主动学习先进的数字化技术，购进专业设备，善于创新、勇于改变，学会在瞬息万变的市场中抓住机会、获得先机。

2）产品数字化。企业对产品进行的数字化升级可以分为三种方式：首先是对产品本身进行数字化，从而帮助企业对整体战略做出更快速的调整；然后是增加其产品的附加值，帮助企业扩展销售市场，获得原有产品的购买群体以外的全新消费者群体，提高其市场份额；最后是对基础产品做出全方位的变革，以求完全转换消费者的购买习惯和生活方式，与自身产品相配合，形成难以被轻易击败的核心竞争力。企业可以基于对市场和自身特性的思考，进行恰当的产品数字化转型。

3）生产方式数字化。企业的生产数字化转型是指对产品生产线的数字化，企业可以通过购买新设备、新系统，利用机械自动化、信息智能化来创建智能化传输线生产工厂；同时通过使用一些先进的生产过程执行系统，将整个生产流程统一起来进行计划排产和最优化的分配，使生产流程更加灵活顺畅、降低成本、提高利润。

4）商业模式数字化。企业商业模式数字化可以通过扩展数字化平台，使用数字化营销手段来达成。企业在面临线下门店经济压力越来越重、消费者的消费习惯逐渐转为线上的情况下，打造数字化平台能够很好地降低成本，获得消费者的喜爱。传统企业要勇于发展数字化平台和营销手段，构建全新的商业模式，在这个信息技术飞速发展的市场中占领一席之地。

5）企业管理数字化。决定企业能否顺利发展的除了产品的生产销售等成效，还有企业内部的管理能力。在数字化转型的过程中，企业也要思考如何最有效地管理企业内部的各层级，接入统一的办公系统，努力寻找、培训数字化人才。

【问题分析】

为了适应新时代的发展，煌上煌的数字化进程在 10 年前就开始了，并在近几年加大发力，如今在产品、生产方式、商业模式等各方面都出现了数字化的身影。

（1）企业战略方面

从 10 年前开始数字化进程到现在，煌上煌一直在做准备工作，将各方面的发力点和实施步骤都做好详细的规划，内部的所有成员也进行了系统的培训，可以说企业从上到下各个层面都已经做好了全方位的准备，所以才能在近几年正式发力转型的时候有条不紊、快速转型，取得巨大的成效。在遇到困境之际，煌上煌也在瞬息万变的市场中抓住时机，勇敢地做出数字化转型的决策，成功构建了自己的核心竞争力。

（2）产品方面

首先对产品自身，煌上煌将其酱卤产品转变为适合平时作为零食使用的形式，并率先使用乐鲜装设计，运用可以有效阻隔空气的包装材料，减缓食品的变质速度，打造出一款具有独立包装的卤味食品。在这个基础上，煌上煌将产品增加了可随时享用的休闲旅游零食化食品这一附加值，打开了更年轻化的市场。最后，在不断地推广宣传下，将消费者对卤味产品的概念从餐桌食品转变为零食产品，让消费者对卤味产品的消费习惯不再拘泥于饭桌上，从而真正帮助产品完成转型升级。

（3）生产方式方面

煌上煌潜心于学习新工艺、新技术，购买新设备、新系统，并投入 MES、EPR 等先进的生产过程执行系统，将整个生产流程统一起来，进行计划排产和最优化的分配，制定最优化的生产流程，使生产流程更加灵活顺畅。由此，煌上煌成为行业中唯一集组织养殖、屠宰、初加工、深加工、销售网络为一体的数字化运营模式的企业，为企业的发展壮大注入了源源不断的能量。

（4）商业模式方面

为了避免过于依赖线下渠道，煌上煌不断开拓全新的渠道，由单纯的线下销售转至全网销售，持续开展多渠道融合策略。煌上煌线下打造无人店、体验店等无人零售平台，开启新零售时代；线上通过各种外卖平台、网红带货、种草以及口碑等方式开启更多线上渠道。开发了"六位一体"全网营销模式，形成了独特的竞争优势。同时加大力度与头部关键意见领袖联手，通过直播方式扩大品牌的认知度，提升消费者的忠诚度，激励他们重复购买；大力开展跨界、整合营销，运用一些契合品牌定位的营销方式，全面扩大煌上煌的品牌影响力和覆盖面。

（5）企业管理方面

煌上煌通过数字化实现移动办公，接入云之家智能协同办公云，将企业内所有的沟通决策等数据集中在一起，使所有员工的基本工作都可以通过手机、PC 端完成，有效简化了办公程序，提升了工作效率，并形成了良好的企业文化氛围，凝聚人心，激活组织。

从煌上煌数字化转型的动因可以了解到，煌上煌在进行数字化转型之前正面临严峻的内忧外患。通过以上五个方面的转型，煌上煌有针对性地解决了以上难题。例如，其顺应大众消费文化转型的现实情况而在产品方面打造的具有独立包装的卤味食品，吸引了众多年轻消费者，为自己的发展打开了更年轻化的市场；在生产方式上，引入智能化生产系统则解决了内部沟通渠道与执行机制尚未形成这一难题，极大地提升了生产效率，帮助企业获得了更多的利润。煌上煌正是通过这五个方面的数字化转型，成功脱离困境、化解危机，在激烈的市场竞争中脱颖而出，平稳健康地持续发展。

3. 结合煌上煌数字化转型后的发展态势，谈谈数字化转型能帮助企业产生哪些优势。

【理论依据】

数字化转型的作用。

（1）提高效率

数字化转型能提升效率的一个最基本的优势在于，将一系列人工工作转由机器去完成，不仅能提升基本办公速度，还能有效地减少人员极易造成的疏漏和差错，减少无用功。同时，大多数智能化数字系统都可以自动生成最优化的运作流程，去掉运作中的低效和多余环节，提高企业运营效率。数字化转型还可以使企业成员随时随地接收决策消息，处理工作任务，尽可能地利用时间，也能使企业在遇到紧急情况时更及时地调整应对。因此，数字化转型可以帮助企业提升各方面的运作效率，最大化地提高企业的市场竞争能力。

（2）降低成本

数字技术的使用可使信息成本、谈判成本、执行成本、时间成本等大幅度降低。例如，通过数字化平台，企业可以迅速获取大量的消费者行为数据，不仅免去了以往艰难获取消费者信息的成本，收集到的数据信息也更精确，数据类型也更契合企业运营，进而节省大量处理数据的成本。数字技术的应用还可以让企业直接面对消费者，充分获取消费者的想法和建议，减少一系列层级沟通所带来的成本，交易过程中的协商成本与契约成本大幅降低。更重要的是，数字化技术能使以往只能在一种业务中使用的大量固定资产或人力资本产生更多的用途，提高资产的使用效能，降低资产闲置成本。

（3）迅速捕捉市场变化

数字化技术的使用能帮助企业直接获取到消费者的行为数据和消费习惯，并运用各种先进且适合的数据分析模型分析各种场景下产生的数据，从而使领导者更快地感知到市场的变化趋势，精准地掌握消费者的消费习惯和市场流行趋势，为产品研发和销售提供准确的思路和手段，并且制定更准确的下一步行动方案。

（4）提升消费者洞察力

数字化转型能帮助企业提升消费者洞察力。与数字化转型前相比，企业经过数字化转型获取和提升的数字化技术能够更加迅速、全面地获取消费者信息，并依据企业自身的发展规划和策略，提取、分析消费者信息。经过分析消费者信息能够帮助企业迅速定位目标消费者，有针对性地研发个性化产品，并进行精准推送、精准营销，还能从中洞察到消费者的潜在需求，帮助企业开发新客户，同时提升现有消费者的黏性。

【问题分析】

由 2020 年的年报数据来看，煌上煌通过进行一系列的数字化转型措施，从 2015 年净利润持续下降的低谷时期重获新生，经过短短几年的发展，不仅在 2020 年实现营收与净利双增长，还一举反超绝味鸭脖和周黑鸭这两大行业巨头，表现出不一般的潜能，而这一切很大程度上都得益于其在近几年开展的数字化转型策略，具体而言，数字化转型给煌上煌带来了以下几个方面的优势（见表 8-2）。

表 8-2　数字化转型给煌上煌带来的优势

数字化转型的作用	煌上煌获得的优势
提高效率	提高效率
降低成本	节约成本
迅速捕捉市场变化	快速掌握市场趋势
	抵御突发情况
提升消费者洞察力	精准营销

（1）提高效率

智能化生产系统帮助企业制定的更优化的生产流程不仅能节约成本，还能提高生产效率。同时，通过数字化实现移动办公，也能帮助大多数管理人员提高业务处理的效率，从而更加迅速地响应市场的变化和企业战略上的转变，提高利润。煌上煌通过一系列数字化操作，在保证产品质量的同时，提高了产品生产效率、产品周转率、收发货确认与查询工作等方面的效率，提升了企业内部跨部门的沟通与协作效率，使企业得到更好的发展。

（2）节约成本

数字化转型创建的智能化生产系统能够帮助企业制定更优化的生产流程，以减少不必要的资源浪费，同时其自动化的生产模式也能帮助企业节省更多的人力资源，从而节约成本，获得更多的利润。通过近几年对智能化生产信息系统不断建设，煌上煌整个生产系统的计划层、执行层和控制层已经全线贯通、无缝对接，对水、电、汽、人均劳动效率、出品率五大指标的管理也在智能系统的帮助下全面加强，有效地提升了各生产基地的成本管控。另外，煌上煌利用大数据对线下门店进行的改造升级也帮助其实现了智能新零售的转变，大大减少了人工、店面成本，获得了不少利润。

（3）快速掌握市场趋势

如今获取数字化信息的科学技术比过去的信息收集方式速度更快、形式更多样，且收集来的信息价值也更高。它能让企业更快地感知到市场的趋势变化，并及时做出应对，从而推动产品的更新换代，帮助企业制定更有效的策略。通过一系列数字化转型战略，煌上煌相比其他企业，能够更迅速地收集到消费者的兴趣偏好，掌握消费者的需求，从而有针对性地生产消费者所需的产品，提供优质的服务，提升消费者的体验感。例如，通过各种大数据，煌上煌很快便捕捉到了餐桌消费文化向休闲零食文化转变这一趋势，并迅速在地铁、机场、高铁等交通枢纽地带，为自己最新研发的具有食品包装的特色产品打开市场，将传统餐桌上的卤味转变为可随时随地品尝的休闲零食化食品，比其他同类企业更快地掌握了年轻消费群体市场，掌握了主动权。

（4）抵御突发情况

通过一系列数字化转型，企业还能提高应对突发情况的能力，在面对一些无法预料的严峻挑战时，能够更加沉着地应对，转危为安，在一些情况下甚至能够抓住机遇，逆势前行。2020年整个线下零售业频频传出了濒临破产的消息，但是煌上煌却呈现逆势增长的态势。这是由于煌上煌很好地抓住了机遇，通过数字化转型，将线上销售干得风生水起，成功渡过了这场危机，并借势上涨，领先行业开启了全渠道新零售模式，为企业带来了持续发展的动力。

（5）精准营销

通过数字化信息，企业能够迅速定位目标消费者，有针对性地研发个性化产品，对目标消费者进行精准推送、精准营销，从而帮助企业开发新的消费者，增强现有消费者的黏性。为了强化与年轻消费者的互动，煌上煌通过采取整合营销、跨界营销和其他一些符合当前潮流的营销模式，获取了年轻一代消费者的关注，并赢得了他们的好感，全面扩大了品牌影响力和覆盖面，使企业获得了巨大的经济效益。

4. 结合数字化转型的相关理论，你认为煌上煌的数字化转型战略能给其他企业带来哪些启示。

【理论依据】

数字化转型的支柱。

为了赶上市场的变化趋势，如今各大企业都在抓紧进行战略转型，数字化转型就是其中的热门选择。然而，有很多企业在转型过程中非但没有得到提升，反而因为抓错重点而丧失原本的竞争优势。因此，企业在进行数字化转型时，必须着重思考数字化转型的基本支柱，具体包括以下几点：

（1）创新

创新是企业长久发展的动力源泉。在当今社会，知识创新、技术创新、管理创新、市场创新等各方面的创新方式都已成为各大企业优先掌握主动权的有效途径。数字化转型也不例外，企业在将原本的发展模式向数字化模式转型时，需要针对自身的特点进行个性化创造。企业可以按照发展要求对整个业务模式进行创新，也可以只对其中一小部分做出改变，不必担心没有效果，有时，再小的改变也能创造出巨大的能量。因此，企业的数字化转型要不断进行创新，既不能直接照搬别人的模式，又不能一成不变、老调重弹。

（2）现代软件

在数字化转型过程中，企业不仅要着重加强科技能力建设，在一些技术已经成熟的领域，也应该通过一系列的对比，选择适合使用的现代软件，如云化工具和架构，以及敏捷、DevOps、

CI/CD 和自动化流程。这样不仅能扬长避短，提升企业原有的技术水平，还能节省时间、精力与财力，少走弯路，更快实现数字化转型的目标。

（3）领导力

企业的数字化转型是为应对外部环境变化或企业进一步发展而采取的行动，它是建立在对市场变化趋势及时进行分析与捕捉的基础上的，对企业现存的运营管理模式做出数字化调整与升级。因此，企业的领导者必须具有前瞻性，能对未来的市场发展趋势做出准确预测，并具有决断力，能在恰当的时候制定有效的战略决策并及时向下部署，从而不断提升企业的发展优势与核心竞争力。

【问题分析】

当前，在科学技术大力发展的推动下，大数据、云计算、物联网等新技术的发展不断获得实质性的突破，并渐渐影响每个人的消费习惯。在这种情况下，老品牌无法作为独立的个体置身于数字化商业环境中，进行数字化转型对这些老品牌来说早已刻不容缓。但是如何运用数字化战略帮助企业长久发展，仍然是众多企业在不断摸索的问题。结合煌上煌的数字化转型战略，其他企业在发展中应该注意以下几点：

（1）立足于创新

众所周知，煌上煌是从一个小小的烤禽社发展起来的，如今已经进入全国民营企业制造 500 强的名单中。在 30 多年的发展历程中，煌上煌遇到过许多危机时刻，包括 1997 年的亚洲金融危机、2008 年的全球次贷危机等，但每次都能转危为安，其中很大一部分原因在于煌上煌对创新十分重视。先后创建院士工作站、博士后创新实践基地，2020 年又在杭州建立数创中心，实施数字化转型战略，立足于创新给煌上煌的持久、稳定发展打下了坚实的基础。因此，企业在数字化转型的发展中必须进行创新，重要的是树立创新意识，也许不必每次都进行颠覆式的创新，但每次微小而简单的创新都能迸发出巨大的能量。

（2）重视对科技能力的建设

煌上煌的数字化转型之路始于 10 年前，然而真正大力发展却是近几年才开始的。这 10 年来，煌上煌一直在坚持积累技术与资源，所以才在如今发力时拥有良好的基础，助力企业顺利地转型成功。另外，在数字化转型的过程中，煌上煌也十分重视各种业务终端的连接，是行业中唯一集组织养殖、屠宰、初加工、深加工、销售网络为一体的数字化运营企业，生产流程顺畅，抵御风险能力强，为企业的发展壮大注入了源源不断的能量。其他企业在发展过程中也应加大力度将数字化的先进技术与企业的业务流程相结合，注重对信息资产的收集运用和数字业务端到端的连接，不断提高企业的数字化水平，为企业的决策、生产、销售等过程建立稳定的根基。

（3）懂得利用优质资源

煌上煌是一家传统的企业，其数字化转型能够这样顺利地进行，得益于对很多优质资源的运用。例如，其在产品生产过程中所利用的 MES、ERP 系统，生产前捕获市场趋势的 CRM 系统，以及各种大数据埋点，都是已经发展成熟的先进技术。煌上煌 2020 年在杭州创办数创中心，也是看中了杭州作为电商制度、创新之都的优势。在将来的发展中，煌上煌还将与数字科技、智能化企业等各大领军企业合作，取长补短、互惠互利，通过借助这些企业先进的技术理念，帮助企业获得更好的发展。从某种程度上说，懂得如何利用优质资源是企业顺利发展最有效的做法。

（4）企业要树立远见

任何时间、任何程度的改革都是十分艰辛的，企业在寻求进一步发展、改变原有发展模式的过程中一定会遇到很多挑战，但这同时也是行业中领先企业必然经历的过程。这要求企业的领导者时刻保持对未来发展的远见，随时准备制定有效的战略决策。在卤味行业中，还没有企业尝试过数字化转型这条道路，作为这个行业的领先品牌，煌上煌只能不断尝试、艰难前行。但对整个行业乃至整个市场来说，煌上煌数字化转型的发展历程，能给很多企业带来非常宝贵的经验。

参考文献

［1］谭龙．江西煌上煌食品公司在深交所挂牌上市［EB/OL］．（2012-09-05）［2021-04-23］．https://finance.jxnews.com.cn/system/2012/09/05/012097232.shtml.

［2］余春生．煌上煌 2015 年年报点评：2016 年原材料价格继续上涨，公司盈利能力仍不容乐观［EB/OL］．（2016-03-14）［2021-07-21］．http://stock.stockstar.com/JC2016031400002474.shtml.

［3］裴宪荣．41 岁下岗创业，从 8 平米小店起步，缔造酱鸭帝国，今企业市值 120 亿［EB/OL］．（2020-02-08）［2021-07-21］．https://www.sohu.com/a/371458300_348228.

［4］滕王哥．煌上煌为何可以做到如此大的地步［EB/OL］．（2021-04-27）［2021-07-21］．https://www.zhihu.com/question/429882238/answer/1858162878.

［5］余婷．煌上煌食品安全问题频频曝光，加盟模式藏隐患［EB/OL］．（2012-04-05）［2021-07-22］．http://hb.ifeng.com/dfzx/detail_2013_11/11/1444576_0.shtml.

［6］徐恒山．客户关系管理系统［EB/OL］．（2021-01-25）［2021-07-23］．https://baike.baidu.com/item/客户关系管理系统/824647？fr=aladdin#reference-［1］-45072-wrap.

［7］陈平．从煌上煌看快消品数字化转型之道［J］．中国商界，2020，29（11）：72-77.

［8］蒋政．鸭脖三巨头圈地不止 卤味市场增长可持续性待考［EB/OL］．（2020-03-23）［2022-04-23］．https://baijiahao.baidu.com/s？id=1661927227714956403&wfr=spider&for=pc.

［9］张智．舌尖上的消费升级：一年吃掉 2.2 万亿零食［EB/OL］．（2019-06-14）［2021-07-23］．https://www.chinatimes.net.cn/article/87457.html.

［10］曾学成．走进煌上煌：与绝味鸭脖、周黑鸭未形成真正意义上的竞争［EB/OL］．（2019-07-31）［2021-07-23］．https://baijiahao.baidu.com/s？id=1640552324932244784&wfr=spider&for=pc.

［11］亿欧．一道酱鸭日销 2000 万，煌上煌"双 12"刷新峰值的"幕后推手"［EB/OL］．（2019-12-17）［2022-04-23］．https://www.sohu.com/a/360961904_115035.

［12］钟经文．煌上煌斩获中国数字化营销金牛奖，展现品牌营销不凡实力［EB/OL］．（2021-03-15）

[2021-07-24]. https://caijing. chinadaily. com. cn/a/202103/15/WS604ee78da3101e7ce9743f33. html.

[13] 云之家. 煌上煌×云之家：善用移动办公，助企业梅开二度［EB/OL］.（2018-12-20）［2021-07-25］. https://www.sohu.com/a/283268531_100273515.

[14] 辛文. 强营销拓市场增效益 煌上煌多举措加速兑现拓店目标［EB/OL］.（2022-01-11）［2022-04-23］. http://zjnews. china. com. cn/yuanchuan/2022-01-11/322991. html.

[15] 钱瑜，白杨，王晓. 绝味净利首降，周黑鸭被煌上煌反超，卤味三巨头格局生变［EB/OL］.（2021-04-15）［2022-04-23］. https://baijiahao. baidu.com/s？id=1697117162066191810&wfr=spider&for=pc.

[16] 王海明，孙志文. 企业数字化转型的概念、要义及策略研究［EB/OL］.（2019-04-12）［2022-04-23］. http://www.paper. edu. cn/releasepaper/content/201904-152.

[17] 王德培. 企业为什么要数字化转型［EB/OL］.（2021-06-16）［2022-04-23］. https://mp. weixin. qq. com/s/VERKskKQXdFwpXT1WYjMmQ.

[18] 朱洁. 企业推进数字化转型应关注的五个问题［J］. 新型工业化，2019，9（8）：125-130.

[19] 马化腾，孟昭莉，闫德利，等. 企业如何进行数字化转型［J］. 科技中国，2017，28（7）：39-44.

[20] 曾德麟，蔡家玮，欧阳桃花. 数字化转型研究：整合框架与未来展望［J］. 外国经济与管理，2021，43（5）：63-76.

[21] 晓晓. 数字化转型的5个支柱6个趋势［EB/OL］.（2021-08-10）［2022-04-23］. https://mp. weixin. qq. com/s/z9xWr9vH_B-ju4zFsFoQ6g.

九州通：极速清仓的战"疫"先锋

摘要：本案例主要讲述了九州通医药集团有限公司（简称九州通）从一个小小的"红帽子"企业发展成为中国医药商业领域具有全国性网络的少数几家企业之一的历程，并讲述了它如何运用自身的专业能力抗击疫情。从创立以来，九州通就把事业锁定在医药流通领域。走过了 20 多年的历程，九州通已经在物流集成平台、物流配送体系，以及仓储管理等方面建立了自身完善的物流供应链，形成了覆盖全国大部分县级行政区域的物流配送网络。与此同时，在行业中起到榜样作用的九州通在如此快速的发展速度下，各方面的配置是否能和它的规模扩大程度相匹配也成为它未来发展所面临的问题。

关键词：医药物流 供应链 数字化 仓储管理

9.0 引言

疫情让世界笼罩在阴霾中，给一线医护人员带来了巨大的压力。

为确保医护人员安全，确保打赢这场防疫战，九州通受命协助武汉红十字会，负责捐赠物资的物流运营管理。九州通的到来，让所有人悬在心中的石头落地了：终于有专业人士来接管了。正因如此，九州通被多家媒体争相报道，一时间成为焦点企业。九州通接管捐赠物资的物流后，在两个小时内捐赠物资全部有序发放。不仅如此，在这场没有硝烟的战斗中，九州通人全力以赴，凭借自身的专业能力给武汉打造了坚实的后盾，并且用自身的实际行动向全国人民证明："抗击疫情，我们每天都在！"

9.1 赤脚医生戴上"红帽子"

在改革开放初期，国内存在大量的私人投资企业，但是它们都比较特殊，在工商注册资料上标注的却是国有企业或者集体企业。当时的它们有个共同的名字："红帽子"企业。尤其在 1999 年之前，医药流通企业严格地被国资领域限制着，所有的自营企业都是不能单独存在的，必须依附于国营机构才可以经营。当时刘宝林（九州通集团董事长）创立的批发部，也是其中一员。

1953 年，刘宝林在湖北省应城市的天鹅荡出生。听起来如此美丽的地方，刘宝林却在这里过着极其艰辛的生活。儿时的刘宝林因为家境贫穷，初中还没有毕业就辍学在家务农了，在严重的自然灾害时期，也同样过着食不果腹的日子，期间还受到大肚子病的折磨，父老乡亲们饱受病痛的景象经常浮现在刘宝林的眼前。1969 年，刘宝林 16 岁，在大家的推举之下，他成为一名赤脚医生。在进行了几个月的卫生常识学习之后，他的行医生涯便开始了。经过一段时间之后，他深深地喜欢上了这个职业。他总是悉心地为病人着想，有的人交不起药费，他也是先救人后说话，因此他的医风医德得到称颂，成为家乡一带小有名气的"赤脚医生"。"赤脚医生"，他一做就是十多年。

在 32 岁之前，刘宝林的事业进展并不顺利。1985 年，刘宝林同 4 个股东一起，做起医药生意，正式戴上"红帽子"，他们成立了应城天鹅镇医药批发部。当时的医药个体户形象就是"乘长途班车去送药"，大家都是乘车去各地送药的，刘宝林也不例外。当时的条件非常艰辛，为了给乡村的小诊所送药，他晴天骑着自行车，如果碰到下雨天，就只能用肩膀挑着药品送过去。除了辛苦以外，每天还要面对购置药品的资金、药品销路，以及诚信等各种问题。因为当时外地人都不愿和湖北的商人打交道，觉得湖北的商人很会耍小聪明、很滑头。正因如此，刘宝林立下了自己做生意的原则："宁愿赔钱，也要守信用"。每次去外省进货的时候，他都会随身带着一箱现金，结账的时候从不拖欠，立刻蹲在地上数钱，有时候一数就是一两个小时。凭着这种诚信，刘宝林赢得了上游厂商的认可，不用一手交钱一手交货了，可以先用承兑汇票，后来也可以赊账了，再后来，只要刘宝林打了电话，上游厂商就先发货。

由于刘宝林的药品卖价相较市面上其他同类药品更低，另外他还力求每个药品的价格和工作人员的服务都有统一的标准。凭此，口碑便迅速地传开了。不到三年的时间，刘宝林便成为当时的"万元户"。当时不少创业者赚到的第一桶金都拿来置办自己的行头了：买车、享受生活等。但是刘宝林并没有恃"财"而骄，而是把赚来的钱滚动投入事业当中。那时的刘宝林，已经对自己未来的商业版图有了概念：要把自己的摊位经营到全国各地。"一开始的经商，就是为了谋生，后来不一样了，是为了做出一番事业。"1988 年，刘宝林就已经赚够了 100 万元。

9.2 抓住机遇，迅猛发展

1989 年，刘宝林遭遇了创业中的第一个重大打击——国家开始对个体经营者严加管控，他的卫生许可证五年的有效期也到了，并且换不了新的许可证，失去了经营的资格。当时的刘宝林，心里滋生了"金盆洗手"的念头，但是如果真正闲下来，他又觉得这样过日子实在太平淡，总想着还是要做些事情。或许真的是当上天给你关上一扇门的时候，也会为你打开一扇窗。刘宝林经过反复思考和多方打听，最终选择离开家乡，到当时我国最大的改革开放区——海南创业。之后，改革开放给海南的创业氛围带来了翻天覆地的变化，政府的办事效率也有了极大提升。刘宝林成功地在海南拿到了医药经营许可证。从这之后，他逐步在全国各地经营布点，企业的经营范围也在逐步扩大。

1999 年年底，国家的政策有了新的改变，开始鼓励医药行业重组，给民营经济放宽了政策，允许它们通过改革或者重组的形式进入医药流通领域。这也就表明，民营企业不用依附于国营机构了，可以摘下 "红帽子"，独自发展。刘宝林对国家政策的动向一直非常敏感，眼光犀利的他依旧没有错过这次机会。他毅然决然地放弃了这些年在海南的经营，回到了自己的老家湖北，同时把目光锁定在了医药流通领域，开启了新的发展。

2000 年 1 月 28 日，刘宝林与其他股东共同出资 200 万元在武汉成立了武汉均大储运公司，也就是九州通的前身。仅仅 2000 年 1 年的时间，公司就实现 4 亿元的销售收入。从此九州通开启了快速发展的历程，其物流技术从此不断更新迭代（见表 9-1）。

表 9-1　九州通物流技术发展历程

时　间	阶　段	历　程
2001 年—2003 年	物流技术探索阶段	成立专门的物流管理组织 规划、设计湖北、上海自动化仓库 建设湖北、上海自动化立体仓库
2004 年—2006 年	物流技术起步阶段	自助规划福建现代化物流中心，并成功实施 与岗村合作建设河南现代化物流中心 LMIS3.0 研发成功并实施 广东物流中心扩建并实施上线
2007 年—2009 年	物流技术飞跃阶段	湖北现代化物流中心改造完成 江苏现代化物流中心项目成功实施 大北京项目（北京、山东、沈阳）规划、建设并成功实施 LMIS4.0、LMIS5.0、WCS、TMS 研发成功 LMIS6.0 项目研发成功，并在山东公司成功上线

之后，九州通的物流技术得到迅猛的发展，目前已经是我国医药业仅有的几家具有全国性网络的企业之一，同时它拥有几十万种不同品种和规格的产品，上下游客户也已经达到了 4 万家，取得了国内 240 多种药品的全国或区域总经销、总代理资格。迄今为止，九州通的覆盖领域已经涉及了 21 个省会城市、27 个地级市，并且有近 400 个终端的配送点，形成了非常完善的物流配送网络。

9.3　全网掌控，数据运营

9.3.1　物流系统集成平台

九州通对现代医药物流流程，以及相关的物流技术有着深入的研究，在此基础上，其自主开发了将现代物流技术与医药行业相结合的医药物流管理系统集成平台。通过对物流网络管理技术的后续迭代更新和升级，九州通可以确保更低的物流成本和更高的运营效率，尽最大的可能满足客户的诉求，形成了多批次、小批量、多品种、物流量大的运行模式。

依靠物流系统集成平台和物流信息网络，九州通快递可以快速处理客户订单，通过仓储配送货物，然后为下游客户提供物流配送服务。根据九州通披露的信息，100万元的药品从订购到装药仅需2个小时，出库效率为10000行/h，出库准确率为99.99%；一般货物在200km以内的12小时便可以交货，而500km则在24h内到达。经过多年的发展，九州通也积累了丰富的下游客户资源，拥有5300余家二级以上医疗机构客户，8.1万家二级以下的基层医疗机构客户，10万多家零售终端客户和1800万B2C客户，建立了良好而稳定的业务关系。

9.3.2 自建现代化物流配送体系

在物流配送系统的建设方面，九州通的物流中心已经覆盖了全国的96个地级市，并拥有完善的国家药品物流配送网络。2014年，九州通投资成立了专业的医药物流公司——九州通医药集团物流有限公司。同时，这个专业的物流公司作为九州通的物流资源整合与战略管理控制中心，负责整个物流资源的调度。

目前，九州通医药集团物流有限公司（九州通旗下的子公司）直接管理的物流中心有125个，GSP仓库的面积已经达到了222万m^2，九州通的药品可以在全国311个地级市销售。有近900条运输线和1600多名终端业务人员和多达3000人的营销团队。

通过开放国家物流配送系统，九州通在全国拥有多达130000家药房（诊所），并建立了覆盖全国的医疗产品配送安全系统。九州通还拥有高质量的冷链药品质量管理体系，可以快速完成特殊药品的交付。此外，九州通通过B2C、O2O、云ERP、直接面向病人合作药店等，可以提供一小时的免费药品交付和其他综合服务。

9.3.3 智慧仓储管理

九州通旗下的子公司湖北九州云仓科技发展有限公司（以下简称九州云仓）是一家专注于物流规划设计、软件产品、智能物流设备及技术集成服务的物流供应链技术服务提供商。九州云仓开发的WMS仓库管理、TMS管理系统、WCS设备控制、物联网IOT等14个系统已形成完整的产品线，并已获得30多项专利或版权。2018年，九州云仓推出了九州云仓智能物流供应链平台，该平台整合了云智能分析和决策、云业务管理、云运输和分销管理，以及云仓库管理等功能。同年，九州云仓智能物联网供应链平台实现了九州集团下属20个核心枢纽物流中心的集中数据集成、信息共享和互操作性、在线业务运营，以及数字化运营控制。通过开辟多种渠道，九州云仓可以提供一站式服务，涵盖其他国家的物流、仓储、运输和分销，以实现药品和其他物品的流通。此外，九州云仓智能物流供应链平台的物流云技术还可以快速为其他公司的物流供应链构建数据平台和生态信息应用程序，实现企业智能化的计划和调度、控制和决策分析。目前，九州云仓已与 100 多家制药企业和分销公司合作，为它们提供综合的物流技术服务。

9.4　临危受命，极速战"疫"

在面临诸多挑战的情况下，而且有这么多医药物流企业，武汉为什么偏偏选择了九州通呢？实际上，不难理解，九州通本身就是一家总部位于武汉的上市公司，并且还是药品流通行业的领导者。好在，九州通不负众望，凭借自身的优势，完成了任务。

9.4.1　快速的"现代物流系统"

面对挑战，九州通的相关部门于 2020 年 1 月 30 日开始了准备工作，勘察现场，规划库容，搭建系统，运送托盘、叉车、标签纸、打印机、计算机等硬件设施，并调配了人员开始设定组织结构和流程计划，于 1 月 31 日中午 12 点正式进入国博仓库。之后，九州通快递迅速在国博仓库建立了现代物流系统。随着流程的理顺，管理工作也趋于规范。

库区分为多个区域。例如，医疗设备区有一个特殊区域，用于存放紧急医疗用品，该区域储存符合标准的医用口罩、防护服、手套和其他防护产品；工作人员将捐赠的医疗物资整齐地放在仓库中，每件物品都用货物位置编号编码，然后根据货物位置编号录入系统。如此一来，物资具有与书库相似的书目索引，大大提高了查询效率。

此外，九州通值晚班的员工每天都将对当日已收货和运输的物料进行动态清点，以确保准确核算。在对捐赠物资进行清晰分类、明确流向的前提下，一些应急物资可以达到"在 2h 内完成从储存到运送的整个过程"。在进一步简化流程和系统后，速度会更快。

9.4.2　智能化的九州云仓

在管理战疫物资的时候应用了九州通自主研发的九州云仓管理软件进行商品货位库存管理。九州通研发的九州云仓融合了行业的优质资源，它是一个物流供应链的生态平台，集合了互联网、大数据、AI、物联网等。2018 年，九州云仓成功开发了穿梭式多功能智能物流设备，并在此基础上启动了九州云仓国家物流平台，建立了国家电网连接，为制药生产、商业、连锁企业和物流企业提供服务。云物流供应链解决方案借助九州云仓技术，工作同步度提高了 16%，工作准确性提高至 99.99%，每日步行距离缩短了 3.4km，工作时间缩短了 2h。

在疫情期间，九州云仓发挥了非常大的作用，在负责库存管理的同时将药品、器械、重点器械产品类库存交付市卫健委，非药品交付市发展和改革委员会分配货物。九州通物流接受上述单位的调令，收到出库单之后，便在九州云仓系统中开出库单并打印出仓库拣货单。现场拣配完成后，再进行库存确认，根据交货单位将所选产品放置在临时存储区域中，然后等待交货。参考九州云仓系统的运行能力和物料处理能力，从存储到交付可以在两个小时内完成。在九州云仓的帮助下，九州通为红十字会提供了来自世界各地的大量捐赠的医疗和防护设备物流运营和管理服务，在短时间内理顺了流程，规范了存储和管理工作，大大提高了捐赠物资和药品的周转效率。该系统还可以实现枢纽数据中心的数据集成与信息共享和互操作，实现业务平台与网络运营、垂直运营以及数字化管理与控制，并可以协调多方的物流信息与物资管理。因此，在管理捐赠物资和药品的过程中，该系统可以快速适应捐赠物资操作（如多所有者、多类别和多存储区）的管理需求，并且可以简化捐赠物资的操作流程，相关方可以在短时间内实现信息交互。

9.4.3 高效的自动化服务体系

九州通的工作人员在形容公司业务的时候，一般会用到"蚂蚁搬家"这个形象的说法。首先是因为，九州通经营的产品种类非常多，九州通 2019 年半年报显示，公司当时经营的药品、医疗器械等产品的品种品规约 36 万个；其次是因为，九州通的下游客户相当多，超过了 20 万家，上游的供应商数量超过了 1 万家。面对如此多的上下游客户，以及为它们提供的种类繁多的产品，仓储和物流供应链是必不可少的，这两个方面的质量成为决定企业效益的关键。

事实上，目前九州通的绝大部分业务已经被自动化、智能化的设备接管了。当物流中心接到一份需要紧急出库的订单时，这些智能化设备可以在 5min 之内完成仓储任务以及配送任务的调度，在 30min 的时间内，即可从 40000 多种药品中找到客户需要的十多种药品。堆垛机、穿梭车、拆卸智能拣选车、输送机分拣线和其他协作操作都可以集中在平台上，并完成加载任务。

"在药品中有整件药品和需要拆零的药品之分。整件的药品要求相对来说比较简单，在大型的立体仓库里面，机器人的速度要比人快得多，我们自主研发的穿梭车和分拣机等都已经很成熟了，可以快速完成任务；但是那些拆零的药品就会比较复杂，客户可能只需要两小盒，需要进行人工拆分，以前完全需要靠人力，光找药就需要很长的时间，但是现在我们的每位工作人员都配备了智能拣选小车，它不仅会告诉你药品在哪里，还会规划出最优的路线，怎么走最近，怎样可以最快地找到目标药品。"九州通医药集团物流有限公司总经理张青松说。

不仅如此，九州通自主开发的物流平台和应用软件也大大提高了效率。"例如，在配送系统中，假设今天上午在上海市静安区有 300 个订单，只需要单击鼠标，系统就会根据订单的具体情况自动进行计划：发送几辆车、先去哪里然后再去哪里。驾驶员遵循这个计划可节省非常多的时间。"

9.4.4 丰富的上下游物流资源

九州通文化与品牌管理总部副部长刘志峰在接受采访时提到，"九州通作为全国性的医药流通企业，我们拥有丰富的上游制造商和各种供应渠道资源。在开展抗疫工作中，公司充分利用了供应商渠道的优势，并派出了经验丰富的销售人员进厂，负责供应短缺的医疗用品，以应对湖北地区以及其他地区防疫用品的短缺。"

2003 年年底，刘宝林引入了现代企业制度，开始建立健全并规范公司治理结构和完善的组织结构，并且及时提出了九州通第二次创业的战略定位：以药品分销（批发）为主营业务。凭借医药物流配送，医药电子商务和医药零售链是主要业务模式，并为上下游客户提供差异化服务，辅以支持医药贸易的相关行业。随后，以武汉为基地，在华南、华北、华东和西北建立了 10 家药品经营公司，形成了以药品批发为核心，贯穿整个药品流通供应链的企业体系。

九州通已将主要医疗机构、私立医院、下游分销制药公司和药店作为销售目标，并以低价、快速批量和现金交易迅速打开了市场。遍布全国的庞大营销网络使丰富的市场资源能够最大限度地发挥其价值，并大大提高了物流效率。

9.4.5 完善的配送网络布局

作为全国民营医药流通企业，九州通依靠自身完善的渠道网络布局，以及超强的配送能力与服务能力，成为全国最大的民营医药商业企业。在疫情期间，九州通旗下的子公司——山东九州通负责配送抗疫所必需的防疫用品（口罩、体温计、酒精等）。从疫情发生至 2020 年 3 月份，九州通就已配送销售价值约 1 亿元的防疫用品。此外，九州通湖北公司还积极参与了火神山、雷神山以及"方舱医院"的医疗物资配送工作。

1. 运输网络

九州通拥有 1900 余辆自有车辆、700 余家物流合伙人、31 条全国运输干线，在中国交通地图上，成千上万个光点闪烁，每个光点代表一个正在运行的物流车辆。用鼠标单击任何一个亮点可以获取车辆的实时信息，包括车牌号、所载货物的类型、目的地、驾驶人的姓名、当前位置、当前速度，甚至车厢内的温度等（冷藏车），必要时还可以立即与驾驶人取得联系。

2. 仓储网络

截至 2019 年 10 月，九州通已在全国 131 个医药物流配送中心投资，拥有 222 万 m² 的 GSP 仓库、7 万 m³ 的 GSP 冷库、1000 万箱的存储能力和 1 亿箱的吞吐能力，仓储能力远远超过同行业的其他企业。

在当前严峻的行业环境下，强大的物流公司层出不穷，但九州通的优势在于，药品网络存储在国内是最丰富的、存储网络是最密集的，并且可以实现自动分配；物流服务人员专业性强、分类精细、经验丰富。更重要的是，独特的云仓制药行业平台，可以更好地匹配医药大健康产业的特征。

3. 配送网络

九州通在全国拥有 31 家省级物流中心、100 家地级市配送中心、400 余个终端配送点（覆盖全国 95% 以上的地区）、二级以上医疗机构客户 5300 余家、二级以下基层医疗机构客户 8.1 万家、零售终端客户 10 万余家。九州通还拥有 1700 余辆物流车辆（其中 200 辆冷藏车）、5000 多个冷藏箱。与九州通长期合作的商业伙伴也有十几家，在 200km 以内的客户，九州通能够实现在 12h 之内送达，同时在 500km 以内的可以确保在 24h 之内送达；在 500km 以上的 2~7 天送达。此外，九州通还有 911 家终端配送点，这样最终可以做到紧急配送 1h 到达，城市范围之内的配送半日达。

"配送和仓储是整合和协调的操作，可以控制和追踪整个过程。九州通的整个物流系统和物流能力不能说是世界上最先进的，但可以肯定地说处于最前沿。"张青松说。

9.5　未来展望

在疫情期间，九州通在医药后方提供了一只看不见的手，在抗疫过程中体现了供应链的敏捷性，并且推动了供应链的线上发展，提升了服务质量，实现了应急需求常态化。九州通的数字供应链从计划、采购、配送方面极大地提高了运作速度。

九州通作为一家民营医药物流企业，已经拥有相当大的实力。但是，要想成为国际知名的医药物流公司，一方面要向国内外优秀的物流公司学习，引进和培养人才；另一方面要掌握自己的情况和优势，解决发展中的问题。国家自 2017 年开始并于 2018 年实施了两票制、分级诊疗及医保支付改革等政策，正在改变目前医疗市场供求以及医药行业的格局，并深刻地影响着医药流通行业未来的发展趋势，与此同时医药物流的供应链也正在加速迈进"数字云时代"。未来医药供应链将呈现商流和物流分离加速、业务终端化加速、订单碎片化加速、供应链的仓配体系会重构等趋势。九州通是否能够顺应发展趋势紧跟潮流继续驰骋在医药物流的一线？让我们拭目以待！

思考题

1. 九州通凭借数字化为抗击疫情新增了一只"看不见的援手"，请结合战略管理的相关理论知识说明九州通进行数字化转型的动因。

2. 九州通在数字化方面已经完成了转型升级，基于此形成了怎样的核心优势？

3. 结合前文内容，分析九州通的数字供应链是如何运行的。

4. 探讨在新时代为了不被边缘化，医药企业应该如何完善医药物流生态体系的构建。

附录　九州通医药集团的组织结构与股份结构

九州通医药集团的组织结构如图 9-1 所示。

九州通医药集团的股份结构如图 9-2 所示。

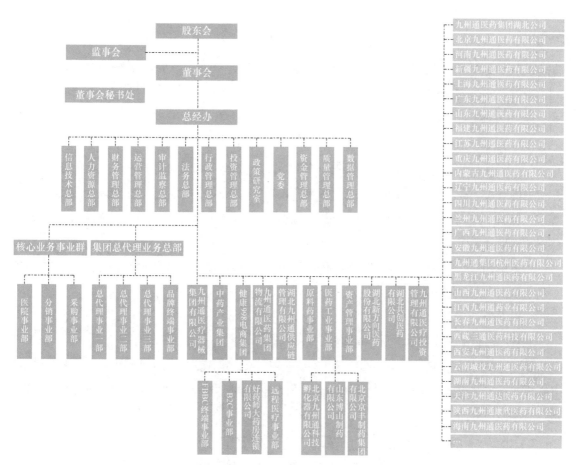

图 9-1 九州通医药集团的组织结构

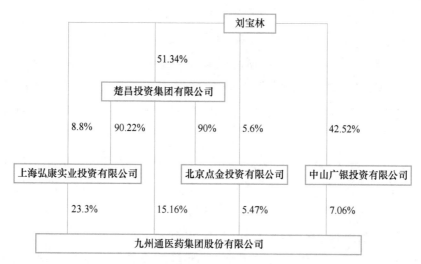

图 9-2 九州通医药集团的股份结构

资料来源：九州通医药集团有限公司官网

【案例解析】

1. 九州通凭借数字化为抗击疫情新增了一只"看不见的援手"，请结合战略管理的相关理论知识说明九州通进行数字化转型的动因。

【理论依据】

数字化转型。

如上面两个案例所述，数字化转型是指凭借现代科学技术和通信手段来改变企业为客户创造价值的方式。将数字技术融入产品、服务与流程当中，从而利用数字技术来推动企业转变业务模式、组织架构、企业文化等的变革。在这一过程中，可以转变客户的业务成果以及商业与公共服务的支付方式。

可运用 PEST 分析法进行九州通数字化转型的动因分析。前面案例解析部分已介绍过 PEST 分析法的内容，在此不再赘述。

【问题分析】

首先，当时在行业中存在如下问题：

1) 配送零散，物品不集中，造成行业物流费用过高。由于医药行业的特殊性，以及医疗机构采购管理不规范，造成多家企业供货；供货商的商品存放在多处，造成社会、企业车辆过多运输，仓储费用增加，物流成本较高。

2) 由于政策限制，无法建立真正的配送中心。国家对药品的经营管理，使生产企业不能直接进入流通市场，必须经过经销商这一环节才能使产品投放市场，这样增加了一部分费用，造成产品价格的上升。

3) 医药行业采购不科学，造成人力、物力资源的浪费。整个医药行业的采购随机性比较强，临时调货、补货的现象比较多，造成运输重复、服务不到位。缺货、断货的现象时有发生，不能及时满足客户需求，影响了整个物流活动，同时造成人力、物力资源的浪费。

4) 职能不明确。在医药行业，采购部门不属于物流整个系统的一部分，这样就造成了采购的盲目性，有些商品的库存过大，有些商品的补货不及时、库存不合理，不能很好地配合物流为销售服务。

5) 功能不健全，科技含量低。配送中心具有进货、整理分拣加工、存储保管、配送、信息处理等功能。当前，由于各方面的原因，配送中心被简单理解为"送货上门"，只充当了仓库与运输中转站的角色。大多数配送中心软硬件设施落后，无法实现管理科学化、作业机械化，更不用谈自动化。因此导致成本过高、效率太低的现象较普遍。

其次，在经济环境方面，国家宏观经济发展持续良好，为医药行业的改革和发展提供了良好的外部环境；市场监管力度加大，流通秩序不断改善；物流项目建设方兴未艾。同时，我国的医药生产企业存在"一小二多三低"现象：大多数企业生产规模小，企业数量多和产品重复多，大部分生产企业产品技术含量低、新药研究开发能力低、管理能力及经济效益较低。在政治环境方面，新医改扩大了基本药物的需求量，同时加快了中药企业的发展步伐，加强了药品生产企业和药品流通企业在发展中的优势地位，同时也加快了医药企业的科技创新步伐。在科学技术方面，现代物流技术得到了越来越广泛的应用，医药行业的物流信息系统建设有了很大的改善，但总体来说物流信息技术总体水平还比较低。在社会环境方面，消费者对快速物流的需求日渐明显。

最后，九州通自身有以下需求：

九州通在发展初期就凭借"九州通模式"迅速地打开了市场。九州通这种规模大、价格低、现款交易的快批模式，需要强大的物流体系来支持。

当时，现代物流技术在现代物流发展中的作用越来越大，并已经成为现代物流发展水平的重要标志。物流企业的信息化和科技水平逐步提高，已经形成以信息技术为中心，以信息技术、运输技术、装卸搬运技术、库存控制技术等专业技术为支撑的现代化物流技术格局。虽然我国的物流技术水平和物流信息化建设有了较大的发展，但是我国的总体物流技术水平还是比较低，一些现代化的物流手段，如机电一体化技术、语音识别技术、全球定位系统、电子数据交换等的使用还不是很广泛。

目前，在消费者需求多元化的趋势下，消费者需求的不确定性不断升级，厂商市场需求预测的难度也越来越大。同时，国家给出了一些相应的税收优惠以及用地资金政策支持。在此情况下，数字化的发展便及时地开始了。这不仅可以解决自身的问题，同时还可以更好地提升客户满意度，形成企业的核心竞争能力。

2. 九州通在数字化方面已经完成了转型升级，基于此形成了怎样的核心优势？

【理论依据】

数字化转型。

数字化转型使传统企业的各方面得到改进，从而为企业创造更多的价值。数字化应用能够使服务环节的涉猎面积更广，使企业的整个过程得到优化，增强企业的竞争力。但总体来讲，数字化转型包括以下三个方面：

1）转换——传统的信息技术中包含着重要的信息，这些信息通常都能用数字表达出来。转换是指把传统信息技术中包含的数字转换成为新技术中的数字，从而能够使企业的技术得到升级。

2）融合——企业运行的过程就是多部门协作的过程，在这个过程中会有无数个程序。这些程序的操作都可以用计算机完成，例如材料出库、入库的统计等，都可以输入信息系统中。这样一来，所有的操作都可以以数字的形式被计算机储存，同时实现实时共享，从而就可以完成信息技术与业务管理的完美融合。

3）重构——数字化的出现给企业各方面的工作都带来了极大的便利，传统行业也可以在数字化的引领下完成快速升级和发展，在设计、研发、生产等方面都实现升级。

企业要实现数字化转型具体分为以下几个步骤：

1）构建完整的数字化体系。构建完整的数字化体系，要在以往企业 IT 系统的基础上，构建完整的、各要素的数字化体系，当前特别是要实现用户的数字化和产品的数字化。这是企业实现数字化转型的第一步。

2）把所有的要素、产品变成一套完整的账户体系。企业数字化转型的范围应当包括产品、消费者和企业内外部的用户。企业进行数字化转型，即要实现全企业内的数字化管理。因为在数字化管理模式下，企业未来的管理基础是基于用户、产品的账户体系构建的管理模式。

3）打通要素之间的连接关系。企业数字化转型的目标是实现企业总体数字化，其中的关键是要打通企业各个要素之间的数字化连接。简而言之，就是企业各项数据都数字化，可以通过互联网互联，减少人工成本，提高工作效率。

【问题分析】

九州云仓系统的研发成功并在各区域物流中心推广应用，解决了长期存在的数据孤岛问题。九州通物流数据网络正在全面打通，实现数据集中化、共享化、实时化管理，为全景数据运营提供了硬件支撑。

首先是数据化的运营体系。以满足客户需求为导向建立适合九州通的数据化运营体系，运作过程中对订单进行全程链式监控，及时响应客户问题，动态调整策略，并将运营结果及时反馈至客户与运营管理者，在有效提升客户服务体验的同时为管理者提供决策支撑。九州通数据化的运营体系如图 9-3 所示。

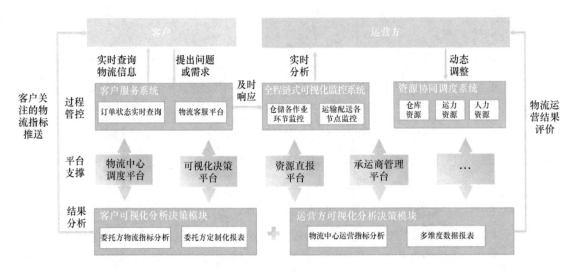

图 9-3　九州通数据化的运营体系

其次是运营过程的管控。系统会及时响应客户的问题或者需求，从时效、质量、温度、位置等维度，对仓储各作业环节以及运输配送各节点进行全程链式监控，实时分析问题，有的放矢地对仓储资源、运力资源或者人力资源迅速进行动态调整。

最后是运营诊断的应用。建立物流运营评价模型，运营方或客户可以通过可视化决策平台可视化地分析指标、导出多维度数据报表，为管理者决策提供有效支持。九州通运营诊断图如图 9-4 所示。

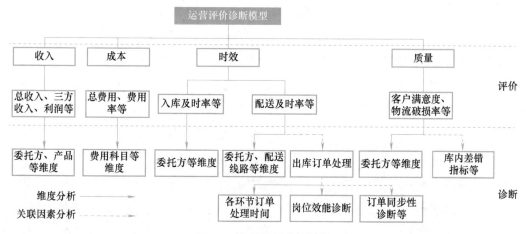

图 9-4　九州通运营诊断图

疫情出现以后，九州通在第一时间响应，反应非常迅速，体现了其供应链敏捷化的优势。九州通凭借数字化打造了平台型的供应链，真正实现了产业上下游、企业内外的资源整合、组织协同；通过线上采购满足线下需求，通过电子合同、电子订单等充分发挥数字资源的作用，体现了供应链数字化的优势。在疫情期间，九州通为疫情应急需求提供物资供应链保障的同时，并没有因应对疫情任务紧迫而关停日常业务。相反，九州通为常态化的需求提供供应链保障，如疫情期间的慢性病医疗和药品服务。这也是九州通在供应链服务体系上面的优势。

3. 结合前文内容分析九州通的数字供应链是如何运行的。

【理论依据】

供应链管理。

医药物流作为一个复杂的系统工程，不是一蹴而就的。首先，它取决于先进的信息、网络系统。在传统企业内，由于信息化管理的要求，还需要对之进行企业内流程再造以及组织结构创新。因为信息化追求的是整体最优，而非局部最优。其次，它还受到社会公共基础设施、政策法规等宏观因素的制约，也有赖于企业人才、资金、管理等微观因素的支持。因而需要医药行业需要树立正确的观念，从传统的 "运输加仓储" 思维模式中解放出来，深刻理解物流运作的内涵及面临的潜在问题，实施战略性物流系统。

供应链管理（Supply Chain Management, SCM）是指在满足一定的客户服务水平的条件下，为了使整个供应链系统成本达到最小而把供应商、制造商、仓库、配送中心和渠道商等有效地组织在一起进行的产品制造、转运、分销及销售的管理方法。供应链管理包括计划、采购、制造、物流（配送）四大基本内容。

1）计划：这是 SCM 的策略性部分。企业需要有一个策略来管理所有的资源，以满足客户对企业产品的需求。好的计划是建立一系列的方法监控供应链，使它能够有效、低成本地为客户提供高质量和高价值的产品或服务。

2）采购：选择能为你的产品和服务提供货品和服务的供应商，和供应商建立一套定价、配送和付款流程并创造方法监控和改善管理，把对供应商提供的货品和服务的管理流程结合起来，包括提货、核实货单、转送货物到制造部门并批准对供应商的付款等。

3）制造：安排生产、测试、打包和准备送货所需的活动，是供应链中测量内容最多的部分，包括质量水平、产品产量和工人的生产效率等的测量。

4）配送：很多"圈内人"称之为"物流"，是指调整用户的订单收据、建立仓库网络、派递送人员提货并送货到客户手中、建立货品计价系统、接收付款。

供应链管理与传统的物流管理在存货管理的方式、货物流、成本、信息流、风险、计划及组织之间的关系等方面存在显著的区别。这些区别使供应链管理比传统的物流管理更具优势。

从存货管理及供货物流的角度来看，在供应链管理中，存货管理是在供应链的成员中进行协调，以使存货投资与成本最小；传统的物流管理则是把存货向前推或向后延，具体情况是根据供应链的成员谁最有主动权而定。事实上，传统的物流管理把存货推向供应商并降低渠道中的存货投资，仅仅是转移了存货。解决这个问题的方法是通过提供有关生产计划的信息，比如共享有关预期需求、订单、生产计划等信息，降低不确定性，并使安全存货量降低。

从成本方面来看，供应链管理是通过注重产品最终成本来优化供应链的。这里提到的最终成本是指实际发生的到达客户时的总成本，包括采购时的价格及送货成本、存货成本等。传统的物流管理在成本控制方面依然仅限于公司内部达到最小。

风险与计划是供应链管理区别于传统物流管理的另外两个重要的方面。在供应链管理中，风险由供应链成员共同分担，计划则是通过供应链成员之间的沟通来实现的，而传统的物流管理却仅仅停留在公司内部。在组织之间的关系方面，供应链管理中各成员是基于对最终成本的控制而达成合作，而传统的物流管理则是基于企业内降低成本。

实施供应链管理是因为供应链管理比传统物流管理更有活力，更能给供应链的成员带来实质性的好处。不过，要成功地实施供应链管理，供应链的各成员之间必须要很好地共享信息；而要做到开诚布公地分享信息，对于追求不同目标的企业来说，实在不是一件容易的事情，尤其是当一家企业与其众多的竞争对手均有合作的情况下，要实现信息共享更加困难。因此，成功的供应链整合，首先需要各节点企业在以下一些方面达成一致：共同认识到最终客户的服务需求水平、共同确定在供应链中存货的位置及每个存货点的存货量、共同制定把供应链作为一个实体来管理的政策和程序等。

【问题分析】

（1）全国资源并网，信息互联互通

九州云仓物流供应链平台基于互联网、物联网与大数据的技术架构，研发实施全国物流主数据系统。委托方利用物流平台与自有业务无缝对接，制订业务计划、跟踪订单执行情况（订单执行时效及物流配送车辆实时地理位置、冷链运输实时温度）及获得实时运营报表。运营方利用平台进行权限、产品、合同、费用核算管理，进行订单、计划、运输和仓储的协同调度，通过监管与调配资源完成任务。承运方利用平台获取承运任务，反馈执行结果；获取对应任务执行情况、评分情况与费用情况相关的运营报表。客户利用物流平台享受订单查询、在线客服等服务；进行订单实时信息查询、物流状态查询；问题反馈与服务投诉。

（2）网络化平台化经营，数字化垂直化管控

平台的委托方、物流合伙人构成经营网络。平台的自有物流中心节点、运营网点构成仓储网络。平台的自有车辆与承运商构成运力网络。平台将三大要素融合布局，以运力干线与枢纽省级物流中心组建一级网络，以支线运力与地市级物流中心组建二级网络，以终端配送运力与前置仓或配送站组建三级网络。平台级运营商进行一级协同调度、枢纽级运营商进行二级协同调度，形成二级调度三级管控的网络体系。

平台实时响应接收委托方的全国物流订单数据，平台的各层级运营商实时监控订单状态数据、资源状态数据、地理位置与温控、客服数据等物联数据。平台通过集约化与数字化调度指挥，指挥优质的外协运营方和承运方通力协作，为客户提供全国范围的一体化、网络化和平台化的物流供应链服务。

（3）运营智慧调度，运作深度协同

调度指挥中心系统应用于各物流调度中心，可实时监控计划、仓储、运输任务执行、车辆实时运营等情况；实时监控车辆运行轨迹、到达配送点时效、配送任务执行进度；实时监控物流中心的流量、资源和作业效率情况。各物流调度中心利用这些实时监控数据进行调度决策，指挥各单元任务协同作业。

平台的路由调度动态考虑订单时效、库存资源、地理位置信息、物流中心流量、运力资源、运营成本等因素。利用调度指挥中心的数据，将端到端的任务转化为以物流中心为路由支点的多仓、多运段的协同任务，监管与组织优质资源以规模效应来降低单件成本。

在物流中心运营中，每天数以万计的终端配送业务订单造成排单难题。多名运输调度人员分区域、分线路安排作业，造成缺乏全局考虑的任务调度、装载率低、运输成本高的问题。多名运输调度人员要进行多次沟通协调确认，对调度人员工作经验依赖极强。平台的配载分组与路径规划调度存在路线划分、最大装载率、行车线路与装车顺序的安排，以及追求最快交付的难题。

九州通物流调度指挥中心配送调度员筛选当日需要配送的客户订单，使用"路径规划"功能，平台秒级自动推荐出车型、每个装车单的配送顺序。智能装载与路径规划，解放了运输调度人员日常烦琐的排车工作，同时也降低了对配送员的任职要求，大幅度地提升了配送质量，提高了客户满意度。

（4）智能装备集成，提质降本增效

智能装备在仓储作业的入库、存储、输送/搬运、分拣、扫码/复核、集货/配送作业环节全面集成使用。核心枢纽物流中心集成自动化立体仓库系统（AS/RS）、智能箱式穿梭车系统、自动输送分拣系统、智能拣选小车系统；运用了智能箱式穿梭车、拆零拣选小车、悬挂导轨牵引车、螺旋输送机；自动拆（合）盘输送机、自动码（拆）垛设备、自动条码复核设备、滑块式分拣机、动态称重及外形检测设备、自动贴标机等多种物流装备。全国十大智能示范基地武汉物流中心通过分析得出，智能装备的投入实现作业同步性提升16%，作业准确率达99.99%，日行走距离减少3.4%，作业时长缩短2小时，峰值出库能力提升3倍。

（5）全程链式追踪，精益质量管控

医药的质量监管是物流供应链运营的生命线。医药的质量全程监管涉及生产、流通环节。利用企业智能物流信息平台实现全景信息透明化运营、多维数据监控、空间追溯及责任追究，为供应链上的各角色主体提供全链追溯数据。

在订单生命周期维度，从接收订单计划、计划审核、调度运算、仓储作业、运输作业到签收回单，形成订单完整生命周期的数据记录。数据具有实时性的特征，仓储作业从生成作业任务单精细化到拣货、复核、包装和集货等过程环节清晰透明。运输作业从简单生成装车任务单到精细化起运、在途、交接、回单等过程环节清晰透明。利用订单属性视角、状态视角、时间视角、作业人员、温控数据视角全景信息透明化运营。

物流供应链中供应商及用户通过九州云仓官网、移动应用实时了解当前订单状态。物流商的运营方通过监控实时作业进度来指导调度。这些数据是追溯的基础数据，为问题跟踪、追溯事件、物流运营管理分析提供了保证。

在客户服务维度，九州通的供应链生态平台上可展示在线客服收集的运营问题、服务评价数据和投诉建议等信息。从问题管理到处理分配、问题处理回执、客户回执全程记录。向用户说明问题处理状态与处理意见，历史数据按类别进行统计分析，客观回溯阶段内服务质量，通过持续改进作业流程、作业工艺、筛选合格的运作资源达到保证药品安全的目的。

在物联网监控与追溯维度，利用药品监管码、追溯码、生产企业自定义识别码等唯一识别标识，在流通过程中通过条码或光学字符识别技术采集并进行信息加工。仓储库区都装了温湿度采集仪，高频率地采集环境数据。非合格环境数据自动预警，采取应急措施，控制药品存储环境保证药品品质。冷链配送配备了温湿度采集设备，在运输过程中采集实时温湿度数据，根据阈值进行监控预警及紧急处理。车辆装备GPS物联网设备，在运输过程中对车辆的实时坐标信息、速度、驾驶行为数据进行实时采集，行车路径与规划路径对比在地图上呈现，从而进行安全管控。

九州云仓智慧物流供应链生态平台利用物流供应链生态平台快速联合内外资源，形成物流供应链平台型能力，实现从生产、存储与流通、交付客户的物流供应链完整过程透明可视；从订单状态、作业状态到质量状态实时跟踪追溯；时间与空间过程全景回溯；应用大数据与 AI 人工智能技术，全面参与调度决策、运营管理数字化、运作过程协同化；有效降低成本、提高效率、保障质量。九州云仓智慧物流供应链生态平台将不断优化迭代，利用技术驱动高效物流供应链，形成核心竞争力。

4. 探讨在新时代为了不被边缘化，医药企业应该如何完善医药物流生态体系的构建。

【问题分析】

生态体系是基于服务与价值创造的医药物流生态体系，九州通做的不只是供应链，还是一个生态系统。这个生态系统的边界就是医药产业。要想完善自身的医药物流生态体系就要从五个方面构建新的医药生态体系：网络布局、管控架构、新技术探索、多样化产品服务和人才培养。九州通的医药物流生态体系通过这五个要素的构建达到最终目的，实现资源整合。这里不仅仅是企业内部的资源整合，还要整合企业内部和外部的资源。未来企业要有较强的竞争力，所有的资源不可能全部靠自己再造，从零开始建已经不现实了。如何把资源整合进来，将资源重新进行配置，在合适的时间放在合适的位置等是企业探索的方向。新的环境、新的形势已经到来，不管是否愿意，所有人都需要紧跟时代的变化，创新发展思路。如果无法快速适应变化，最终将会被边缘化。完善医药物流生态体系的构建可以从以下几个方面入手：

（1）完善网络布局

构建由区域拓展到全国的网络调度平台，从线上与线下融合发展，打造多层级、多类型、立体式、网络布局，以满足内外客户全方位的要求；网络下沉，建立区域公司和商业中心模式，至少设计三级管理方式。通过网络构建，加强终端的服务能力。

（2）先进的物流信息技术

所有的落地和运作都要靠信息系统的支撑。

1）全网管控。利用互联网+大数据系统架构，实现物流节点并网，对业务数据实时监控，对过程数据批量传输与挖掘分析。

2）互联互通。进行平台化设计，整个行业将会由委托方、客户进行无缝对接。平台委托方、运营方、承运方、监控方、客户等可利用官网、微信、平台客户端、移动 App 进行消息获取和传递。

3）一体协同。多仓作业任务一体协同、仓储作业与运输作业资源协同，实现任务一体调度。

4）精益透明。对参与运营的所有运营管理单位与客户的运营过程、运营资源、实时检测、实时反馈异常等方面都实行透明、可视化管理。

（3）优秀的产品服务

物流生态建设离不开市场和优秀的产品服务，同时通过构建全新的物流体系，物流服务产品得到丰富，对医药企业、医院、个人做新的客户服务定义，提供全供应链解决方案，物流产品满足各类业态个性化、一站式服务要求。例如，物流方案咨询、物流资源服务、软件开发服务等。在仓配一体化服务方面，实现仓储和配送作业环节无缝对接，保障客户订单高效、高质履行，让客户不只感受到快捷方便，还能感受到定制化、细致化和内容丰富的服务。在运配一体化服务方面，针对末端配送，即客户体验的核心环节，提供极致的送货体验。

（4）培养人才

人才是所有战略落地的组织保障，因此需要全方位推进人才工程，提升员工为客户服务的能力。人才需要敬业精神、管理能力、创新能力、服务意识、业务能力。其中，创新能力和业务能力是当前最重要的。

企业通过物流创新服务为客户创造价值。技术驱动发展，通过发展构建医药物流生态。

参考文献

［1］刘宝林．抗击疫情，九州通每天都在！［EB/OL］．（2020-03-03）［2020-08-20］．https://xw.qq.com/cmsid/20200303A0STTQ00．

［2］蔺勇．九州通物流发展历程［EB/OL］．（2019-10-22）［2020-05-18］．https://max.book118.com/html/2019/1022/7156152034002065.shtm．

［3］九州通物流．九州通物流数字化运营探索［EB/OL］．（2019-04-04）［2020-05-18］．https://mp.weixin.qq.com/s/Vv-cMwRVBtMdtNOI1YAR7w．

［4］张青松．九州通：基于服务与价值创造的医药物流体系构建［EB/OL］．（2018-09-30）［2020-05-18］．https://mp.weixin.qq.com/s/UzuNxRWf5nvZficBDCq90w．

以岭药业：守正创新的中医药自主创新之道

摘要：以岭药业由中国工程院院士吴以岭创立，历经多年的发展，从一家小小的医药研究所跻身为中国医药上市公司20强。以岭药业始终坚持市场龙头、科技驱动的创新发展战略，在中医络病理论的指导下，走出了一条独具特色的自主创新之路。本案例通过追溯以岭药业以自主创新为核心的发展历程，分析其如何有效开展自主创新，以及如何通过知识产权战略护航自主创新。在中国建设创新型国家和"健康中国2030"战略部署的大背景下，以期为我国本土制药企业创新发展提供宝贵的经验和建议。

关键词：医药行业　自主创新　知识产权保护

10.0　引言

2020年，一场突如其来的疫情打破春节的祥和。在国内抗击疫情的战场上，中医药作为中华文化瑰宝逆行而上、不负所托，在抗击疫情的过程中发挥了关键作用。在早期没有特效药的情况下，中医药通过临床筛选出的"三药三方"在治疗新冠方面取得了显著疗效。其中，连花清瘟就是用于治疗新冠的"三药"之一。

诞生于抗击SARS疫情的连花清瘟胶囊是石家庄以岭药业股份有限公司（简称以岭药业）研发的一款中成药，也是这次新冠疫情中的"网红抗疫中药"，由吴以岭院士带领研发，于2004年5月获批上市。虽然当时非典疫情已经结束，但连花清瘟胶囊却有很多用武之地，从2005年至今，累计19次被国家卫健委等部门列入流行性感冒诊疗方案。新冠疫情暴发后，连花清瘟胶囊被迅速投入到战疫一线。

从"非典"到"新冠"，连花清瘟胶囊"二战成名"，而它背后的上市公司——石家庄以岭药业股份有限公司，也成为近期行业内外关注的焦点。面对疫情这场突击战，没有任何企业可以轻而易举的成功。从众多医药企业脱颖而出的以岭药业背后的发展逻辑是什么？如今，以岭药业又面临哪些挑战？……

10.1　知识下海，中医惠民

吴以岭出生于一个四代中医世家，儿时的家风传承，让他在父辈悬壶济世精神的感染下，也深深地爱上了中医，小小年纪就开始熟背《黄帝内经》《金匮要略》等中医典籍。13 岁的吴以岭不仅识得 200 多种中草药，对它们的功效更是了如指掌。高一之后，吴以岭辍学并开始随父行医。高考恢复后，吴以岭得以重返课堂，并顺利考入河北医科大学中医专业。他仅用 1 年时间就完成了医学专业 5 年的课程学习，接着被南京中医学院录取为首届硕士研究生。1982 年毕业后，吴以岭进入河北省中医院心血管内科从事临床工作。

在吴以岭工作期间，一位冠心病患者误将他开出的 4 副方剂里的全蝎，一次性煎熬服用了。然而令人惊讶的是，这个意外的小错误非但没有造成病人的不良反应，反倒比原药方的疗效更加显著。受此启发，吴以岭凭借深厚的中医理论积淀和大胆创新的胆识，采用全蝎、蜈蚣、土鳖、水蛭、蝉蜕等药味研制出治疗心血管疾病的药方，并称之为"通心络"。这让当时许多老中医都连称奇怪、不理解，甚至被称为"毒药方"。不过，临床实践证明吴以岭的"通心络"确实具有很好的疗效。

"通心络"大获成功，吴以岭便开始思考自己"良药救厄、广行于世"的梦想。"作为一名临床医生，假如从 30 岁研究生毕业到 60 岁退休，平均每天看 50 个病人，假设一辈子不做其他任何事，最多治疗 30 多万病人。如果做成一个药，把经验变成一个药，广行国内外，它的社会效益、受益的人群就大多了。"于是，吴以岭便暗下决心——创新成果应当产业化。

然而，事情并非想的那么容易，将中药方转化为创新中药，就意味着吴以岭需要叩开药企的大门，但他无一例外地遭到了药企的拒绝。唯一一个愿意与吴以岭谈合作的企业提出把"通心络"拿到境外注册的要求。面对这种无理要求，吴以岭毫不犹豫地拒绝了。再三斟酌下，43 岁的吴以岭毅然辞去了当时众人羡慕的"铁饭碗"，用东拼西凑的 10 万元开始了创业旅程，租了几间小平房，雇了几个员工，创立了石家庄开发区医药研究所，即以岭药业的前身。

1994 年，这家医药研究所改制为股份制企业，作为法人代表的吴以岭持股 60% 以上。1999 年，正式成立以岭医药集团。2010 年，通过股权转让、转增资本金等方式，吴以岭实现了对以岭医药集团 100% 控股，并于 2011 年 7 月以"以岭药业"的名号在深交所上市。目前，以岭药业的核心业务是创新中药的研发、生产和销售。在专注创新中药的同时，以岭药业积极布局化生药和健康产业，形成了创新中药、化生药、健康产业三大业务板块，其成立的河北以岭医院已发展成为拥有 1000 张床位的国家中医三甲医院。

10.2 因势而谋，以岭模式

10.2.1 风起浪涌，危机暗藏

中医药作为中华民族优秀的传统文化，具有数千年的理论基础和临床经验。然而，自近代西医东传以来，"中西医之争"便不绝于耳。其中，"废医存药"、中医科学化等观点影响较大。医学上西医开始遍地走，中医却逐渐冷了下来。"中西医之争"无疑给中医药带来了巨大的冲击。目前，日本、韩国的汉方占全球中药市场份额的90%以上，远远超过了我国中药的国际市场份额。中医药界甚至流行一句话："中国原产、韩国开花、日本结果。"

中医药之所以饱受否定和质疑，用西医界的论点分析，中医的疗效经不起临床实验的验证。由于中医药科学基础研究薄弱，其有效性、安全性、可靠性缺乏循证医学证据支撑，长期以来，人们认为中医药是一种"说不清、道不明、听不懂"的东西。再加上，中药生产设备和技术落后、中医药人才匮乏、质量标准不完善等问题普遍存在。对于中药本身而言，中药的制药过程、中药注射剂、中药饮片加工标准化等问题，一直以来被人们诟病不断。

但是不可否认的是，无论是从理论层面，还是实践层面，中药和西药都属于两种完全不同的体系。中医药的核心思想是"治未病"，其强调未病先防、既病防变和已变渐防。大量临床证据表明，中医药在治疗慢性疾病和疾病预防等方面具有特色优势。近年来，随着我国慢性疾病的发病率逐年上升，慢性病已成为严重威胁我国居民身体健康的"头号杀手"。它消耗了我们80%的医疗卫生资源，同时也是导致死亡的罪魁祸首。因此，对于慢性疾病的防治是目前面临的主要卫生问题。

随着居民生活水平和健康意识的不断提高，社会公众越来越注重保健和养生，这进一步促进对中药品的需求，推动了我国中医药行业的快速增长。特别是，近年来国家出台了一系列方针政策促进中医药产业的发展，2016 年《"健康中国 2030"规划纲要》指出，要充分发展中医养生保健治未病服务。2019 年《关于促进中医药传承创新发展的意见》指出，遵循中医药发展规律，传承精华，守正创新，加快推进中医药现代化、产业化。特别是在新冠疫情期间，越来越多的社会公众认可了中医药的疗效和价值，中医药产业的发展将迎来历史性机遇。

10.2.2 "五位一体"，创新发展

吴以岭对于医学事业有着非同一般的热爱，他深刻地洞察到中医药产业竞争的底层逻辑核心在于理论体系之争，"只有理论先创新，才有新的治疗方法，有了新的治疗方法才会有新的药方"。因此，吴以岭的前半生致力于中医药的研究，花费 10 年时间，翻阅了大量的书籍和各种资料，专注于撰写自己的著作《络病学》。吴以岭遵循中医药的发展规律，全面和系统地研究了络病学说，初步构建"络病证治"体系，首次提出络病理论框架，这也为建立络病学学科奠定了

理论根基。在原创络病理论的指导下，以岭药业在激烈的行业竞争中另辟蹊径，找到了一条具有以岭特色的发展道路。

在工作期间，吴以岭发现一个怪现象：教学的不会看病，看病的不识中药，研究药的不懂医。这个"三脱离"是不符合中医发展规律的。"我国古代的中医就是既写理论书，又看病，同时也开药店，他们也采药、制药，这是一体的。我们现代把高校教育、医院、科研，这个'三位一体'给分隔开了，大学的老师特别是搞基础研究的只教学不上临床。"吴以岭在采访时谈到。

因此，在创办研究所的同时，吴以岭成立了研究所附属医院和以岭药业有限公司，坚持"以临床实践为基础，以理论假说为指导，以治疗方药为依托，以临床疗效为标准"创新中药研发模式。以岭药业以临床重大疾病治疗实践带动中医药理论创新，在理论创新指引下进行创新中药研发与生产，通过临床实验验证药品疗效，形成了"理论+临床+科研+产业+教学"五位一体的创新发展模式。

10.3 坚持自主创新，成就中医药行业领头羊

10.3.1 学术为翼，支持自主创新

以岭药业建立了以院士为学术带头人，以专家、博士、硕士等为骨干的创新研发团队。截至2019年，以岭药业团队共有博士生30名、硕士生289名。2010年，以岭药业成立石家庄生物医药院士工作站，引进和签约包括樊代明、钟南山、张伯礼等在内的28位两院院士。院士团队与企业研发团队围绕新药研发的关键环节加强协作创新，形成人才培养和资源共享机制，加快创新成果的产业化。以岭药业的创始人吴以岭院士，先后承担了多项国家课题和省部级课题，培养研究生20余人，主编《络病学》《脉络论》等8部医学专著，累计发表100余篇论文，获得3项国家科技进步二等奖、1项国家发明二等奖、20项省部级科技奖项。正是因为有这样的团队，以岭药业的学术氛围非常浓厚，重视基础研究，是一家不折不扣的学术型创业公司。

在学术创新方面，以岭药业一直保持着行业领先者的姿态。以学术成果支持自主创新，也是以岭药业一直以来的发展模式。以岭药业先后承担两项国家973计划、国家863计划、国家重点研发计划等30余项国家级、省部级课题。在原创络病理论指导下研发的系列通络中药先后完成数十次循证医学研究，为公司创新中药的有效性、安全性提供了权威的循证医学证据，系列研究成果多次发表在Nature、JACC等国际权威学术期刊上。据统计，以岭药业累计发表SCI论文200余篇。目前，以岭药业累计获得6项国家科技进步奖。

随着时代的不断进步，以临床价值、科学价值为核心的科技创新驱动，将成为中医药产业实现高质量发展的核心驱动力。以岭药业立足于原创研究，建立了系统性的产学研体系，积极与北京大学、中国药科大学、上海药物研究所等科研机构开展产学研合作，构建了以企业为核心，高

校、科研院所为支持的产学研合作创新平台。

10.3.2 破解中医药行业的技术难题

在技术创新方面，以岭药业一直以领先者的姿态不断突破技术难题，在中医药领域深入探索，实现突破性创新。对制药企业而言，中药材的品质决定了中成药的质量，然而中药材市场却普遍存在以次充好、售假掺假的现象。为了解决中药材质量难以保证的问题，以岭药业在全国20多个地方建立了中药材种植基地，构建了"公司+基地+农户"的中药材生产模式，形成了中药材从种植、加工、采购、运输的全过程质量监控体系，从源头保障了中药材质量。

在中成药生产过程中，中草药有效成分的提取是生产的关键环节，因此必须克服"有效成分提取难"的难题。特别是针对通心络等含有多种动物药的中成药而言，采用普通的粉碎技术很难将动物药细胞壁击破，从而造成有效成分难以提取。针对这一技术难题，以岭药业联合清华大学开展虫类药超微粉碎技术的研究并成功实现应用，这是我国首次将超微粉碎技术成功应用于中成药的生产。临床验证表明，在减少 1/3 服用量的情况下，采用超微粉碎技术和原生产工艺生产的通心络胶囊具有相同的临床疗效。以岭药业因此获得国家科技进步二等奖。

此外，通过参与和承担国家重大技术项目，以岭药业引入大量国内外先进的生产设备和技术，打造中药制药工程技术、药理及安全性评价、中药质量控制及标准制作技术 3 个技术平台，集成超微粉碎、中药动态提取、超声提取等先进制药技术，公司生产车间实现了自动化、智能化生产，并获得药品生产质量管理认证，目前拥有 120 多套现代化数字监控中药提取设备，在节省人力成本的同时，实现了创新药品从中药材到制剂的全方位质量控制与数字化实时监控。

10.3.3 打造专利中药药品集群

以岭药业在成立之初便致力于中医药的传承与创新，不断加大研发投入。根据 2020 年半年度报告显示，上半年以岭药业的研发投入为 3.07 亿元，同比增长 575%。在创新络病理论的指导下，以岭药业以专利中药为基础，重点布局中医药产业的研发、生产和销售，其药品涉及心脑血管病领域，感冒呼吸疾病领域，肿瘤、糖尿病等疾病领域。

1. 心脑血管病领域

进入 21 世纪，我国居民心脑血管疾病发病率和致死率不断上升。心脑血管疾病对人体危害很大，可能会造成瘫痪在床、口齿不清，严重时甚至导致死亡。根据中国心血管报告显示：目前，我国心脑血管疾病患病人数超过 7 亿，每年 40% 以上的死亡病例是由心脑血管疾病造成的。随着生活节奏的加快和社会压力的增大，此病渐趋年轻化，迫切需要一种新的治疗心脑血管疾病的救命药。

1996 年，在络病理论的指导下，以岭药业第一个创新专利中药——通心络胶囊正式上市。此后，以岭药业将心脑血管领域作为公司的重点发展领域，不断加大新药研发力度，其通络代表药物通心络胶囊、参松养心胶囊、芪苈强心胶囊被医学界称为"通络三宝"。作为国家基本药物、国家医保品种、国家高新技术产品的"通络三宝"，在全国 30 省市 3.7 万家医院、8.6 万家药店销售，近三年销售额达 87.03 亿元，上缴税金超过 11 亿元，4000 余万人次服用后获益。

2. 感冒呼吸疾病领域

2003 年 SARS 疫情暴发后，吴以岭带领团队率先启动新药研发工作。在络病理论指导下，他们在三朝经典名方"麻杏石甘汤""大黄""银翘散"的基础上，结合现代中医药抗病毒、抗炎症的研究成果，成功研发出专利新药连花清瘟胶囊。该药自 2004 年上市后，在历年暴发的数次流感中均具有良好的疗效，多次被国家卫健委、中医药管理局列入治疗甲型流感、乙型流感、禽流感等呼吸道疾病相关诊疗方案，是当之无愧的治流感、抗病毒"第一良药"。

数据显示，2019 年，在我国城市公立、县级公立市场中成药感冒用药销售收入中，以岭药业以 17.30% 的市场份额位列第 1 位。2020 年新冠疫情期间，连花清瘟胶囊被广泛使用于新冠的救治中。2020 年 5 月 15 日，连花清瘟胶囊的"姊妹药"连花清咳片批准上市，以岭药业实现了在呼吸系统疾病领域产品梯度的升级。

3. 肿瘤、糖尿病等疾病领域

以岭药业还积极布局肿瘤、糖尿病等临床多发、重大疾病领域。以岭药业的抗肿瘤中药养正消积胶囊，被英国卡迪夫大学研究证明能够有效抑制肿瘤转移，其研究成果发表于国际权威期刊《抗癌研究》，引起了国际上的广泛关注。与此同时，以岭药业也涉及神经系统、泌尿系统等疾病领域，成功研制和正在研发系列专利中药，不断丰富公司的中药药品种类。目前，以岭药业已累计研发专利中药 11 种，其中 7 种药品进入国家医保目录、5 种药品进入国家基药目录。

围绕创新中药的研发，以岭药业目前有 10 多种中药药品处于临床研究阶段，20 多种中药药品属于临床前在研品种，形成了处于不同研发阶段的系列专利中药集群，药品涉及心血管领域、神经领域、内分泌领域、妇科领域、儿科领域等多种疾病领域。

10.3.4 独创四级络病理论推广体系

学术营销是医药企业广泛使用的一种营销模式，是指企业通过学术推广的方式获得受众对药品的认可，以期实现提高营销效果和市场占有率的一种营销模式。学术营销以药品的学术价值和学术含量为营销亮点，主要通过学术会议、讲座等形式加深受众对药品的认识，从而实现药品的推广。在学术营销方面，以岭药业形成了从世界中医药学会联合会络病专业委员会、国际络病学大会、省级络病学会、地级络病分会的四级络病理论推广体系，在全球范围内搭建了络病学理论的学术推广平台，推动了络病理论在全球范围内的普及和发展。

自 2005 年开始，国际络病学大会已经连续举办了 16 届，并在加拿大、越南、韩国等多个国家设立络病学学会。以岭药业坚持"请进来"与"走出去"并举，借助国际络病学大会的平台，以岭药业与众多医药领域的知名专家结成合作关系。以岭药业通过加强与国际知名院校、科研机构的学术交流与合作，推动络病学科的发展与国际化进程，为公司创新中药走出国门奠定了基础。例如，以岭医药研究院针对公司通心络胶囊、芪苈强心胶囊、连花清瘟胶囊等创新中药，联合哈佛大学医学心脏研究中心、英国卡迪夫大学等国际知名科研机构开展合作研究，获得了系列研究成果并发表于国际权威期刊。此外，《络病学》英文版走进了新加坡、美国的医学院校的课堂。

2004 年，中华中医药学会络病分会正式成立，随着络病分会的不断发展壮大，目前已经在国内 29 个省市设立络病专业委员会，其中许多省市成立了县级络病分支学会，形成了国家级、省级、市级、县级多层级的络病学术研究体系。其中，全国性的学术活动由国家级，甚至领袖级的院士来主持和做学术报告，省级的学术活动由国家级和省级的专家主持和讲授，市级和县级的学术活动则由省级专家和部分地级市的专家讲授。

除了大型的、国家级的学术会议，在各个区域，针对目标医生，以岭药业设置和匹配各种形式多样、富有娱乐的小型学术活动。仅 2018 年，以岭药业就组织了各级络病学术年会 483 场，各类培训活动上万场。此外，以岭药业辅以丰富多彩的客情活动，这极大地巩固和增强了医生对公司中成药的认识和了解，培养和强化其处方习惯，保证了公司业绩的逐年高速增长。

10.4　重视知识产权，护航自主创新

对于以岭药业这样的科技创新型公司而言，知识产权保护就像是一种制衡竞争对手的武器，在公司的自主创新之路上保护创新成果不受窃取，利益不受侵犯。以岭药业自创立之初就高度重视知识产权工作，将掌握知识产权作为公司总体发展战略的一个重要组成部分。以岭药业围绕公司长期发展战略，以提高自主知识产权的数量和质量为核心，以强化知识产权保护和管理能力为重点，不断加强组织和制度建设。

以岭药业在公司内部设立知识产权部门，全面负责公司知识产权战略的实施管理工作，主要包括公司及各分公司的专利、商标、技术秘密、知识产权侵权诉讼等。公司引进了具有专利代理人资格和律师资格的高级人才，建立了规范的专利工作流程，定期进行相关制度和知识产权知识的培训，保证其顺利贯彻执行。截至 2020 年 6 月，以岭药业累计申请专利数量达 623 件，其中发明专利申请占比达 60% 以上，国外专利申请超过 10%，在韩国、越南、印度尼西亚、俄罗斯、加拿大等多个国家已获得专利。

一方面，以岭药业将理论创新的研究成果和大量高水平国际会议论文，通过国内外专利、技术秘密等形式进行产权保护，使公司在中药创新领域处于行业领先水平的系列研究成果得到了充分的保护。另一方面，以岭药业的知识产权部门与前端的科技研发部门合作紧密。在新技术和新产品项目立项前，由项目负责人提出申请，本部门知识产权主管领导审核批准，由专利部组织检索并分析国内外专利信息，为开展项目提供知识产权方面的建议。在知识产权制度建设方面，

以岭药业针对知识产权保护和管理制定了一系列管理办法与规范，将知识产权的申请、管理、保护等工作渗透到企业理论研究、药品研发、生产乃至产业化的过程中，有效保障了公司知识产权和商业市场。

此外，以岭药业同样注重专利的布局，制定了完善的专利保护战略。针对公司创新中药，以岭药业从工艺创新、理论创新和延伸开发（工艺、标准、适应证）等方面不断申请新的专利以形成产品的专利池，尽可能延长产品的保护期。

以"连花清瘟"专利布局为例，自 2003 年以来，以岭药业累计申请了 57 件连花清瘟相关专利、29 件授权专利。连花清瘟的核心专利是其原料药组成和用量配比，后续以岭药业围绕核心专利布局了系列外围专利，包括新剂型专利、用途专利、新制备方法专利，以及检测方法专利，尽可能延伸药品的保护期。以岭药业将连花清瘟与热点医疗事件相结合，重点申请了用途专利，使连花清瘟胶囊的适应证不断增加，可用于治疗甲型流感、乙型流感、禽流感、新冠肺炎等呼吸系统疾病。以岭药业对"连花清瘟"专利构建了多方位的专利防御体系，为维护和巩固连花清瘟的市场独占性提供了可靠的法律保障。

美国兰德公司发布的《中国专利和创新报告》显示，我国企业近 20% 的授权专利用来阻碍竞争对手开发替代产品。以岭药业在专利布局方面，步步为营，在保护自己创新成果的同时，构筑阻止竞争对手进入的"专利围墙"。

10.5 结语

危与机从来不能简单定义，对于中医药产业而言，来势汹汹的疫情既是挑战也是机遇，以岭药业之所以能够在这次疫情中脱颖而出，正是因为其对自主创新的执着与坚守。以岭药业创立络病理论学说，专注于专利中药的研发与生产，独创四级络病理论学术推广模式，并率先在中药行业开展循证医学研究，这大大地提高了公司系列专利中药在全球市场的知名度。随着疫情在全球的持续蔓延，国际社会对于中医药有了新的理解和认识，目前，以岭药业的连花清瘟胶囊已经在泰国、法国、巴西等多个国家获批上市。在中医药扬帆出海的契机中，以岭药业如何加强海外知识产权保护，护航自主创新？这是以岭药业接下来需要思考的问题。

思考题

1. 在成为中医药行业领头羊的过程中，以岭药业选择了什么类型的自主创新战略？具体体现在哪些方面？

2. 梳理以岭药业的自主创新历程，分析其经历了怎样的自主创新过程。

3. 结合案例资料，分析以岭药业实施了怎样的知识产权战略，总结这对以岭药业自主创新有什么意义。

4. 自主创新是医药企业发展的必由之路，以岭药业自主创新的成功经验对本土医药企业的创新发展有何借鉴意义？

附录

附录 A　以岭药业承担的课题（摘选）

以岭药业承担的课题（摘选）见表 10-1。

表 10-1　以岭药业承担的课题（摘选）

络病学说构建及其指导血管病变防治基础研究	国家科技部（973 计划项目）
基于心脑血管病变的脉络学说理论研究	国家科技部（973 计划项目）
通心络胶囊	国家科技部（重点国家级火炬计划项目）
芪苈强心胶囊治疗充血性心力衰竭的开发研究	国家科技部（863 计划项目）
优质高效中药品种示范研究——肌萎灵注射液开发研究	国家科技部（"十五"科技攻关计划项目）
超微粉碎技术应用示范研究	国家科技部（"十五"科技攻关计划项目）
陶瓷膜超滤除杂技术在中药生产中的应用	国家科技部（"十一五"科技支撑计划项目）
通络复方中药芪苈强心胶囊作用机理研究	国家科技部（"十一五"科技支撑计划项目）
通心络对心血管系统的保护作用及分子机制研究	国家科技部（国际科技合作计划项目）
中药肌萎灵冻干粉质量及作用机制研究	国家科技部（国际科技合作计划项目）
抗心律失常中药参松养心胶囊生产工艺优化关键技术研究	国家科技部（"十一五"重大新药创制专项）
络病理论指导药物开发集成创新技术平台建设	国家科技部（"十一五"重大新药创制专项）
注射用肌萎灵的临床前研究	国家科技部（"十一五"重大新药创制专项）
芪黄明目胶囊治疗糖尿病视网膜病变临床研究	国家科技部（"十一五"重大新药创制专项）
周络通胶囊治疗糖尿病周围神经病变的新药临床研究	国家科技部（"十二五"重大新药创制专项）
抗流感中药连花清瘟胶囊生产技术改造研究	国家科技部（"十二五"重大新药创制专项）
抗心律失常中药大品种参松养心胶囊技术改造	国家科技部（"十二五"重大新药创制专项）
基于络病理论指导的小复方中药研发孵化基地建设	国家科技部（"十二五"重大新药创制专项）
芪苈强心胶囊的药效物质基础研究	国家自然科学基金项目

附录 B　背景信息

1. 中医药行业发展趋势

医药行业关系国计民生，药品消费与国民经济发展水平、人民生活质量息息相关。从中长期来看，消费水平提升、人口老龄化加剧等都将为医药行业的长期稳健增长提供有力支撑，医药产业将朝着更加专业化、市场化和国际化的方向发展。

中医药在我国具有悠久的历史，作为医药行业的细分行业，中医药在慢病防治和康复阶段具有独特优势。2017 年 7 月 1 日正式实施的《中华人民共和国中医药法》做出了一系列具有中医药特点的重大制度创新，奠定未来中医药发展基础。《"健康中国2030"规划纲要》明确提出"坚持中西医并重，传承发展中医药事业"，《中医药发展"十三五"规划》《中华人民共和国中医药法》对中医药未来的发展起到巨大的推动作用。2019年10月中共中央、国务院印发了《关于促进中医药传承创新发展的意见》（简称《意见》），从健全中医药服务体系、发挥中医药在维护和促进人民健康中的独特作用等方面提出了20条意见，是中医药行业未来发展的纲领性文件。《意见》明确提出："加快中医药循证医学中心建设，用3年左右时间，筛选50个中医治疗优势病种和100项适宜技术、100个疗效独特的中药品种，及时向社会发布；聚焦癌症、心脑血管病、糖尿病、老年痴呆和抗生素耐药问题等，开展中西医协同攻关，到2022年形成并推广50个左右中西医结合诊疗方案"。

随着人口老龄化进程加快，心血管、肿瘤等领域的用药需求将日益增长，中医药将发挥在慢病预防和康复阶段的优势，通过循证医学研究，打造中药大品种，为促进人民健康发挥积极作用。另外，《中医药发展战略规划纲要（2016年—2030年）》提出要加强中医药国际贸易，随着"一带一路"建设的稳步推进，中医药的海外市场需求也会逐步上升。同时，医药电商、移动医疗近年来发展迅速，未来随着技术的发展及政策的放开，医药互联网经济将逐渐改变行业格局和产业链条，也将成为医药产业经济的新动力。

2. 以岭药业发展战略

以岭药业在今后的发展中，将继续整合公司多年发展积累的络病学术、科技创新、现代生产、营销网络、国际接轨等优势资源，坚持以专利中药的生产销售为主营业务，化生药、健康产业同时拓展的战略发展方向，继续贯彻"五运隆兴、市场龙头、科技驱动、跨越发展"的指导思想，继续遵循"为员工谋发展、对社会做贡献、为股东创价值"的经营理念，从公司不同业务板块、业务形态、业务链条的相互借势、相互促进中整合创新，完成企业由未来5年至20年的产业布局，为公司未来的持续稳定增长奠定坚实基础，实现跨越发展。

资料来源：以岭药业官网

【案例解析】

1. 在成为中医药行业领头羊的过程中，以岭药业选择了什么类型的自主创新战略？具体体现在哪些方面？

【理论依据】

创新战略。

（1）创新战略的概念

创新战略是企业实施创新活动的整体谋划，是企业根据组织内外部环境，以及企业拥有的资源和能力，结合企业总战略，在经营战略、工艺、技术、产品、组织等方面不断进行创新，以期在激烈的市场竞争中获得新的长期竞争优势的战略。创新战略以产品的创新及产品生命周期的缩短为导向。采取这种战略的企业往往强调风险承担和不断推出新产品，并将缩短产品由设计到投放市场的时间视为一个重要目标。

（2）创新战略的分类

按照创新的难度和特点，企业的创新战略可以分为领先型创新战略、跟随型创新战略、依赖型创新战略。

1）领先型创新战略。领先型创新战略是指企业以重大的发明创造成果或全新的经营管理观念为基础进行的创新。其创新结果通常是建立起一个全新的市场，创造一个全新的需求空间。领先型创新具有与其他类型的创新全然不同的特点，它集高利润和高风险于一身，必须运用特殊的战略对策才能使创新成功。

2）跟随型创新战略。跟随型创新战略是指企业跟随同一产业主导企业开展相应的技术创新活动，其主导方式是对主导型企业的新技术和新产品加以选择、改进和提高，并在降低制造成本和拓展市场方面做出更多的努力。

3）依赖型创新战略。依赖型创新战略是企业以获取市场份额中某个较小生存位置的创新为目的，不同于领先型创新战略，实施依赖型创新战略的企业并不追求产业领导地位，它们默默无闻，社会知名度较低，但有着其他企业无法替代或竞争的重要地位。

【问题分析】

以岭药业采取的是领先型创新战略，具体表现为以下几个方面：

（1）遵循创新中药研发模式

以岭药业在创新发展的过程中，始终遵循"以临床实践为基础，以理论假说为指导，以治疗方药为依托，以临床疗效为标准"的创新中药研发模式，形成了"理论+临床+科研+产业+教学"五位一体的创新运行模式，建立以中医络病理论创新为指导的新药研发创新技术体系，在行业竞争中独辟蹊径，找到了一条独具特色的发展道路。在核心理论络病理论的指导下，以岭药业不断加大研发投入力度，致力于创新中药的研发、生产及销售。例如，以岭药业在 2020 年上半年研发投入达 3.07 亿元，同比增长了 575%。目前，以岭药业累计研发专利中成药 11 种，处于临床研究阶段的中药 10 余种，临床前在研品种 20 余种，形成了处于不同研发阶段的系列专利药物集群，创新中药水平在行业内遥遥领先。

（2）加大技术研发力度，保持业内领先地位

以岭药业一直以领先者的姿态不断突破技术难题，在中医药领域深入探索，实现突破性创新。为了解决中药材质量难以保证的问题，以岭药业在全国 20 多个地方建立中药材种植基地，构建了"公司+基地+农户"的中药材生产模式，从源头保障了中药材质量。以岭药业联合清华大学开展"虫类药超微粉碎技术及应用"项目并成功应用，这是我国第一次将超微粉碎技术成功应用到中成药生产。该项目还获得了 2007 年国家技术发明二等奖。此外，以岭药业建立了中药制药工程技术、中药质量控制及标准制作技术、药理及安全性评价 3 个技术平台，集成高通量

筛选、超微粉碎、超声提取、超临界流体萃取等先进制药技术，实现了新药从药材资源到制剂的全面质量控制及数字化在线监测，构建了具有系统性、成熟性、先进性的企业药物集成创新技术体系，为创新药物的研发和产业化奠定了基础。

（3）坚持学术创新，学术成果处于行业领先地位

吴以岭院士深刻洞察到中医药产业竞争的核心在于理论体系之争，认为只有先进行理论的创新，才有新的治疗方法，有了新的治疗方法才会有新的中药组方。因此，吴以岭院士始终致力于中医药理论的研究，依据中医学术自身发展规律对络病学说进行了全面系统研究，首次形成系统络病理论，为络病学学科的建立奠定了理论基础。这是国内外创新性科研成果，吴以岭院士也因此获得了国家科技进步二等奖。

以学术成果支持自主创新，也是以岭药业一直以来的发展模式。以岭药业先后承担两项国家973计划、国家863计划、国家重点研发计划等国家级、省部级课题30余项。以岭药业的系列通络中药已经接受了数十次循证医学研究的考验，取得了一系列可靠的循证证据，并将系列研究成果发表在国际权威学术期刊上。据不完全统计，以岭药业发表了200多篇SCI论文。目前，以岭药业共获得国家科技大奖6项，由以岭药业子公司河北以岭医药研究院作为第一主研单位完成的"中医脉络学说构建及其指导微血管病变防治"项目荣获国家科技进步一等奖。

（4）独创四级络病理论推广体系

在学术营销方面，以岭药业独创了四级络病理论推广体系，搭建了世界中医药学会联合会络病专业委员会、国际络病学大会、省级络病学会、地级络病分会的四级络病理论学术推广平台。此外，以岭药业在加拿大、越南、韩国等国家相继成立络病学学会，不定期在多个国家举办络病高峰论坛、研讨会等国际学术交流活动。在我国，随着中华中医药学会络病分会的成立，全国已有29个省市建立了络病专业委员会，许多省市学术组织已延伸至县级，形成了以岭独特的学术推广特色和风格。仅2018年，以岭药业就组织召开国际络病学大会、省级、地市级络病学术年会483场，各类培训活动上万场。此外，以岭药业辅以丰富多彩的客情活动，巩固和增强医生对以岭药品的认知和掌握，培养和强化其处方习惯，保证了公司业绩的逐年高速增长。

2. 梳理以岭药业的自主创新历程，分析其经历了怎样的自主创新过程。

【理论依据】

企业自主创新。

（1）企业自主创新的概念

自主创新是指企业主要通过自身努力或联合攻破技术难关，形成有价值的研究开发成果，并在此基础上依靠自身的力量推动创新的后续环节，完成技术成果的商品化，获取商业利润的创新活动。自主创新是相对于技术引进、模仿而言的一种创新活动，是指通过拥有自主知识产权的独特的核心技术实现新产品价值的过程。自主创新不一定是单纯技术层面的，管理、制度、战略、市场、文化乃至商业模式等非技术方面都是自主创新的有机组成部分。

（2）企业自主创新的路径

1）企业自主创新的路径解决的是"自主创新该如何做"的问题。

自主创新的路径是企业根据自身生产经营情况，选择符合企业实际的创新战略导向和创新突破口，基于该导向和突破口有目标性地积累自主创新能力并且充分发挥企业的竞争优势，同时以系统开放性的视角全方位分析和评价企业自主创新的内部条件和外部环境，并结合企业战略发展阶段选择和调整相应的自主创新模式，构建自主创新实现机制，最终实现企业自主创新战略可持续发展。

2）创新战略导向成为企业创新的基本方向和最终目标。

随着信息技术的高速发展和市场竞争的日趋激烈，企业面临的外部环境越来越具有动态性、非线性和不确定性，因此企业在进行自主创新时，确定一个相对稳定的战略导向具有非常关键的作用，同时企业也可以通过调整创新战略导向使自主创新能够适应不断变化的外部环境。创新战略导向主要有技术导向和市场导向两种：技术导向强调企业在自主创新时应重视技术能力，市场导向则重视产品的营销能力。根据企业选择的创新战略导向不同，自主创新实现路径主要包括技术导向型实现路径、市场导向型实现路径和市场技术协同导向型实现路径三种。

① 技术导向型实现路径。技术导向型实现路径强调企业的自主创新应该通过技术的不断革新和进步来实现，如图 10-1 所示。

图 10-1　技术导向型实现路径

② 市场导向型实现路径。市场导向型实现路径强调企业的自主创新应该重点关注市场需求，开发出消费者喜爱的产品并完成创意十足的营销方案，如图 10-2 所示。

图 10-2　市场导向型实现路径

3）市场技术协同导向型实现路径。市场技术协同导向型实现路径强调企业在进行自主创新时应该坚持市场和技术并重，实现市场和技术的协同发展，如图 10-3 所示。

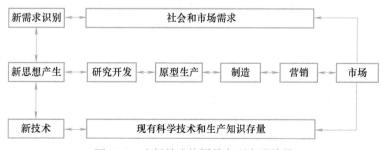

图 10-3　市场技术协同导向型实现路径

【问题分析】

以岭药业的自主创新是由技术发展和市场需求共同推动下形成的涉及研究开发、生产制造，以及市场营销等一系列活动的过程，具体表现为以下两个方面：

（1）以岭药业依据市场需求进行新产品研发

基于市场需求，以岭药业坚持以原创络病理论为指导，形成了处于不同研发阶段的专利中药产品群。例如，治疗心脑血管疾病的通心络胶囊、参松养心胶囊、芪苈强心胶囊，治疗流感等呼吸疾病的连花清瘟胶囊和连花清咳片等。

以岭药业在呼吸系统疾病领域的主打产品连花清瘟胶囊，是在 2003 年非典疫情暴发后，吴以岭带领团队研发的一款中成药。虽然连花清瘟胶囊上市以后，非典疫情已经结束，但是在之后的数次流感中连花清瘟胶囊均发挥了积极作用。近年来，我国慢性病发病率上升速度不断加快，40%以上的死亡病例是由于心脑血管疾病造成的。慢性疾病已成为影响我国居民健康的"头号杀手"，并且呈现"年轻化"趋势，其治疗问题已经成为当前我国面对的主要卫生问题。再加上，随着我国人民生活水平的不断提升和健康意识的加强、人口老龄化程度的不断加深，社会公众对心脑血管疾病的防治更加关注，心脑血管用药成为大众关注的焦点。因此，以岭药业将心脑血管领域药品的研发作为公司的重要业务，致力于该领域专利新药的研发与生产。目前，以岭药业已经成功研制出通心络胶囊、参松养心胶囊、芪苈强心胶囊，满足了市场对心脑血管疾病用药的强劲需求，以岭药业因此成为心脑血管领域药品的领头羊。

（2）以岭药业注重技术革新与突破

在吴以岭院士的带领下，以岭药业在成立之初便致力于原创络病理论的研究与创新，通过加强与国内外科研院所的学术交流与合作，取得了一系列学术研究成果，并发表于国内外权威医学期刊上。在 2019 年，以岭药业凭借"中医脉络学说构建及其指导微血管病变防治"项目获得了国家科技进步一等奖。

此外，在中成药生产过程中，把药材变成高效中药时面临"有效成分提取难"的难题，特别是对于含有动物药的中成药来说，普通粉碎技术无法击破动物药细胞壁，导致有效成分难以析出。因此，以岭药业联合清华大学开展"虫类药超微粉碎技术及应用"项目并且成功应用。这也是我国第一次成功地将超微粉碎技术应用于中成药的生产。临床研究表明，在服用量减少 1/3 的情况下，采用微米技术生产的通心络胶囊与原生产工艺具有相同的临床疗效。

目前，以岭药业创新中药覆盖了心脑血管病、糖尿病、呼吸、肿瘤、神经、泌尿等发病率高、市场用药量大的六大类疾病领域，在原创络病理论的指导下，以岭药业走出了一条"以技术发展和市场需求为起点出发，不断进行专利中药的研发和生产，之后推广到市场的市场技术协同导向型"的自主创新路径。

3. 结合案例资料，分析以岭药业实施了怎样的知识产权战略，总结这对以岭药业自主创新有什么意义。

【理论依据】

知识产权。

（1）**知识产权的概念**

知识产权是指人们就其智力劳动成果所依法享有的专有权利，通常是国家赋予创造者对其智力成果在一定时期内享有的专有权或独占权。知识产权从本质上说是一种无形财产权，它的客体是智力成果或是知识产品，是一种无形财产或者一种没有形体的精神财富，是创造性的智力劳动所创造的劳动成果。

（2）**知识产权管理**

知识产权管理是指为了规范知识产权工作，充分发挥知识产权制度的重要作用，促进自主创新和形成自主知识产权，推动知识产权的开发、保护、运营，由专门的知识产权管理人员利用法律、技术等方式所实施的有计划地组织、协调、谋划活动，是政府机构、高校、科研院所、企业或者其他组织等主体针对知识产权所做的各种管理活动，包括人员、机构、组织、经费、规章、制度等管理。

对企业自主创新而言，知识产权管理的意义有以下几点：

1）知识产权管理有助于企业战略性地确定自身的创新目标。知识产权管理的主要任务之一是制定企业知识产权战略，并且依据企业的总体经营情况和创新战略，对知识产权的创造，特别是对专利申请的数量、质量、时机、类别形成一个总的目标和方针。国外许多大公司十分重视专利申请战略，如东芝公司根据企业研发的不同阶段，将专利申请分成概念性发明发掘阶段、战略性专利申请阶段和专利网构筑阶段，形成了由点到线、由线到面、由面到网的专利申请战略。

2）知识产权管理可以提高创新研发的起点，避免低水平重复研发。企业通过加强知识产权信息管理，建立和完善与本单位科研、生产领域相关的专利信息数据库，充分运用专利文献信息，可以及时了解所属领域的知识产权情况，避免重复研发和侵犯他人的知识产权，造成"无效研发"，避免企业人力、物力、财力等资源的浪费。

3）通过知识产权管理可以提高企业知识产权的收益。知识产权是企业的重要无形资产，但知识产权本身只有通过实际利用，才能为企业带来实际收益。企业通过知识产权的运营，如用企业的知识产权进行融资、投资，或者许可他人使用，或者进行转让等，都能为企业带来巨大的收益。

4）通过知识产权管理可以激发研发团队自主创新的积极性。企业应依法建立知识产权利益分配与奖励制度，对在专利创造、运用和推广过程中做出贡献的发明人、设计人及推广服务人员，应从为公司创造的效益中按一定比例，以股权、期权或货币等多种形式给予奖励，最大限度地激发研发人员的积极性。

5）通过知识产权管理为企业知识产权维权奠定基础。知识产权的科学管理有助于企业加强对自主创新成果的保护，特别是在企业维权面临权利的稳定性问题时，如果企业平时注重加强对知识产权的管理，对自身知识产权的数量、内容、法律状态，以及与他人权利的界限十分清楚，就能够更好地解决知识产权纠纷和侵权诉讼。

（3）知识产权战略的概念

知识产权战略是指创新主体根据自身的战略目标，基于宏观判断和微观把握，为实现和保护创新成果权益目的，在战略层面对知识产权的创造、管理、利用和保护各方面进行一系列的战略规划和实施安排。知识产权战略主要涉及经济学、管理学、社会学、心理学等学科的内容，它们紧密相连、相互作用。企业知识产权战略是企业为获取与保持市场竞争优势，运用知识产权保护手段谋取最佳经济效益的策略与手段。

（4）知识产权战略的分类

知识产权战略可分为多个层次，从战略的主体角度来看，根据权利主体不同，知识产权战略可以划分为国家知识产权战略、区域知识产权战略、行业知识产权战略、企业知识产权战略四个方面，如图10-4所示。

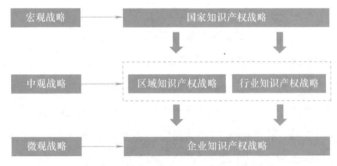

图10-4　知识产权战略的层次划分

国家知识产权战略是政府以国家的名义，通过制度配置和政策安排对知识资源的创造、归属、利用，以及管理等进行指导和规制。国家知识产权战略将充分发挥政府的主导作用，来调整和完善知识产权法律、法规、政策体系，构建体制、机制评价指标体系，建立鼓励创新的政策环境。

区域知识产权战略考虑到我国的不同地区在科技进步和经济发展，以及知识产权资源方面存在很大差异，因此针对不同区域的实际情况，有不同的侧重点。它是指区域性组织为谋求本地区在知识竞争和市场竞争中的优势，运用知识产权制度和知识产权资源所进行的长远的、全面的总体谋划和重要策略。

行业知识产权战略是指行业主管部门或行业组织针对本行业共性技术或者共同关心的技术问题，以提高本行业企业知识产权战略实施水平、本行业企业核心竞争力为己任，对本行业相关企业知识产权创造、管理、保护和应用所做的整体谋划。同时也肩负着协调行业、政府部门及其之间知识产权战略运用的使命。

企业知识产权战略是指作为技术创新主体的企业运用知识产权保护法律制度，以充分维护自身合法权益、获得与保持市场竞争优势、遏制竞争对手、谋求最佳经济效益为目的，以企业知识产权的取得与运用为核心而进行的整体性、长远性的筹划，以及为此采取的一系列策略与手段的总称。

【问题分析】

以岭药业自创立之初就高度重视知识产权保护工作，将知识产权战略视为公司整体发展战略的一个重要组成部分。以岭药业重视知识产权制度的建设，制定了一系列知识产权保护和管理制度和规范，将知识产权的挖掘、申请、管理工作融入到企业的理论研究、产品研发乃至产业化的过程中，有助于公司高效积累知识产权资产，有效保护了公司的商业市场。同时，以岭药业在公司内部设立知识产权部门，全面负责集团及各分公司的专利、商标、版权、技术秘密、知识产权侵权诉讼、维权打假等知识产权事务。

在自主创新的过程中，以岭药业的知识产权团队与科技研发团队配合密切，在新技术和新产品项目立项前，由项目负责人提出申请，本部门知识产权主管领导审核批准，由专利部组织检索并分析国内外专利信息，为开展项目提供知识产权方面的建议。与此同时，以岭药业将研发团队的研究成果和大量高水平的学术论文，通过国内外专利、技术秘密等形式加以保护，使公司在心脑血管疾病、感冒、呼吸疾病等领域始终处于行业领先水平的大量研究成果得到了充分保护。

除此之外，以岭药业还非常重视专利资产的战略布局，制衡竞争对手。针对专利中药制定了完善的专利保护战略，对专利产品从工艺创新、理论创新和延伸开发等方面不断申请新的专利以形成产品的专利池，尽可能延长产品的保护期。在布局"连花清瘟"专利时，围绕连花清瘟的原料药组成和用量配比这一核心专利，以岭药业布局了一系列外围专利，包括新剂型专利、用途专利、新制备方法专利，以及检测方法专利，尽可能延伸药品的保护期。以岭药业将连花清瘟与热点医疗事件结合，重点申请了用途专利，对"连花清瘟"构建了多方位的专利防御体系，为维护和巩固连花清瘟的市场独占性提供了可靠的法律保障。

以岭药业的知识产权战略对其自主创新而言具有以下意义：

（1）有助于提高自主创新效率

以岭药业建立完善的知识产权保护制度，不仅有助于企业对现有的学术研究成果、技术成果、创新中药加以保护，也可以帮助企业把握行业技术研究的最新动态，避免重复研究，提高研发起点，促进更高层次的研发，进而提高企业创新效率，避免企业人、财、物等资源的浪费。

（2）有助于制衡竞争对手

以岭药业围绕企业核心专利布局了一系列外围专利，构筑企业专利围墙，尽可能延长专利的保护期，这大大增加了竞争对手规避设计的难度，并进一步提高了专利防御力，确保企业维持在市场竞争中的专利优势地位。

（3）有助于保障企业的合法权益

一方面，完善的知识产权战略和知识产权制度建设可以使以岭药业对侵权行为做出快速反应以应对纠纷，全方位保护自身专利技术不受窃取。另一方面，有助于企业维护技术垄断、攫取垄断利益，保护企业的合法权益。

4. 自主创新是医药企业发展的必由之路，以岭药业自主创新的成功经验对本土医药企业的创新发展有何借鉴意义？

【问题分析】

以岭药业在20多年的时间里，从一个小小的研究所成长为我国中医药行业的领头羊，始终坚持走自主创新路径，构建了"理论+临床+科研+产业+教学"五位一体的创新发展模式，已经发展成为集理论、研发、生产、销售为一体的中药现代化企业。以自主创新为立足点，以岭药业实施市场技术协同导向型自主创新路径，结合自身优势和劣势实施创新战略和知识产权战略，极大地提升了创新实力。这对于中国医药企业的创新管理实践具有一定的借鉴意义。

以岭药业的创新战略对本土创新型医药企业的借鉴意义：

1）在市场经济中，所有企业的生产经营活动都必须围绕市场需求开展，符合市场需求的技术创新和研发突破会为企业带来市场份额，进而提升企业绩效。因此，对于创新型医药企业而言，应根据市场需求开发出具有自身特色的突破当前水平的技术与产品，提升企业的市场竞争力。

2）在进行创新战略选择时，企业必须结合自身的优势和劣势，制定符合企业实际经营状况的创新战略，坚持持续创新和领先创新，有利于企业保持竞争优势。

3）不断增加企业研发投入，提升自主创新能力。技术研发与研发能力是企业自主创新能力的核心，增加研发投入是提升自主创新能力的最直接方式。增加研发投入，提升研发投入经费在企业销售收入中的比重，应当成为企业打造自主创新能力的基本定律。

4）企业应加强创新人才的培养和引进，发挥人才在创新中的核心作用。企业应充分关注研发人员的内在需求、情感、愿望等心理动机，综合运用薪酬激励、股权激励、情感激励及发展激励等手段，通过各种制度和措施充分激发研发人员开展自主创新活动的积极性与主动性，引导和规划研发人员进行自主创新的行为趋向。

5）加强"产学研"合作，进行自主创新。企业可以利用高校和科研机构的科技优势与人才优势，不断获得高水平的人才支持和技术支持，增强自身的技术创新能力和市场竞争力。特别是企业在自身科研水平不足的情况下，可以考虑采取"产学研"合作的创新模式。

以岭药业的知识产权策略对本土创新型医药企业的借鉴意义：

1）企业应该提升知识产权保护意识，切实认识到知识产权对企业自主创新发展的重要性，应将知识产权战略上升为企业总体战略的高度，建立健全企业知识产权管理机构，加强企业内部职工有关知识产权方面的培训、教育，加强企业知识产权战略制定，以及有关规章制度的制定完善等工作。

2）企业要在创新发展之路上重视企业知识产权的战略布局，将研发成果尽早申请专利，并形成专利网以达到制衡竞争对手的目的，利用专利为企业的自主创新保驾护航，促进企业发展壮大。

3）企业要加快推进知识产权战略的实施，以专利战略作为企业知识产权战略的制高点，加快企业知识产权创造体系的构建，从专利布局、知识产权巩固、知识产权预警等方面推进企业自主知识产权创造。

参考文献

［1］以岭药业 . 石家庄以岭药业股份有限公司官网［EB/OL］.［2020-09-20］. http://www.yiling.cn/.

［2］赵强 . 以岭药业坚持科技创新促进中医药振兴发展［EB/OL］.（2020-05-29）［2020-06-23］. http://health. hebnews. cn/2020-5/29/content_7873188. htm? from＝groupmessage.

［3］闫炎 . 守正+创新做好产品 以岭药业成推动行业发展领头羊之一［EB/OL］.（2020-06-22）［2020-06-23］. http://stock. jrj. com. cn/2020/06/22154829988948. shtml.

［4］长城网 . 以岭药业屡获国家科学技术奖，凸显企业硬核创新力［EB/OL］.（2020-01-11）［2020-09-20］. https://baijiahao. baidu. com/s? id=1655404759096257703.

［5］河北新闻网 . 以岭药业：把科技创新注入产业链每一环［EB/OL］.（2017-09-12）［2020-09-20］. http://hebei. hebnews. cn/2017/09/12/content_6618372. htm.

［6］郎婧婧 . 以岭药业：创新成为核心竞争力［EB/OL］.（2020-01-15）［2020-06-23］. http://www. jjckb. cn/2020-01/15/c_138705533. htm.

［7］赵强 . 以岭药业：引科技创新之"泉"壮大中药产业之"河"［EB/OL］.（2020-07-03）［2020-06-23］. http://health. hebnews. cn/2020-07/03/content_7976249. htm.

［8］秦宇雯 . 以岭药业：自主创新打造新型医药集团［EB/OL］.（2008-07-01）［2020-06-23］. http://www. ce. cn/xwzx/gnsz/gnleft/mttt/200807/01/t20080701_16022537. shtml.

［9］长城网 . 以岭药业：服贸会上"讲述"中医药抗疫故事［EB/OL］.（2020-09-06）［2020-09-20］. https://news. sina. com. cn/o/2020-09-06/doc-iivhvpwy5171487. shtml.

［10］经济参考报 . 以岭药业：创新成为核心竞争力［EB/OL］.（2020-01-15）［2020-09-20］. http://dz. jjckb. cn/www/pages/webpage2009/html/2020-1/15/content_60665. htm.

［11］史敏，罗建，侯峻，等 . 面向企业创新战略的协同情报服务模式与实践：基于某生物医药企业情报服务的实践分析［J］. 情报理论与实践，2016，39（12）：109-113.

［12］冯志强 . 创新战略［M］. 北京：中国市场出版社，2009.

［13］陈劲，郑刚 . 创新管理：赢得持续竞争优势［M］. 3版 . 北京：北京大学出版社，2016.

［14］高传贵，张莹 . 企业自主创新路径、模式与实现机制研究［J］. 山东社会科学，2018，37（4）：143-147；14.

［15］陈劲，斯亚奇，谢芳．企业知识产权价值实现的动态选择［J］．科学学与科学技术管理，2011，32
　　　（11）：42-48.

［16］宋河发，曲婉，王婷．国外主要科研机构和高校知识产权管理及其对我国的启示［J］．中国科学院院
　　　刊，2013，28（4）：450-460.

［17］陈美章．对我国知识产权战略的思考［J］．知识产权，2004，37（1）：6-13.

［18］赵帅眉，宋江秀．防治新冠肺炎中药复方的知识产权保护探析［J］．中国发明与专利，2020，17
　　　（3）：15-22.